"十四五"职业教育河南省规划教材

高职高专土建专业"互联网+"创新规划教材

全新修订

第三版

建设工程项目管理

主　编　王　辉
副主编　张　燕　王毅林　张　萌
参　编　李　蓓　王赟潇
主　审　胡长彪

内容简介

本书以国家现行标准《建设工程项目管理规范》（GB/T 50326—2017）为依据，结合国家注册建造师考试大纲，重点介绍建设工程项目管理的基本理论和相关知识。

全书共分 13 章，主要内容包括建设工程项目管理概论、建设工程项目管理组织、建设工程施工合同管理、建设工程项目采购管理、建设工程项目进度管理、建设工程项目质量管理、建设工程项目职业健康安全管理、绿色建造与环境管理、建设工程项目施工成本管理、建设工程项目资源管理、建设工程项目风险管理、建设工程项目收尾管理以及建设工程项目管理数字化。

本书可作为高职高专工程管理、工程监理、建筑工程技术等土建类专业教材，也可供施工现场管理人员参考和使用。

图书在版编目 (CIP) 数据

建设工程项目管理 / 王辉主编. —3 版. —北京：北京大学出版社，2019.6
高职高专土建专业"互联网+"创新规划教材
ISBN 978-7-301-30314-6

Ⅰ. ①建… Ⅱ. ①王… Ⅲ. ①基本建设项目—项目管理—高等职业教育—教材 Ⅳ. ①F284

中国版本图书馆 CIP 数据核字（2019）第 034841 号

书　　　名	建设工程项目管理(第三版) JIANSHE GONGCHENG XIANGMU GUANLI（DI-SAN BAN）
著作责任者	王　辉　主编
策 划 编 辑	杨星璐
责 任 编 辑	杨星璐
数 字 编 辑	蒙俞材
标 准 书 号	ISBN 978-7-301-30314-6
出 版 发 行	北京大学出版社
地　　　址	北京市海淀区成府路 205 号　100871
网　　　址	http://www.pup.cn　新浪微博：@北京大学出版社
电 子 邮 箱	编辑部 pup6@pup.cn　　总编室 zpup@pup.cn
电　　　话	邮购部 010-62752015　发行部 010-62750672　编辑部 010-62750667
印 刷 者	河北滦县鑫华书刊印刷厂
经 销 者	新华书店
	787 毫米×1092 毫米　16 开本　18.25 印张　441 千字 2010 年 7 月第 1 版　2014 年 9 月第 2 版 2019 年 6 月第 3 版　2024 年 1 月全新修订　2024 年 1 月第 7 次印刷（总第 18 次印刷）
定　　　价	48.00 元

未经许可，不得以任何方式复制或抄袭本书之部分或全部内容。
版权所有，侵权必究
举报电话：010-62752024　电子邮箱：fd@pup.cn
图书如有印装质量问题，请与出版部联系，电话：010-62756370

第三版 前言

本书自出版以来一直受到高职高专土建类专业师生的欢迎，在多年的教学使用中，我们收到了很多教师和读者的宝贵意见和建议，在此表示感谢！编者本着与时俱进的态度，经过认真研究，决定对书中知识进行拓展更新，希望给读者带来更多的收获。

为规范建设工程项目管理程序和行为，提高工程项目管理水平，2017 年 5 月 4 日，国家住房和城乡建设部公告第 1536 号，发布了《建设工程项目管理规范》（GB/T 50326—2017），自 2018 年 1 月 1 日起实施，原《建设工程项目管理规范》（GB/T 50326—2006）同时废止。2017 版《建设工程项目管理规范》在很多方面做出了重要修改，加强了项目管理的要求，特别是为设计施工总承包项目专门建立了相应的规范和标准，极大地提高了我国建设工程项目的管理水平。

本书此次修订以《建设工程项目管理规范》（GB/T 50326—2017）为基础，重点介绍了施工阶段项目管理的基本内容。同时融入了党的二十大精神。全面贯彻党的教育方针，把立德树人融入本教材，贯穿思想道德教育、文化知识教育和社会实践教育各个环节。

为适应立体化教学的趋势，采用思维导图的方式对全书和每章的主要内容、知识要点和能力目标等进行脉络梳理，使思维可视化，既有利于读者对所学内容进行全局把握和要点总结，又能提高学习者的思考能力和学习能力，从而实现"学会学习"和"终身学习"的目标。

本次修订在书中增加了"课程思政"元素，以立德树人为根本，以社会主义核心价值观为指导，以中国传统读书人最高理想为主线，深入挖掘提炼各类专业课程所蕴含的思政元素和德育功能，实现思政教育与专业教育的协同推进，知识传授、能力培养与价值引领的有机统一。以培养具有"科学素养、家国情怀、工匠精神、创新思维、法律意识、国际视野"并能做好职业规划的高级专门人才和行业精英。

【资源索引】

本书由河南建筑职业技术学院副院长高级工程师王辉担任主编,由河南建筑职业技术学院张燕、王毅林和河南牧业经济学院张萌担任副主编,由河南省伟信招标管理咨询有限公司胡长彪担任主审,河南建筑职业技术学院李蓓、王赟潇参加编写,具体分工如下:第1、2章由王辉编写,第3、10章由张萌编写,第4、6章由李蓓编写,第5、12由王赟潇编写,第7、8章由王毅林编写,第9、11、13章由张燕编写。广联达科技股份有限公司提供了第13章的素材资料,在此表示感谢。

本课程教学学时建议为62学时,其中,第13章工程项目管理数字化为选学章节,各章学时分配见下表。

章 节	内 容	总学时
第1章	建设工程项目管理概论	4
第2章	建设工程项目管理组织	4
第3章	建设工程施工合同管理	6
第4章	建设工程项目采购管理	6
第5章	建设工程项目进度管理	8
第6章	建设工程项目质量管理	6
第7章	建设工程项目职业健康安全管理	4
第8章	绿色建造与环境管理	4
第9章	建设工程项目施工成本管理	4
第10章	建设工程项目资源管理	4
第11章	建设工程项目风险管理	4
第12章	建设工程项目收尾管理	6
*第13章	工程项目管理数字化	2
合 计		62

本书在编写过程中,参考和引用了许多国内外文献资料,在此谨向原书作者表示衷心的感谢;同时也对参与本书第一版和第二版编写的各位同人表示由衷的感谢和敬意!

由于编者水平有限,书中难免存在不足之处,敬请各位读者批评指正!

编 者

本书课程思政元素

本书课程思政元素从"格物、致知、诚意、正心、修身、齐家、治国、平天下"中国传统文化角度着眼,再结合社会主义核心价值观设计出课程思政的主题。然后紧紧围绕"价值塑造、能力培养、知识传授"三位一体的课程建设目标,在课程内容中寻找相关的落脚点。通过案例、知识点等教学素材的设计运用,以润物细无声的方式将正确的价值追求有效地传递给读者。

本书的课程思政元素设计以立德树人为根本,以"习近平新时代中国特色社会主义思想"为指导,运用可以培养大学生理想信念、价值取向、社会责任的题材与内容,全面提高大学生分析问题、解决问题的能力,把学生培养成为德才兼备、全面发展的人才。培养具有"科学素养、家国情怀、工匠精神、创新思维、国际视野"并能做好职业规划的土木建筑类高级专门人才和行业精英。

每个思政元素的教学活动过程都包括内容导引、展开研讨、总结分析等环节。在课程思政教学过程,老师和学生共同参与其中,将德育融入、贯穿课堂教学全过程。在课堂教学中教师可结合下表中的内容导引,针对相关的知识点或案例,引导学生进行思考或展开研讨。

页码	内容引导	展开研讨	思政落脚点
2	小李装修房间	1. 项目管理工作都做些什么? 2. 如何用项目管理的知识提高工作效率?	知识的实际应用 以小见大
5	【二维码】砖木结构、砖混结构及钢筋混凝土结构建筑介绍	1. 你知道现实中建筑物的结构有哪些吗? 2. 砖木砖混及钢筋混凝土结构的建筑特点有哪些?	职业自豪感 工匠精神 专业能力
9	上海中心大厦	1. 上海中心大厦的施工项目管理有哪些优点值得我们学习? 2. 从上海中心大厦科学合理的项目管理中学到了哪些?	国际竞争 大国复兴 中国建设
16	鲁布革水电站	1. 从鲁布革水电站的成功实践中学到了什么? 2. 我国建设史上有哪些工程管理的成功案例?	国家战略 技术发展 国际化
16	施工项目管理实施规划	1. 此案例中施工单位的工作有哪些不妥? 2. 施工项目管理规划大纲的内容有哪些不妥?	专业水准 职业精神
24	【二维码】建筑工业化	1. 建筑工业化的基本做法和目的是什么? 2. 建筑工业化有哪些优点?	创新精神
54	【二维码】国家体育场主要参与方之间的合同关系	1. 在参与方中设计联合体有哪些? 2. 分包商有哪些?	实战能力 团队意识
61	某建筑公司的施工索赔	1. 施工索赔的程序有哪些? 2. 在建筑施工中哪些可以索赔?	标准化 专业化

续表

页码	内容引导	展开研讨	思政落脚点
68	【二维码】某企业采购管理制度	1. 制订采购管理制度的目的是什么？ 2. 说一说采购流程有哪些。	专业化 经细化 标准化
79	【二维码】电子招投标办法	电子招投标如何进行监督管理？	与时俱进 法律意识
127	【二维码】三峡工程介绍	1. 你对三峡工程有哪些了解？ 2. 三峡工程是如何保护生态环境的？	民族自豪感 时代精神 人与自然和平相处
148	【二维码】现场质量检查的方法	施工现场质量检查的方法有哪些？	科学精神 求真务实
163	建设工程项目职业健康安全管理	如何进行建筑工程项目职业健康安全管理？	行业发展 安全意识
164	【二维码】工程施工现场的安全常识	在建筑施工过程中应对工人进行怎样的安全常识教育？	个人成长 工匠精神 职业精神
180	【二维码】绿色建筑应用实例	1. 什么是植物建筑？ 2. 什么是零能量住宅？ 3. 什么是生态住宅？	时代精神 人与自然和平相处 科技创新
181	【二维码】大气污染及危害	1. 大气污染包括哪些？ 2. 对人类和生物会造成怎样的危害？	环境保护意识
185	【二维码】国内外垃圾处置措施及模式	国内的垃圾处理十大模式是什么？	环境保护意识
211	【二维码】CCTV大楼案例赏析	CCTV大楼在建筑功能、建筑技术和建筑艺术形象方面都有哪些优势？	民族瑰宝 民族自豪感
218	项目管理中项目资源的五要素	工程项目管理中的项目资源都有哪五要素？	专业能力 实战能力
222	【二维码】人力资源管理的目标	1. 人力资料管理的目标是什么？ 2. 现代项目管理把人力资源看作什么？	专业能力 实战能力
224	【二维码】现场材料管理应注意的问题	1. 现场材料管理应注意的问题？ 2. 材料的堆放要注意什么？	专业能力 认真严谨
268	【二维码】住宅精装修工程常见施工质量通病案例分析	1. 住宅精装修工程中常见的施工质量通病有哪些方面？ 2. 对于这些问题应该如何避免？	专业能力 职业精神
273	北京大兴国际机场	1. 北京大兴国际机场被英国媒体评选为"新世界七大奇迹"，并创造了多项世界之最，那你都了解有哪些世界之最吗？ 2. 你觉得北京大兴国际机场的外形像什么？通过查找资料了解它的外形设计灵感是什么？有何寓意？	传统文化 民族自豪感 科技进步

注：教师版课程思政设计内容可联系出版社索取。

目 录

第1章　建设工程项目管理概论 ……………………………………………… 001
　1.1　建设工程项目管理概述 ……………………………………………… 003
　1.2　建设工程施工项目管理概述 ………………………………………… 006
　1.3　建设工程项目管理规划 ……………………………………………… 010
　本章小结 …………………………………………………………………… 017
　习题 ………………………………………………………………………… 018

第2章　建设工程项目管理组织 ……………………………………………… 021
　2.1　建设工程项目组织概述 ……………………………………………… 022
　2.2　建设工程项目组织的设置 …………………………………………… 028
　2.3　建设工程项目管理的组织形式 ……………………………………… 031
　2.4　建设工程项目团队建设 ……………………………………………… 034
　本章小结 …………………………………………………………………… 038
　习题 ………………………………………………………………………… 039

第3章　建设工程施工合同管理 ……………………………………………… 041
　3.1　合同概述 ……………………………………………………………… 042
　3.2　建设工程施工合同概述 ……………………………………………… 046
　3.3　建设工程施工合同的订立 …………………………………………… 050
　3.4　建设工程施工合同的履行 …………………………………………… 054
　3.5　建设工程施工合同的变更、违约、索赔和争议 …………………… 057
　本章小结 …………………………………………………………………… 062
　习题 ………………………………………………………………………… 062

第4章　建设工程项目采购管理 ……………………………………………… 066
　4.1　建设工程项目采购管理概述 ………………………………………… 067
　4.2　建设工程项目采购计划 ……………………………………………… 069
　4.3　建设工程项目采购控制 ……………………………………………… 072
　4.4　建设工程项目材料、设备采购 ……………………………………… 076
　本章小结 …………………………………………………………………… 080

习题 ………………………………………………………………………………… 081

第5章　建设工程项目进度管理 ……………………………………………… 083
5.1　建设工程项目进度管理概述 …………………………………………… 084
5.2　建设工程项目控制性进度计划的编制 ………………………………… 089
5.3　建设工程项目进度计划的实施 ………………………………………… 103
5.4　建设工程项目进度控制 ………………………………………………… 121
本章小结 ……………………………………………………………………… 127
习题 …………………………………………………………………………… 128

第6章　建设工程项目质量管理 ……………………………………………… 130
6.1　建设工程项目质量管理概述 …………………………………………… 131
6.2　建设工程项目质量策划 ………………………………………………… 134
6.3　建设工程项目质量控制与处置 ………………………………………… 136
6.4　建设工程项目采购质量控制 …………………………………………… 145
6.5　建设工程项目施工质量控制 …………………………………………… 147
本章小结 ……………………………………………………………………… 157
习题 …………………………………………………………………………… 157

第7章　建设工程项目职业健康安全管理 …………………………………… 162
7.1　建设工程项目职业健康安全管理概述 ………………………………… 163
7.2　建设工程项目职业健康安全管理的目标、方针和原则 ……………… 165
7.3　安全生产管理体制 ……………………………………………………… 166
7.4　安全生产的法律法规和管理制度 ……………………………………… 167
本章小结 ……………………………………………………………………… 176
习题 …………………………………………………………………………… 176

第8章　绿色建造与环境管理 ………………………………………………… 178
8.1　绿色建造概述 …………………………………………………………… 179
8.2　建设工程项目环境管理概述 …………………………………………… 180
8.3　建设工程项目环境管理的法律法规 …………………………………… 181
8.4　建设工程项目环境管理体系 …………………………………………… 185
本章小结 ……………………………………………………………………… 187
习题 …………………………………………………………………………… 187

第9章　建设工程项目施工成本管理 ………………………………………… 189
9.1　建设工程项目施工成本管理概述 ……………………………………… 190
9.2　建设工程项目施工成本计划 …………………………………………… 193
9.3　建设工程项目施工成本控制 …………………………………………… 195
9.4　建设工程项目施工成本核算 …………………………………………… 204
9.5　建设工程项目施工成本分析 …………………………………………… 208
本章小结 ……………………………………………………………………… 214
习题 …………………………………………………………………………… 214

第 10 章　建设工程项目资源管理 ································ 217
- 10.1　建设工程项目资源管理概述 ································ 218
- 10.2　建设工程项目人力资源管理 ································ 220
- 10.3　建设工程项目材料管理 ···································· 224
- 10.4　建设工程项目机械设备管理 ································ 228
- 10.5　建设工程项目资金管理 ···································· 235
- 本章小结 ·· 240
- 习题 ·· 240

第 11 章　建设工程项目风险管理 ································ 243
- 11.1　建设工程项目风险管理概述 ································ 244
- 11.2　建设工程项目风险因素识别 ································ 247
- 11.3　建设工程项目风险评估 ···································· 250
- 本章小结 ·· 254
- 习题 ·· 254

第 12 章　建设工程项目收尾管理 ································ 257
- 12.1　建设工程项目收尾管理概述 ································ 258
- 12.2　建设工程项目竣工验收 ···································· 260
- 12.3　建设工程项目竣工结算 ···································· 265
- 12.4　建设工程项目保修期管理 ·································· 267
- 12.5　建设工程项目管理总结 ···································· 269
- 本章小结 ·· 269
- 习题 ·· 269

第 13 章　建设工程项目管理数字化 ······························ 272
- 13.1　工程项目管理数字化概述 ·································· 273
- 13.2　工程项目管理数字化实践 ·································· 278
- 本章小结 ·· 281
- 习题 ·· 281

参考文献 ·· 282

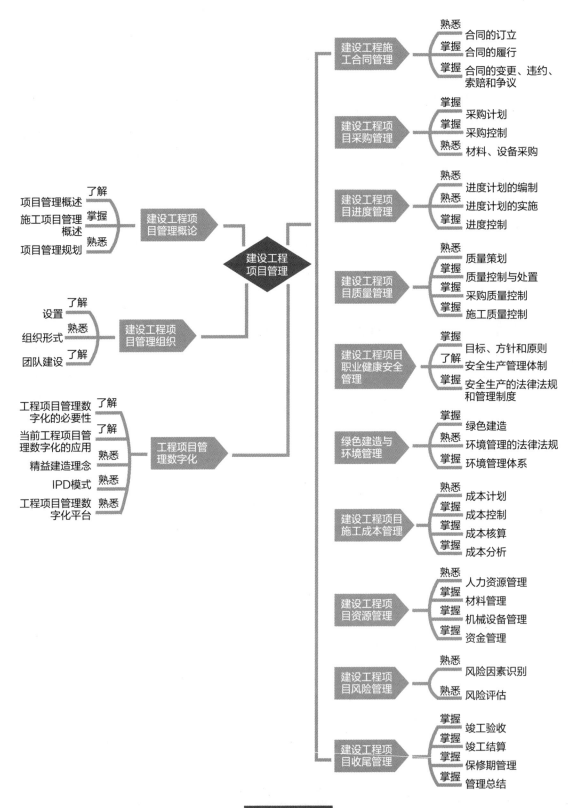

本书思维导图

第1章 建设工程项目管理概论

思维导图

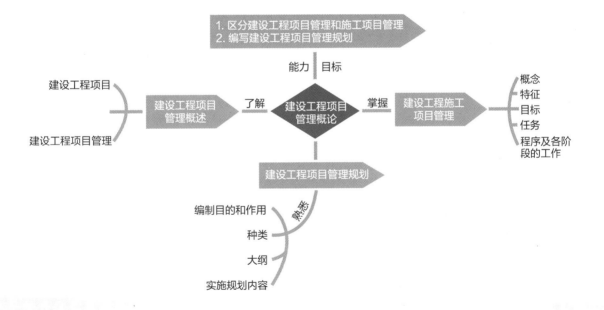

导入案例

　　小李在一家工程咨询公司工作三年了,一直从事着建筑行业的项目管理工作。他每天耳朵里听的、眼睛里看的、手头上忙的、嘴里说的总是进度、投资、资源、质量之类的话题,经历过几个大型的项目后,他开始认为项目管理也不过如此。自己在所从事的行业里虽说不是游刃有余,但也算是轻车熟路,一时间不免有些心浮气躁。直至经历了生活中一件小小的家庭装修事件后才发觉,原来项目管理绝非看上去那么简单。

　　一个早晨,一盆水洒湿了小李 $10m^2$ 的地下室的水泥地面,早已不能忍受这种湿漉漉地面的小李当即决定:拆除水泥地面、铺地砖、重装洁具。工作中养成的雷厉作风使他说干就干。上午小李联系一个作为承包商的朋友,跟他说明了地面装修的要求和房间尺寸,并要求提供技术工人和砂、水泥等材料;下午,他乘车直奔这个承包商工地附近的建材城订购地砖和洁具。当天晚上,朋友派人将砂、水泥等材料送到小李的住处,建材城也承诺第二天一早地砖有货,但是不负责送货上门。小李又马上联系了一个家住建材城附近的小货车司机,约定由他第二天早晨将地砖和工人一起运来。一切看起来都有条不紊地进行着,只等小李第二天早晨 8:00 带工人到建材城和小货车司机汇合,然后大概上午 9:30 就可开工干活了。

　　第二天,小李比计划时间提前半小时到达约定的工地等待工人上班。7:30,工人们陆续到达,7:40 被指定的 6 名工人准备好工具集合,7:45 工人们在小李的带领下坐出租车直奔建材城,大约 10 分钟后,一行人到达建材城。此时,第一个意外出现了:小货车司机并未按照预定时间在此等候。

　　一番电话联系后,小李得知小货车司机前一天夜里住在距离建材城 30 多公里的另一个住处,今天 7:30 起床,此刻正驱车驶向建材城。无奈之下,小李和工人们只好耐心等待。8:45 小货车司机终于到达,装载材料和工人后,又经过一路驱驰,10:30 左右,小李的装修工程终于开始施工了。

　　至此,第一个意外使装修工作比预计滞后 1 小时开工,如何补救这被延误的时间?从小货车司机方面看来已经没有更好办法,小李只有从装修工人身上寻求解决途径。首先,小李对装修工人的情况进行了了解,6 名工人中,有 4 名装修工(包括两名技术工、两名勤杂工)和两名水工,小李安排两名勤杂工在配合装修工作的同时,还要帮助两名水工做一些勤杂工作。而当水工暂时没有工作的时候,也需要帮助勤杂工工作。其次,小李对工序进行了优化。通常情况下,先要由水工做地下管线的预埋,再由装修工人铺设地砖,等地砖有足够承载力能够承载工人的重量后,水工再安装地面以上的洗手盆等洁具。但是如果完全按照这样的程序计算,即使没有任何延误,天黑之前也不能保证能把洁具安装完。为此,小李决定,先花十分钟时间对房间做一个测量,勾勒出地面装修草图,由水工按照图示在需要的实际部位安装预埋管件,紧接着由装修工人先完成有预埋件部位的地砖铺设,周围留出水工能够行走、站立工作的原始地面,然后从完全没有预埋管线的房间另一端开始施工。通过这种方案施工以便能提前安装洁具的时间。

　　上午的工作进展顺利,经过两个小时的努力后,地砖已经铺设了房间面积的 1/3,小李很高兴地和工人们到附近一家餐馆吃饭。此时,第二个问题出现了,有个工人提出现有的砂和水泥两种材料可能不足,但是缺少的数量暂时不能确定,这一问题一下子引起小李的注意。剩余的时间还有一半，而剩余的工作量却还有 2/3。怎么办？再从承包商工地运来，时间显然来不及，只有就近采购一个办法。午饭结束后，小李马不停蹄地到附近的几个街区去寻找建筑材料的零售店，终于在两个街区外的一角，找到一家建材零售店，互留了地址和电话号码，并约定如有需要，零售店保证 20 分钟内送货上门。下午 3：00，水泥和砂等材料果然不足，根据已经使用的数量和尚余的工作量，小李和建材店进行了电话沟通，建材店于 15 分钟后送来了所需的砂和水泥。此时，安装洁具的水工又报告上水管缺少一个丝扣、下水沟槽缺少砌筑砖块。

小李顾不上考虑别的方法，又要去采购水工需要的材料，这时突然想起曾经在工作的时候上司常说的一句话：在过程管理中，一个项目经理，不应该是整天忙着解决已经发生的问题，而应该多去想尚未发生但可能发生的问题。此刻有材料不足的情况发生，下一刻又会有什么事情发生？作为装修房间地面这件事情的负责人，小李本人不应该是一个问题发生后的办事员，而应该是一个项目的统筹者。当问题发生时，领导者的确应该积极行动去解决问题，但是更应该去发现产生问题的原因，以及去避免类似或相同的问题发生。于是，小李命令工程暂停，对所有工人的工作进行检查，并分析下一步可能遇到的问题，此时小李发现：水工尚不清楚室外排水的具体位置，此位置会影响室外地面的装修进度；装修的勤杂工帮助水工完成了预埋工作，但是水工却并不帮助装修的勤杂工……

一下子找出这么多问题，此时的小李不再把今天的事情当作普通的家庭事务了，而是立即进入了项目管理的角色，重新对工人进行具体的技术要求交底、任务分配、专门抽出一名工人采购材料……一番调整之后，工作又开始顺利展开，并在下午 6：15 收尾的时候，装修工人又创造性地在房间入口外砌筑出一个计划之外的台阶。晚上 7：30，送走了装修工人，经历了一天劳累后的小李并没有感觉到十分疲惫，看着眼前装饰一新的地面和洁具，小李沉浸在对项目管理的思索里，也许项目管理不仅仅是一个名词、是一种理论，还应该是一种思维和生活的方式。

1.1 建设工程项目管理概述

1.1.1 建设工程项目的概念

1. 项目

项目是指在一定的约束条件下（主要是限定标准、限定时间、限定资源），具有明确目标的一次性活动或任务。

项目具有三个特点。第一，项目的一次性，又称项目的单件性，即不可能有与此完全相同的项目，这是项目最主要的特点。第二，项目目标的明确性，包括成果目标和约束目标。它必须在签订的项目承包合同工期内按规定的预算数量和质量标准等约束条件完成。如果没有明确的目标就称不上项目。第三，项目管理的整体性，即一个完整的项目系统是由时间、空间、物资、机具、人员等多要素构成的整体管理对象。一个项目必须同时具备以上三个特点。

2. 建设工程项目

建设工程项目是指为完成依法立项的新建、扩建、改建等各类工程而进行的、有起止日期的、达到规定要求的一组相互关联的受控活动组成的特定过程，包括策划、勘察、设计、采购、施工、试运行、竣工验收和考核评价等。

3. 建设工程项目的组成

建设工程项目可分为单项工程、单位工程、分部工程和分项工程。

（1）单项工程是指具有独立的设计文件，可以独立组织施工，建成后能够独立发挥生产能力或效益的工程。例如，工业项目的生产车间、设计规定的主要产品生产线等，民用项目的办公楼、影剧院、宿舍、教学楼等。单项工程是建设项目的组成部分。

（2）单位工程是指具有独立的设计文件，可以独立组织施工，但建成后不能单独进行生产或发挥效益的工程。例如，某车间是一个单项工程，该车间的土建工程就是一个单位工程，该车间的设备安装工程也是一个单位工程。单位工程是单项工程的组成部分。

建筑工程包括的单位工程：一般土建工程、工业管道工程、电气照明工程、卫生工程、庭院工程等。

设备安装工程包括的单位工程：机械设备安装工程、通风设备安装工程、电气设备安装工程、电梯安装工程等。

（3）分部工程是单位工程的组成部分。例如，一般情况下，土建工程可按其主要部位划分为基础工程、主体工程、装饰装修工程和屋面工程等；设备安装工程可按其设备种类和专业不同划分为建筑采暖工程、建筑电气安装工程、通风与空调工程，以及电梯安装工程等。

（4）分项工程是分部工程的组成部分，一般按主要工种、材料、施工工艺、设备类别等进行划分。例如，钢筋工程、模板工程、混凝土工程、砌砖工程、门窗工程等都是分项工程。分项工程是建筑施工生产活动的基础，也是计量工程用工、用料和机械台班消耗的基本单元，同时又是工程质量形成的直接过程。分项工程是由专业工种完成的产品。

4. 建设工程项目的特点

建设工程项目除具备一般项目的特征之外，还具有以下特点。

（1）投资额巨大，建设周期长。因为建设工程项目规模大，综合性强，技术复杂，涉及专业面宽，所以建设周期少则需要一年半载，多则需要数十年，从而相应的投资额也十分巨大。例如，三峡大坝水利枢纽工程从可行性研究到工程建成使用历时数十载，耗资数千亿人民币。所以，如果建设工程项目决策失误或管理失误，必将带来严重后果，甚至影响国民经济。

（2）整体性强。建设工程项目是按照一个总体目标设计进行建设，由相互配套的若干个单项工程组合而成的项目，如一所学校是由教学楼、办公楼、文体活动场馆等单项工程配套组成。

（3）固定性和庞体性。建设工程项目具有地点固定以及体积庞大的特点。不同地点的地质条件是不相同的，周边环境也千差万别。而且建设项目体积庞大，几乎不可搬运和挪动，所以建设工程项目只能单件设计、单件建设，而不能批量生产。

【砖木结构、砖混结构及钢筋混凝土结构建筑介绍】

一个简单的建设工程项目也可能只由一个单项工程组成。

1.1.2 建设工程项目管理的概念

1. 建设工程项目管理

建设工程项目管理就是运用系统的理论和方法，对建设工程项目进行的计划、组织、指挥、协调和控制等专业化活动，简称项目管理。

2. 建设工程项目管理的内容

根据《建设工程项目管理规范》（GB/T 50326—2017）的规定，建设工程项目管理主要包括在项目管理规划的指导下，建立项目管理责任制度和项目管理策划，从而进行采购与投标管理、合同管理、设计与技术管理、进度管理、质量管理、成本管理、安全生产管理、绿色建造与环境管理、资源管理、信息与知识管理、沟通管理、风险管理、收尾管理和管理绩效评价。

3. 建设工程项目管理的分类

按照建设工程项目不同参与方的工作性质和组织特征，项目管理可划分为以下几种类型。

（1）业主方的项目管理。

（2）设计方的项目管理。

（3）施工方的项目管理。

（4）供货方的项目管理。

（5）建设项目总承包方的项目管理。

投资方、开发方和由咨询公司提供的代表业主方利益的项目管理服务都属于业主方的项目管理。施工总承包方和分包方的项目管理都属于施工方的项目管理。材料和设备供应方的项目管理都属于供货方的项目管理。建设项目总承包有多种形式，如设计和施工任务综合的承包，设计、采购和施工任务综合的承包（简称EPC承包）等，它们的项目管理都属于建设项目总承包方的项目管理。

【建设工程总承包管理模式】

【建设工程项目管理规范（GB/T 50326—2017）】

无论参加项目建设任何一方的项目管理，都需要遵守《建设工程项目管理规范》（GB/T 50326—2017）的相关规定。

1.2 建设工程施工项目管理概述

1.2.1 建设工程施工项目的概念

1. 建设工程施工项目

建筑施工企业自工程施工投标开始到保修期满为止的全过程中完成的项目,是以建筑施工企业为管理主体的建设工程施工项目(以下简称"施工项目")。

2. 施工项目的特点

(1)施工项目可以是建设工程项目或其中的单项工程、单位工程的施工活动过程。

(2)施工项目是以建筑施工企业为管理主体的。

(3)施工项目的任务范围受限于项目业主和承包施工的建筑施工企业所签订的施工合同。

(4)施工项目产品具有多样性、固定性、体积庞大的特点。

3. 施工项目管理

施工项目管理是建筑施工企业运用系统的观点、理论和科学技术对施工项目进行的计划、组织、监督、控制、协调等全过程的管理。它是整个建设工程项目管理的一个重要组成部分,其管理的对象是施工项目。

1.2.2 施工项目管理的特征

1. 施工项目管理的主体是建筑施工企业

项目业主、监理单位和设计单位都不进行施工项目管理,一般情况下,建筑施工企业也不委托咨询公司进行施工项目管理。项目业主在建设工程项目实施阶段,进行建设项目管理时涉及施工项目管理,但只是建设工程项目发包方和承包方的关系,是合同关系,不能算作施工项目管理。监理单位受项目业主委托,在建设工程项目实施阶段进行建设工程监理,把施工单位作为监督对象,虽与施工项目管理有关,但也不是施工项目管理。

2. 施工项目管理的对象是施工项目

施工项目管理的周期包括工程投标、签订工程项目承包合同、施工准备、工程施工、交工验收及保修服务等阶段。施工项目管理的主要特点是生产活动与市场交易活动同时进行,先有施工合同双方的交易活动,后有建设工程施工,是在施工现场预约、订购式的交易活动,买卖双方都投入生产管理。所以,施工项目管理是对特殊的商品和特殊的生产活动,在特殊的市场上进行的特殊的交易活动的管理,其复杂性和难度都是其他生产管理不能比拟的。

第1章 建设工程项目管理概论

3. 施工项目管理的内容是按阶段变化的

施工项目必须按施工程序进行施工和管理。从工程开工到工程结束，要经过一年到十几年的时间，工程经历了从无到有的过程，经历了施工准备、基础施工、结构施工、装修施工、安装施工、验收交工等多个阶段，每一个工作阶段的工作任务和管理的内容均有相同，同时差异又很大。因此，管理者必须预先制定管理规划，提出措施，进行有针对性的动态管理，使资源能优化组合，以提高施工效率和施工效益。

4. 施工项目管理要求强化组织协调工作

由于施工项目生产周期长，参与施工的人员在不断流动，各阶段所需要的资源各不相同，而且施工活动涉及许多复杂的经济关系、技术关系、法律关系、行政关系和人际关系等，所以施工项目管理中的组织协调工作最为艰难、复杂、多变，必须采取强化组织协调的措施才能保证施工项目顺利实施。强化组织协调的措施主要有优选项目经理、建立调度机构、配备称职的调度人员、努力使调度工作科学化和信息化、建立起动态的控制体系等。

1.2.3 施工项目管理的目标和任务

施工方作为项目建设的参与方，其项目管理主要服务于项目的整体利益和施工方本身的利益，项目管理的目标包括施工的成本目标、施工的进度目标和施工的质量目标。

施工项目管理工作主要在施工阶段进行，但它也可能涉及设计准备阶段、设计阶段、动用前准备阶段和保修期。在工程实践中，设计阶段和施工阶段往往是交叉的，因此施工方的项目管理工作也可能涉及设计阶段。

施工项目管理的主要任务包括：①施工项目职业健康安全管理；②施工项目成本控制；③施工项目进度控制；④施工项目质量控制；⑤施工项目合同管理；⑥施工项目沟通管理；⑦施工项目收尾管理。

除以上内容外，施工项目管理还包括施工项目采购管理、施工项目环境管理、施工项目资源管理和施工项目风险管理等。

施工项目管理的对象是施工项目，它的实施主体是施工方，是整个建设工程项目管理的组成部分。

1.2.4 施工项目管理程序及各阶段的工作

1. 投标与签订合同阶段

建设单位对建设项目进行设计和建设准备，在具备了招标条件以后，便发出招标公告或邀请函。施工单位见到招标公告或邀请函后，从做出投标决策至中标签约，实质上便是在进行施工项目的工作，本阶段的最终管理目标是签订工程承包合同，并主要进行以下工作。

（1）建筑施工企业从经营战略的高度做出是否投标该项目的决策。

（2）决定投标以后，从多方面（企业自身、相关单位、市场、现场等）掌握大量信息。

（3）编制能使企业赢利、又有竞争力的标书。

（4）如果中标，则与招标方谈判，依法签订工程承包合同，使合同符合国家法律、法规和国家计划，符合平等互利原则。

2. 施工准备阶段

施工单位与投标单位签订了工程承包合同，交易关系正式确立以后，便应组建项目经理部，然后以项目经理为主，与企业管理层、建设（监理）单位配合，进行施工准备，使工程具备开工和连续施工的基本条件。施工准备阶段主要进行以下工作。

（1）成立项目经理部，根据工程管理的需要建立机构，配备管理人员。

（2）制定施工项目管理实施规划，以指导施工项目管理活动。

（3）进行施工现场准备，使现场具备施工条件，利于进行文明施工。

（4）编写开工申请报告，等待批准开工。

3. 施工阶段

这是一个自开工到竣工的实施过程，在这一阶段，施工项目经理部既是决策机构，又是责任机构。企业管理层、项目业主、监理单位的作用是支持、监督与协调。这一阶段的目标是完成合同规定的全部施工任务，达到验收、交工的条件，主要进行的工作如下。

（1）进行施工。

（2）在施工中努力做好动态控制工作，保证质量目标、进度目标、造价目标、安全目标、节约目标的实现。

（3）管理好施工现场，实行文明施工。

（4）严格履行施工合同，处理好内外关系，管理好合同变更及索赔。

（5）做好记录、协调、检查、分析工作。

4. 验收、交工与结算阶段

这一阶段可称为"结束阶段"，与建设项目的竣工验收阶段同步进行。其目标对内是对成果进行总结、评价，对外是结清债权债务，结束交易关系。本阶段主要进行以下工作。

（1）工程结尾。

（2）进行试运转。

（3）接受正式验收。

（4）整理、移交竣工文件，进行工程款结算，总结工作，编制竣工总结报告。

（5）办理工程交付手续，解散项目经理部。

5. 使用后服务阶段

这是施工项目管理的最后阶段，即在竣工验收后，按合同规定的责任期进行使用后服务、回访与保修，其目的是保证使用单位能正常使用，发挥效益。该阶段中主要进行以下工作。

（1）为保证工程正常使用而做的必要的技术咨询和服务。

（2）进行工程回访，听取使用单位的意见，总结经验教训，观察使用中的问题，进行必要的维护、维修和保修。

（3）进行沉陷、抗震等性能观察。

1.2.5 建设工程项目管理和施工项目管理的区别

建设工程项目管理与施工项目管理在管理任务、管理内容、管理范围及管理的主体等方面均不相同，两者的区别见表1-1。

表1-1 建设工程项目管理和施工项目管理的区别

区别特征	建设工程项目管理	施工项目管理
管理任务	取得符合要求的、能发挥应有效益的固定资产	生产建筑产品，取得利润
管理内容	涉及项目的全寿命周期（决策期、实施期、使用期）的建设管理	涉及从投标开始到交工为止的全部生产组织与管理及维修
管理范围	由可行性研究报告确定的所有工程内容，是一个建设项目	由承包合同规定的承包范围，即建设项目中单项工程或单位工程的施工
管理的主体	建设单位或其委托的咨询（监理）单位	建筑施工企业

知识拓展

上海中心大厦是上海市发展规划中的综合物业发展计划。该项目位于小陆家嘴核心区Z3-2地块，东泰路、银城南路、花园石桥路交界处，地块东邻上海环球金融中心，北面为金茂大厦，建成后将连接起国际金融中心、金茂大厦和上海环球金融中心的地下空间。

上海中心大厦总高632m，结构高度为580m，由地上118层主楼、5层裙楼和5层地下室组成，其主体建筑结构高度580m，总建筑面积$57.6×10^4m^2$，是上海最高的摩天大楼。2008年11月29日主楼桩基开工。2013年8月3日，上海中心大厦580m主体结构封顶。上海中心大厦基础大底板浇筑施工的难点在于，主楼深基坑是全球少见的超深、超大、无横梁支撑的单位建筑基坑，其大底板是一块直径121m、厚6m的圆形钢筋混凝土平台，$11200m^2$的面积相当于1.6个标准足球场大小，厚度则达到两层楼高，是世界民用建筑底板体积之最。其施工难度之大，对混凝土的供应和浇筑工艺都是极大的挑战。作为632m高的摩天大楼的底板，它将和其下方的955根主楼桩基一起承载上海中心大厦主楼的负载，被施工人员形象地称为"定海神座"。

党的二十大报告提出，要实施产业基础再造工程和重大技术装备攻关工程，支持专精特新企业发展，推动制造业高端化、智能化、绿色化发展。上海中心大厦在整个施工阶段贯穿了绿色环保理念和科学的施工管理。由于工程庞大在开工之前就进行了细致的准备，施工阶段更是进行了科学的规划管理。其中在B5层采用热源热泵技术，外幕墙钢结构支撑体系结构复杂，为世界首创独一无二的幕墙体系。施工单位运用BIM技术实现参数化、信息化、数据化的科学管理。在整个施工中采用设计、加工、现场一体化联动的作业管理方法，开发研制了幕墙钢支撑的机械式滑移支座，为上海中心大厦穿上了中国"智"造的美丽外衣。

【上海中心大厦项目情况】

点评：由此可见，上海中心大厦施工工期长，施工难度大，能够顺利地完成，得益于在其施工项目管理过程中，科学化管理以及规范化施工。

1.3 建设工程项目管理规划

1.3.1 编制建设工程项目管理规划的目的和作用

1. 编制建设工程项目管理规划的目的

建设工程项目管理规划是对项目全过程中的各种管理职能工作、各种管理过程以及各种管理要素进行完整的、全面的、整体的计划。因此，建设工程项目管理规划的目的是确定建设工程项目管理的目标、依据、内容、组织、资源、方法、程序和控制措施，以保证建设工程项目管理的正常进行和项目成功。

2. 建设工程项目管理规划的作用

建设工程项目管理规划的作用如下。

（1）建设工程项目管理规划研究和制定建设工程项目管理目标。建设工程项目管理规划的首要目的是确定建设工程项目管理的目标，建设工程项目管理采用目标管理方法，因此目标对项目管理的各个方面具有规定性。有了目标，就有了行动的方向、追求的结果、管理的灵魂。

（2）规划实施建设工程项目目标管理的组织、程序和方法，落实组织责任。

组织是建设工程项目管理的源泉，是建设工程项目管理的载体。用建设工程项目管理规划做好组织规划，便为建设工程项目管理的成功提供了最基本的保证。

程序是工作的步骤，是规律，是项目管理有序进行的保证。建设工程项目规划必须把项目管理的程序规划得科学、合理、有效。

建设工程项目管理方法的重要性如同工具对于生产，武器对于战争，关系着管理的实施和成败。建设工程项目管理规划要从大量可用方法中进行优选，以便选用最适用、最有效的方法。

（3）建设工程项目管理规划相当于相应建设工程项目的管理规范，在建设工程项目管理过程中落实执行。建设工程项目管理规划制定后，在整个建设工程项目管理过程中就要严格遵照执行，建设工程项目经理依靠它进行组织指挥，按照它管理人员。它就相当于这个建设工程项目的管理规范，必须落实执行，不得束之高阁，更不能违背。

（4）作为对建设工程项目经理部考核的依据之一。由于建设工程项目管理规划的重要性，加上上述项目管理不可缺少的作用以及其对项目管理成败的决定性，因而它必须作为项目经理部的考核依据，从而给建设工程项目管理规划的执行者以强有力的促进和激励作用。

1.3.2 建设工程项目管理规划的种类

1. 按建设工程项目管理组织分类

按建设工程项目管理组织分类，建设工程项目管理规划可分为建设单位的建设工程项目管理规划、设计单位的建设工程项目管理规划、监理单位的建设工程项目管理规划、施工单位的建设工程项目管理规划、咨询单位的建设工程项目管理规划和建设工程项目管理单位的项目管理规划等。

2. 按编制目的分类

建设工程项目管理规划按编制目的可分为建设工程项目管理规划大纲和建设工程项目管理实施规划。

（1）建设工程项目管理规划大纲。它是建设工程项目管理工作中具有战略性、全局性和宏观性的指导文件，它由组织的管理层或组织委托的建设工程项目管理单位编制，目的是满足战略上、总体控制上和经营上的需要。例如，建设单位为了实现全过程式的建设工程项目管理，需要编制建设工程项目管理规划；咨询单位为了投标揽取建设工程项目管理咨询任务、设计单位为了投标揽取设计任务、施工单位为了揽取施工任务、建设工程项目管理公司为了取得项目管理任务，都要编制项目管理规划大纲。

（2）建设工程项目管理实施规划。建设工程项目管理实施规划具有作业性或可操作性。它由项目经理组织编制。编制中除了对项目管理规划大纲进行细化外，还根据实施建设工程项目管理的需要补充更具体的内容。除了建设单位之外，其他各单位在中标并签订合同之后都要编制建设工程项目管理实施规划。建设单位之所以不编制建设工程项目实施规划，原因是在实施过程中建设单位主要任务是进行审查和监督，从而实现自身的项目管理规划大纲（建设工程项目管理规划）。

3. 按编制建设工程项目管理规划的范围分类

按编制建设工程项目管理规划的范围，建设工程项目管理规划可分为局部建设工程项目管理规划和全面建设工程项目管理规划。

（1）局部建设工程项目管理规划是针对项目管理中的某个部分或某个专业的问题进行规划的，例如，设计单位进行建筑设计或设备设计的建设工程项目管理规划，项目管理公司进行的组织管理规划或目标管理规划等。由于项目管理规划的范围很大，花费的时间很长，消耗的资源较多，故局部项目管理规划有针对性强和见效快的特点。

（2）全面建设工程项目管理规划是针对一个建设工程项目的全部规划大纲和全面的项目管理实施规划的。

参与项目管理的各方，均应根据各自的项目管理目标，编制各自的项目管理规划。

1.3.3　建设工程项目管理规划大纲

1. 建设工程项目管理规划大纲的性质和作用

（1）建设工程项目管理规划大纲的性质。

《建设工程项目管理规范》（以下简称《规范》）规定："建设工程项目管理规划大纲是项目管理工作中具有战略性、全局性和宏观性的指导文件。"所谓战略性，主要指其内容高屋建瓴，有原则，具有长期、长效的指导作用。所谓全局性，是指它所考虑的是项目管理的整体而不是某一部分，是全过程而不是某个阶段的。所谓宏观性，是指该规划涉及客观环境、内部管理、相关组织的关系、项目实施等，都是重要的、关键的、大范围的，而不是微观的。

（2）建设工程项目管理规划大纲的作用。

① 对项目管理的全过程进行规划，为全过程的建设工程项目管理提出方向和纲领。

② 作为承揽业务、编制投标文件的依据。

③ 作为中标后签订合同的依据。

④ 作为编制建设工程项目管理实施规划的依据。

⑤ 建设单位的建设工程项目管理规划还对各相关单位的建设工程项目管理和建设工程项目管理规划起指导作用。

特别提示

综合上面的5项作用可以看出，建设工程项目管理规划大纲的作用既有对内的，也有对外的，它不但是管理性文件，而且是经营性文件，所以编制者要站得高、想得宽、看得远。只有企业管理层所具有的地位才能担当此任，项目经理部地位较低，基本不对外经营，因此不能把这项任务放到项目经理部身上。

2. 建设工程项目管理规划大纲的编制依据

《规范》规定建设工程项目管理规划大纲的编制依据有可行性研究报告，设计文件、标准、规范与有关规定，招标文件及有关合同文件，相关市场信息与环境信息。

编制建设工程项目管理规划大纲应注意以下几点。

（1）不同的建设工程项目管理组织编制项目管理规划大纲的依据不完全相同。建设单位和设计单位在编制建设工程项目管理规划大纲时需要可行性研究报告，而施工单位编制项目管理规划大纲则不一定需要可行性研究报告；设计单位和施工单位编制建设工程项目管理规划大纲还需要上述其他依据。即使建设单位编制项目管理规划时尚不具备设计文件、招标文件和有关合同文件，也是有必要具备这些文件的。因此，究竟哪些单位需要哪些依据，要由编制单位在上述范围内具体选定，必要时，还应寻求其他依据。

（2）招标文件及发包人对招标文件的解释是除建设单位外其他各单位编制建设工程项目管理规划大纲的最重要依据。在招标过程中，发包人常会以补充和说明的形式修改、补充招标文件的内容，在标前会议上发包人也会对承包人提出的问题、对招标文件不理解的地方进行解释。承包人在建设工程项目管理规划大纲的编写过程中一定要注意这些修改、变更和解释。

（3）在编制规划大纲前应进行招标文件的分析。①通过对投标人须知的分析，了解投标条件和招标人的招标程序安排，进一步分析投标风险；②通过对合同条件的审查，分析它的完备性、合法性以及单方面约束性的条款和合同风险，确定承包人总体的合同责任；③对技术文件进行分析、会审，以确定招标人的工程要求，确定项目管理的工程范围、技术规范、工作量等；④对在招标文件分析中发现的问题、矛盾、错误和不理解的地方，应及早向发包人提出，请给予解释。这对正确地编制规划大纲和投标文件是十分重要的。

（4）分析相关市场信息与环境信息。相关市场信息主要是供求信息、价格信息和竞争信息，这对各编制建设工程项目管理规划大纲的单位来说都是相当重要的。环境信息范围较广,包括政策环境、经济环境、管理环境、国际环境、政治环境、自然环境、现场环境乃至发包人提供的信息等,在建设工程项目管理规划大纲起草前应进行有针对性的调查。调查应有计划、有系统地进行,在调查前可以列出调查提纲。由于投标过程中时间和费用的限制,应主要着眼于调查对工作方案、合同的执行、实施合同和成本有重大影响的环境因素。应充分利用企业的信息网络系统和以前获得的信息。

(5)该组织对承揽任务的投标总体战略、中标后的经营方针和策略,必须体现在建设工程项目管理规划大纲中。因此,这些也应该是项目管理规划大纲的编制依据,包括企业在建设工程项目所在地以及建设工程项目所涉及的领域的发展战略;该建设工程项目在企业经营中的地位,项目的成败对将来经营状况好坏的影响,例如是否是创品牌工程、是否是形象工程;发包人的基本情况,例如信用、管理能力和水平、发包人取得后续任务的可能性等。

3. 建设工程项目管理规划大纲的编制程序

《规范》规定了建设工程项目管理规划大纲的编制程序,具体如图 1.1 所示。在这个程序中,关键程序是第 6 步,前面的 5 步都是为它服务的,最后一步是例行管理手续。不论哪个组织编制建设工程项目管理规划,都应该遵照这个程序。

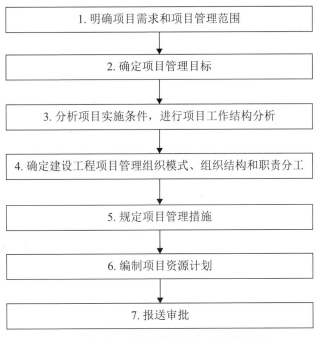

图 1.1 建设工程项目管理规划大纲编制程序

4. 建设工程项目管理规划大纲的内容

建设工程项目管理规划大纲包括 15 项内容:项目概况,项目范围管理,项目管理目标,项目管理组织,项目采购与投标管理,项目进度管理,项目质量管理,项目成本管理,项目安全生产管理,绿色建造与环境管理,项目资源管理,项目信息管理,项目沟通与相关方管理,项目风险管理,项目收尾管理。

【建设工程项目管理规划大纲样例】

1.3.4 建设工程项目管理实施规划

1. 建设工程项目管理实施规划的性质

建设工程项目管理实施规划与建设工程项目管理规划大纲不同，它在建设工程项目实施前编制，是为指导建设工程项目实施而编制的。因此，建设工程项目管理实施规划是建设工程项目管理规划大纲的细化，应具有操作性。它以建设工程项目管理规划大纲的总体构想和决策意图为指导，具体规定各项管理业务的目标要求、职责分工和管理方法，为履行合同和建设工程项目管理目标责任书的任务做出精细的安排。它可能以整个项目为对象，也可能以某一阶段或某一部分为对象。它是建设工程项目管理的执行规划，也是建设工程项目管理的"规范"。

2. 建设工程项目管理实施规划的作用

（1）执行并细化建设工程项目管理规划大纲。建设工程项目管理规划大纲毕竟是企业管理层编制的、战略性的、控制性的、粗线条的、时间较早的规划，所以要通过建设工程项目管理实施规划进行贯彻，加以细化，为建设工程项目管理提供具体的指导。

（2）指导建设工程项目的过程管理。建设工程项目的过程管理需要目标、组织、职责、依据、计划、程序、过程、标准、方法、资源、措施、评价、认定、考核等要素，而这些要素需要项目管理实施规划予以提供。

（3）将建设工程项目管理目标责任书落实到项目经理部，形成规划性文件，以便完成组织管理层给予的任务。建设工程项目管理目标责任书是组织管理层根据合同和经营管理目标的要求，明确规定项目经理部应达到的控制目标的文件，是项目经理部任务的来源。项目经理部必须通过编制项目管理实施规划做出安排，然后才能按规划实施，从而达到完成任务的目的。

（4）为项目经理指导项目管理提供依据。规划成功的项目管理实施规划可以告诉项目经理，在项目管理中做什么，怎么做，何时做，谁来做，依据什么做，用什么方法做，如何应对风险，怎样沟通与协调等。所以，它是项目经理可靠的管理工作依据，像项目经理的"管理手册"那样可靠和有用。

（5）建设工程项目管理实施规划是项目管理的重要档案资料，存档后就是可贵的管理储备资料。

3. 建设工程项目管理实施规划的编制程序

建设工程项目管理实施规划的编制程序如图1.2所示。

4. 建设工程项目管理实施规划的编制依据

建设工程项目管理实施规划的编制依据主要有4项，包括：建设工程项目管理规划大纲、建设工程项目条件和环境分析资料、合同及相关文件、同类建设工程项目的相关资料。

（1）依据建设工程项目管理规划大纲。从原则上讲，建设工程项目管理实施规划，是规划大纲的细化和具体化，但在依据规划大纲时应注意在做标、投标、开标后的澄清，以及在合同谈判过程中获得的新的信息、过去所掌握信息中错误及不完备的地方，招标人新的要求，组织本身提出的新的优惠条件等。因此，项目管理实施规划肯定比项目管理规划大纲会多一些新的内容。

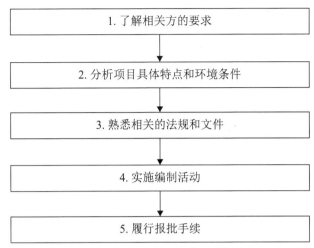

图 1.2 建设工程项目管理实施规划的编制程序

（2）依据建设工程项目条件和环境分析资料。编制项目管理实施规划的时候，建设工程项目条件和环境应当比较清晰，因此要获得这两方面的详细信息。这些信息越清楚、越可靠，据以编制的建设工程项目管理实施规划就越有用。因此，一是要通过广泛收集和调查以获得建设工程项目条件和环境的资料；二是要进行科学的去粗取精的分析，使资料和信息可用、适用、有效。

（3）依据合同及相关文件。合同内容是建设工程项目管理任务的源头，是建设工程项目管理实施规划编制的背景和任务的来源，也是实施建设工程项目管理实施规划结果是否有用的判别标准，因此这项依据更具有规定性乃至强制性。

所谓相关文件是指法规文件、设计文件、标准文件、政策文件、指令文件、定额文件等，这些文件都是编制建设工程项目管理实施规划不可或缺的。

（4）依据同类建设工程项目的相关资料。同类项目的相关资料具有可模仿性，因为建设工程项目具有相近性，积累资料的作用此时也得到了印证。

另外，组织管理层与项目经理之间签订的项目管理目标责任书规定着项目经理的权力、责任和利益，规定着建设工程项目的目标管理过程，以及在项目实施过程中组织管理层与项目经理之间的工作关系等，因此，项目管理目标责任书也应作为编制建设工程项目管理实施规划的依据。

项目管理目标责任书体现了组织的总体经营战略，符合组织的根本利益，保证组织对项目的有力控制，防止项目失控，能够充分发挥项目经理和项目经理部各部门（人员）的积极性和创造性，保证在项目上能够利用组织的资源和组织的总体优势，对项目管理实施规划成功编制和发挥作用很有用。组织也应将项目管理目标责任书作为组织管理系统的一部分，进行专门设计，并标准化。

其他依据还有：项目经理部的自身条件及管理水平，项目经理部掌握的新的其他信息，组织的项目管理体系，建设工程项目实施中项目经理部的各个职能部门（或人员）与组织的其他职能部门的关系、工作职责的划分等。

5. 建设工程项目管理实施规划的编制内容

建设工程项目管理实施规划应包括下列17项内容：项目概况，项目总体工作安排，组织方案，设计与技术措施，进度计划，质量计划，成本计划，安全生产计划，绿色建造与环境管理计划，资源需求与采购计划，信息管理计划，沟通管理计划，风险管理计划，项目收尾计划，项目现场平面布置图，项目目标控制计划，技术经济指标。

鲁布革水电站

【鲁布革水电站项目介绍】

我国自20世纪60年代华罗庚教授等数学家在全国推广统筹法起，便开始了项目管理的研究与应用，而真正称得上项目管理的开始应该是利用世界银行贷款的项目——鲁布革水电站。1984年在国内首先采用国际招标，实行项目管理，缩短了工期，降低了造价，取得了明显的经济效益。

其先进的施工机械、精悍的施工队伍、先进的管理机制、科学的管理方法引起了人们极大的兴趣。鲁布革工程管理局作为"代理业主"又是"工程师"的机构设置，按合同进行项目管理的实践，也使人耳目一新。所以当时到鲁布革被称为"不出国的出国考察"。

中标的日本大成公司按合同制管理体制，用30多人的管理团队，雇用了424名中国工人，其施工速度相当于我国当时同类工程的2~2.5倍。中国工人不仅很快掌握了先进的施工机械，而且在中国工长的带领下，创造了直径8.8m圆形发电隧洞独头月进尺373.7m的优异成绩，超过了日本大成公司的最高纪录，达到世界先进水平，得到了日本大成公司鲁布革工程事务所所长的钦佩和赞赏。当时来鲁布革参观的人都说"外国人能干的事，中国人一样能干好！"。中国水利水电十四局"近水楼台先得月"，在地下厂房施工中学习日本大成公司的经验，成立了中国第一个项目法施工的项目部——厂房工程指挥所，开启了我国项目法施工的先河。

党的二十大报告提出，继续扩大制度型开放。稳步扩大规则、规制、管理、标准等制度型开放。鲁布革水电站项目成功的实践，激发了人们对基本建设管理体制和施工管理模式改革的强烈愿望。人们开始认真了解和学习国外在市场经济条件下实行的项目管理的机制、规则、程序和方法，并应用于此后的重要建筑中。

 应用案例

【案例背景】

某施工单位承接某工程项目的施工任务，在施工招标阶段，该单位编制了施工项目管理实施规划。中标后，为进一步加强施工项目管理，在施工技术负责人的主持下，又编制了一份施工项目管理规划大纲。其中该单位编制的施工项目管理规划大纲内容如下。

一、施工项目概况
二、总体工作计划
三、项目管理组织规划
四、技术方案
五、进度计划
六、质量计划
七、项目职业健康安全与环境管理规划

第1章 建设工程项目管理概论

【问题】

（1）上述背景中，施工单位的工作有哪些不妥，为什么？

（2）施工单位编制的施工项目管理规划大纲的内容有哪些不妥？请改正并补充完整。

【案例解析】

（1）在施工招标阶段，施工单位的工作不妥之处有以下几点。

① 在施工招标阶段，该施工单位编制了施工项目管理实施规划，应改为施工单位编制了施工项目管理规划大纲。因为在施工招标阶段，施工单位编制施工项目管理规划大纲的目的是指导项目投标和签订施工合同，而施工项目管理实施规划是在施工单位中标后编制的。

② 为进一步加强施工项目管理，在施工技术负责人的主持下，又编制了一份施工项目管理规划大纲，这种说法不妥。因为如果要加强施工项目管理，那么应该在项目经理的主持下编制一份施工项目管理实施规划。

（2）施工单位编制的施工项目管理规划大纲的内容不妥。因为总体工作计划、技术方案、进度计划和质量计划，不是施工项目管理规划大纲的组成内容，而是施工项目管理实施规划中的内容。

施工项目管理规划大纲的内容如下。

一、项目概况

二、项目范围管理规划

三、项目管理目标规划

四、项目管理组织规划

五、项目成本管理规划

六、项目进度管理规划

七、项目质量管理规划

八、项目职业健康安全与环境管理规划

九、项目采购与资源管理

十、项目信息管理规划

十一、项目沟通管理规划

十二、项目风险管理规划

十三、项目收尾管理规划

【国家体育馆"鸟巢"项目】

本章小结

本章介绍了建设工程项目的基本概念，如项目、建设工程项目的概念以及建设工程项目的组成和特点。

建设工程项目是指为完成依法立项的新建、扩建、改建工程而进行的、有起止日期的、达到规定要求的一组相互关联的受控活动，包括策划、勘察、设计、采购、施工、试运行、竣工验收和考核评价等阶段。

建设工程项目可划分为单项工程、单位工程、分部工程和分项工程。

建设工程项目具有投资额巨大、建设周期长、整体性强、固定性和庞体性的特点。

本章又讲述了建设项目管理的概念，使我们了解建设工程项目管理是运用系统的理论和方法，对建设工程项目进行的计划、组织、指挥、协调和控制等专业化活动。

建设工程项目管理主要包括在项目管理规划的指导下，建立项目管理责任制度和项目管理策划，从而进行采购与投标管理、合同管理、设计与技术管理、进度管理、质量管理、成本管理、安全生产管理、绿色建造与环境管理、资源管理、信息与知识管理、沟通管理、风险管理、收尾管理和管理绩效评价。

建设工程项目管理可分为业主方的项目管理、设计方的项目管理、施工方的项目管理、供货方的项目管理、建设项目总承包方的项目管理。

本章还讲述了建设工程施工项目管理的概念，施工项目是施工企业自工程施工投标开始到保修期满为止的全过程中完成的项目，是以建筑施工企业为管理主体的建设工程项目。施工项目管理是施工企业运用系统的观点、理论和科学技术对施工项目进行的计划、组织、监督、控制、协调等全过程的管理。它是整个建设工程项目管理的一个重要组成部分，其管理的对象是施工项目。

施工项目管理的特征包括：施工项目管理的主体是建筑施工企业，施工项目管理的对象是施工项目，施工项目管理的内容是按阶段变化的，施工项目管理要求强化组织协调工作。

施工项目管理的主要任务包括施工项目职业健康安全管理、施工项目成本控制、施工项目进度控制、施工项目质量控制、施工项目合同管理、施工项目沟通管理和施工项目收尾管理。

最后，本章讲述了施工项目管理规划的概念。建设工程项目管理规划是对项目全过程中的各种管理职能工作、各种管理过程以及各种管理要素进行完整的、全面的、整体的计划。根据建设工程项目管理的需要，建设工程项目管理规划文件可分为建设工程项目管理规划大纲和建设工程项目实施规划两类。

习 题

一、单项选择题

1. _____不属于建设工程项目的参建方。
   A. 建设行政管理部门　B. 建设单位　　　C. 设计单位　　　D. 施工单位
2. _____是指具有独立的设计文件，可以独立组织施工，建成后能够独立发挥生产能力或效益的工程。
   A. 单项工程　　　　B. 单位工程　　　C. 分部工程　　　D. 分项工程
3. 施工项目管理的主体是_____。
   A. 建设行政管理部门　B. 建设单位　　　C. 设计单位　　　D. 施工单位
4. _____是施工项目管理的最后阶段。
   A. 竣工验收　　　　　　　　　　　　B. 试运行
   C. 工程款结算阶段　　　　　　　　　D. 使用后服务阶段
5. _____是建设工程项目管理工作中具有战略性、全局性和宏观性的指导文件，它由组织的管理层或组织委托的建设工程项目管理单位编制。

A. 建设工程项目管理规划大纲　　　B. 建设工程项目管理实施规划
C. 施工组织总设计　　　　　　　　D. 单位工程施工组织设计

6. 施工方项目管理的对象是_____。
A. 建设项目　　　B. 施工项目　　　C. 单位工程　　　D. 单项工程

二、多项选择题

1. _____单位工程属于建筑工程。
A. 一般土建工程　　　B. 工业管道工程　　　C. 机械设备安装工程
D. 通风设备安装工程　E. 电气照明工程

2. 分项工程是分部工程的组成部分，一般按_____等进行划分。
A. 主要工种　　　B. 材料　　　C. 主要部位
D. 施工工艺　　　E. 专业

3. _____属于建设工程项目的特点。
A. 投资额巨大　　　B. 建设周期长　　　C. 固定性
D. 重要性　　　　　E. 特殊性

4. 按建设工程项目不同参与方的工作性质和组织特征划分，项目管理有_____。
A. 政府方的项目管理　　B. 业主方的项目管理　　C. 设计方的项目管理
D. 施工方的项目管理　　E. 监理方的项目管理

5. _____都属于业主方的项目管理。
A. 投资方　　　　　　　　　　　　B. 开发方　　　　　　　C. 设计方
D. 咨询公司提供的项目管理服务　　E. 施工方

6. 施工方作为项目建设的参与方，其项目管理主要服务于_____的利益。
A. 业主方　　　B. 项目的整体　　　C. 施工方
D. 社会公众　　E. 国家

7. _____不属于施工项目管理的内容。
A. 环境管理　　　B. 安全管理　　　C. 社会治安管理
D. 生态平衡管理　E. 风险管理

8. 按编制的目的不同分类，建设工程项目管理规划可分为_____。
A. 建设工程项目管理规划大纲　　　B. 建设工程项目管理实施规划
C. 建设单位的管理规划　　　　　　D. 施工单位的管理规划
E. 咨询单位的管理规划

9. _____是编制建设工程项目管理实施规划的依据。
A. 建设工程项目管理规划大纲　　　B. 工程合同及相关文件
C. 监理规划大纲　　　　　　　　　D. 同类项目的相关资料
E. 施工组织设计

三、案例分析题

【背景】

某施工单位承接了一工程项目的施工任务。该项目法人要求施工单位必须在施工合同生效后的一月内，提交施工项目管理实施规划。因此施工单位立即着手编制工作。

收集编制施工项目管理实施规划的依据资料，具体如下。

(1) 施工项目管理规划大纲。
(2) 关于项目设计，监理单位的资料。
(3) 工程合同及相关资料。
(4) 项目的可行性研究报告。

施工项目管理实施规划的基本内容如下。
(1) 组织好参与项目建设各方的协调工作。
(2) 施工项目概况。
(3) 总体工作计划。
(4) 项目管理目标规划。
(5) 项目管理组织规划。
(6) 项目成本管理规划。
(7) 技术方案。
(8) 进度计划。

【问题】

1. 施工项目管理规划大纲的作用是什么？
2. 一般情况下，施工项目管理实施规划由谁组织编写？
3. 在所收集的资料中哪些是编制施工项目管理实施规划所必需的？你认为还应补充哪些方面的资料？
4. 所编制的施工项目管理实施规划内容中，哪些内容应该编入施工项目管理实施规划中？并进一步补充施工项目管理实施规划的内容。
5. 项目法人要求编制完成的时间合理吗？

【第1章在线测试习题】

第 2 章 建设工程项目管理组织

思维导图

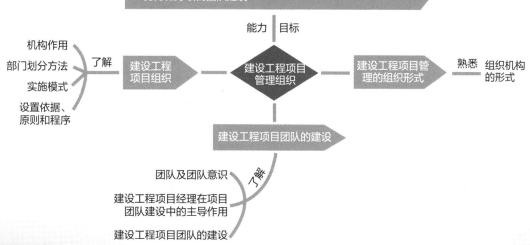

导入案例

某施工企业通过投标获得某大学城建设项目中4个项目的施工任务。为了圆满完成合同所签订的施工内容，该企业专门成立了大学城项目部，下设施工进度控制组、施工质量控制组、施工安全控制组、成本控制组以及合同信息管理组。针对该施工项目经理部的组织机构形式，有的人认为应该建立直线制的组织机构，有的人认为应该建立职能制的组织机构，还有的人认为应该建立矩阵制的组织机构。通过对本章的学习，分析该项目部采用哪一种组织机构形式比较合适。

2.1 建设工程项目组织概述

建设工程项目管理组织机构泛指参与工程项目建设各方的项目管理组织机构，包括建设单位、设计单位、施工单位的项目管理组织机构，也包括工程总承包单位、代建单位、项目管理单位等参建方的项目管理组织机构。

2.1.1 建设工程项目管理组织机构的作用

项目经理在启动项目管理之前，首先要做好组织准备，即建立一个能完成管理任务、使项目经理指挥灵便、运转自如、效率高的项目组织机构——项目经理部，其目的是为进行项目管理提供组织保证。建设工程项目管理组织机构的作用有以下几点。

（1）形成一定的权力系统，以便进行统一指挥。

组织机构的建立首先是以形式产生权力，权力是工作的需要，是管理地位形成的前提，是组织活动的反映。没有组织机构，便没有权力，也没有权力的运用。

（2）形成责任制和信息沟通体系。

责任制是施工项目组织中的核心问题。没有责任也就不称其为项目管理的机构，也就不存在项目管理。一个项目组织能否有效地运转，取决于是否有健全的岗位责任制。项目组织的每个成员都应肩负一定责任，责任是项目组织对每个成员规定的一部分管理活动和生产活动的具体内容。

信息沟通是指下级（下层）以报告的形式或其他形式向上级（上层）传递信息，同级不同部门之间为了相互协作而横向传递信息。越是高层领导，越要深入下层获得信息。这是因为领导离不开信息，有了充分的信息，才能进行有效决策。

综上所述，可以看出组织机构非常重要，在项目管理中是一个焦点。若一个项目经理建立了理想有效的组织系统，那么他的项目管理就成功了一半。

2.1.2 建设工程项目管理组织部门划分的基本方法

建设工程项目管理组织部门划分的实质是根据不同的标准,对项目管理活动或任务进行专业化分工,从而将整个项目组织分解成若干个相互依存的基本管理单位,不同的管理人员安排在不同的管理岗位和部门中,通过他们在特定环境、特定相互关系中的管理作业使整个项目管理系统有机地运转起来。

1. 按管理职能划分部门

按管理职能划分部门是一种传统的、为许多组织广泛采用的划分方法。这种方法是根据专业化的原则,以工作或任务的相似性来划分部门的,这些部门可以被划分为基本的职能部门和其他的职能部门两类,如图 2.1 所示。

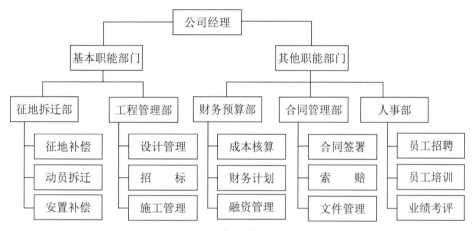

图 2.1 按职能划分部门

2. 按项目结构划分部门

对于某些大型工程枢纽或项目群而言,各个单项工程(单位工程)由于地理位置分散、施工工艺差异较大、工程量太大,以及工程进度比较紧张等因素,通常要分成若干个标段分别进行招标,为便于项目管理,组织部门可能会按照项目结构进行部门划分,如图 2.2 所示。

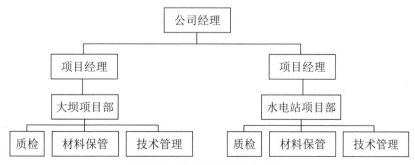

图 2.2 按项目结构划分部门

【建筑工业化】

每个项目的参建方，均应建立各自的项目管理组织。

2.1.3 常见的组织实施模式

工程建设项目投资大，建设周期长，参与项目的单位众多，社会性强，因此，工程项目实施模式具有复杂性。工程项目的实施组织方式是通过研究工程项目的承发包模式，确定工程的合同结构，合同结构的确立也就决定了工程项目的管理组织，决定了参与工程项目各方的项目管理的工作内容和任务。

建筑市场的市场体系主要由三个方面构成，即以发包人为主体的发包体系，以设计、施工、供货方为主体的承建体系，以及以工程咨询、评估、监理方为主体的咨询体系。市场主体三方的不同关系会形成不同的工程项目组织系统，构成不同的项目实施组织形式，对工程管理的方式和内容产生不同的影响。

1. 平行承发包模式

发包人将工程项目分解后，分别委托多个承建单位分别进行建造的方式。采用平行承发包模式，对发包人而言，将直接面对多个施工单位，多个材料设备供应单位和多个设计单位，而这些单位之间的关系是平行的，各自对发包人负责。

（1）平行承发包模式的合同结构。

平行承发包模式是发包人将工程项目分解后，分别进行发包，分别与各承建单位签订工程合同。因为工程是采取切块平行发包，如将工程设计切分为几项，则发包人将要签订几个设计合同；若将施工切成几块，同样，发包人将要签订几个施工合同。工程任务切块越多，发包人的合同数量也就越多。

（2）平行承发包模式对发包方项目管理的影响。

① 采用平行承发包模式，合同乙方的数量多，发包人对合同各方的协调和组织工作量大，管理比较困难。发包人需管理协调设计与设计、施工与施工、设计与施工等各方相互之间出现的矛盾和问题，因此，发包人需建立一个强有力的项目管理班子，对工程实施管理，协调各方关系。

② 对投资控制有利的一面：因发包人是直接与各专业承建方签约，层层分包的情况少，发包人一般可以得到较有利的竞争报价，合同价相对较低。对投资控制不利的一面：整个工程的总合同价款必须在所有合同签订以后才能得知，总合同价不宜在短期内确定，在某种程度上会影响投资控制的实施，总投资事先控制不住。

③ 有利于工程的质量控制。由于工程分别发包给各承建单位，合同间的相互制约使各发包工程内容的质量要求可得到保证，各承包单位能够形成相互检查与监督的他人控制的约束力。

④ 合同管理的工作量大。工程招标的组织管理工作量大，且平行切块的发包数越多，发包人的合同数也越多，管理工作量越大。

采用平行承发包模式的关键是要合理确定每一发包合同标的物的界面，合同交接面不清，发包人合同管理的工作量、对各承建单位的协调组织工作量将大大增加，管理难度也会增加。平行承发包管理模式的组织结构如图2.3所示，其中，发包人法人任命项目经理或委托工程咨询单位担任项目经理，组建项目管理班子。项目经理接受发包人的工作指令，对工程项目实施的规划和控制负责，并代表发包人的利益对项目各承建单位进行管理。

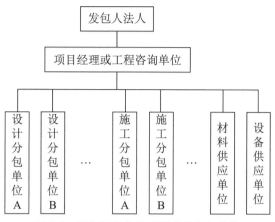

图2.3 平行承发包管理模式的组织结构

2. 施工总承包模式

施工总承包模式是发包人将工程的施工任务委托一家施工单位进行承建的方式。采用施工总承包模式，发包人直接面对施工总承包单位。

（1）施工总承包模式的合同结构。

采用施工总承包模式，发包人仅与施工单位签订施工总承包合同。总承包单位与发包人签订总承包合同后，可以将其总承包任务的一部分再分包给其他承包单位，形成工程总承包与分包的关系。总承包单位与分包单位分别签订工程分包合同，分包单位对总承包单位负责，发包人与分包单位没有直接的承发包关系。

（2）施工总承包模式对发包人项目管理的影响。

① 发包人对承建单位的协调管理工作量较小。从合同关系上看发包人只需处理设计总承包和施工总承包之间出现的矛盾和问题。总承包单位向发包人负责，分包单位的责任将被发包人看作是总承包单位的责任。由此，施工总承包的形式有利于项目的组织管理，可以充分发挥总承包单位的专业协调能力，减少发包人的协调工作量，使其能专注于项目的总体控制与管理。

② 施工总承包的合同价格可以较早地确定，宜于对投资进行控制。但由于总承包单位需对分承包单位实施管理，并需承担包括分包单位在内的工程总承包风险，因此，总承包合同价款相对平行承发包要高，发包人工程款的支出要大一些。

③ 采用施工总承包模式，一般需在工程设计全部完成后进行工程的施工招标，设计与施工不能搭接进行，但另一方面，总承包单位需对工程总进度负责，需协调各分包工程的进度，因而有利于总体进度的协调控制。

3. 项目设计、施工总承包模式

工程总承包企业按照合同约定，承担工程项目设计与施工，并对工程的质量、安全、工期、造价全面负责，这一承建单位就称项目总承包单位。由其进行从工程设计、材料设备订购、工程施工、设备安装调试,至试车生产、交付使用等一系列实质性工作。

(1) 项目设计、施工总承包模式的合同结构采用项目总承包模式。

发包人与项目总承包单位签订总承包合同,只与其发生合同关系。项目总承包单位拥有设计和施工力量,具备较强的综合管理能力。项目总承包单位也可以是由设计单位和施工单位组成的项目总承包联合体,两家单位就某一项目与发包人签订总承包合同,在这个项目上共同对发包人负责。对于总承包的工程,项目总承包单位可以将部分的工程任务分包给分包单位完成,总承包单位负责对分包单位的协调和管理。发包人与分包单位不存在直接的承发包关系。

(2) 项目设计、施工总承包模式对发包人项目管理的影响。

① 项目总承包形式对发包人而言,只需签订一份总承包合同,合同结构简单。由于发包人只有一个主合同,相应的协调组织工作量较小,项目总承包单位内部以及设计、施工、供货单位等方面的关系由总承包单位协调和管理,相当于发包人将对项目总体的协调工作转移给了项目总承包单位。

② 对形成总投资的控制有利。总承包合同一经签订,项目总造价也就确定。但项目总承包的合同总价会因总承包单位的总承包管理费以及项目总承包的风险费而较高。

③ 项目总工期明确,项目总承包单位对总进度负责,并需协调控制各分包单位的分进度。实行项目总承包,一般能做到设计阶段与施工阶段的相互搭接,对进度目标控制有利。

④ 项目总承包的时间范围一般是从初步设计开始直到交付使用,项目总承包合同的签订在设计之前。因此,项目总承包需按功能招标,招标发包工作及合同谈判与合同管理的难度就比较大。

⑤ 对工程实体质量的控制,由项目总承包单位实施,并可以对各分包单位进行质量的专业化管理。但发包人对项目的质量标准、功能和使用要求的控制比较困难,主要是在招标时对项目的功能与标准等质量要求难以明确、全面、具体地进行描述,因而质量控制的难度大。所以,采用项目总承包形式,质量控制的关键是做好设计准备阶段的项目管理工作。项目设计、施工总承包模式的组织结构如图 2.4 所示,其中,项目经理及其项目管理班子代表发包人的利益实施工程项目管理,项目设计、施工总承包单位接受项目经理发出的工作指令,并对各分包单位的工作进行协调和管理。

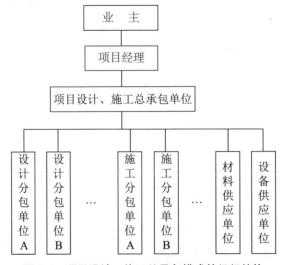

图 2.4 项目设计、施工总承包模式的组织结构

4. 项目管理模式

项目管理公司（一般为具备相当实力的工程公司或咨询公司）受项目发包人委托，根据合同约定，代表发包人对工程项目的组织实施进行全过程或若干阶段的管理和服务。项目管理公司作为发包人的代表，帮助发包人作项目前期的策划、可行性研究、项目定义、项目计划以及工程实施的设计、采购、施工等工作，这种模式称为项目管理模式。

根据项目管理公司的服务内容、合同中规定的权限和承担的责任不同，项目管理模式一般分为两种类型。

（1）项目管理承包型（PMC）。在该类型中，项目管理公司与项目发包人签订项目管理承包合同，代表发包人管理项目，而将项目所有的设计、施工任务发包出去，承包商与项目管理公司签订承包合同。但在一些项目上，项目管理公司也可能承担一些外界及公用设施的设计、采购、施工工作。这种管理模式中，项目管理公司要承担费用超支的风险，若管理得好，利润回报也高。

（2）项目管理服务型（PM）。在该类型中，项目管理公司按照合同约定，在工程项目决策阶段，为发包人编制可行性研究报告，进行可行性分析和项目策划；在工程项目实施阶段，为发包人提供招标代理、设计管理、采购管理、施工管理和试运行（竣工验收）等服务，代表发包人对工程质量、安全、进度、费用、合同、信息等管理。这种项目管理模式风险较低，项目管理公司根据合同承担相应的管理责任，并得到相对固定的服务费。

5. 施工联合体与施工合作体模式

（1）施工联合体模式。

施工联合体是由多个承建单位为承包某项工程而成立的一种联合机构。它是以施工联合体的名义与发包人签订一份工程承包合同，共同对发包人负责。因此，施工联合体的承包方式是由多个承建单位联合共同承包一个工程的方式。多个承建单位只是针对某一个工程而联合，各单位仍是各自独立的企业，这一工程完成以后，联合体就不复存在。

【施工合作体与施工联合体的相关习题】

施工联合体统一与发包人签约，联合体成员单位以投入联合体的资金、机械设备以及人员等对承包工程共同承担义务，并按各自投入的比例风险分享收益。

采用施工联合体的工程承包方式，联合体单位在资金、技术、管理等方面可以集中各自的优势，各取所长，使联合体有能力承包大型工程，同时也可以增强抗风险的能力。在合同关系上是以发包人为一方、施工联合体为另一方的施工总承包关系。对发包人而言，组织管理、协调都比较简单。在工程进展过程中，若联合体中某一成员单位破产，则其他成员仍需负责工程的实施，发包人不会因此而造成损失。

（2）施工合作体模式。

施工合作体也是由多个承建单位为承建某项工程而采取的合作施工的形式。一般情况下，参加合作体的各方都没有足够的力量，不具备与所承包工程相当的总承包能力，各方都希望通过组织成为合作伙伴，增强总体实力。但是，合作体各方又出于各自的目的和要求，成员之间互不信任，不愿采用施工联合体的模式，由此建立的施工合作体，形式上同施工联合体相似，但实质上却完全不同。施工合作体与发包人签订基本合同，由合作体统一组织、管理与协调整个工程的实施。合作体成员单位各自均有包括人员、施工机械和资金的完整施工力量，它们在合作体的统一规划和协调下，各自独立完成整个项目中的某一部分的工程任务，各自独立核算，自负盈亏、自担风险。施工合作体中如果某一成员单位破产，其他成员则不予承担相应的经济责任，这一风险由发包人承担。对发包人而言，采用施工合作体模式，组织协调工作量可以减小，但项目实施的风险要大于施工联合体。

每种项目实施模式都有优缺点，应针对具体项目的特点，选择合适的项目实施模式。

代建制的概念

根据国家发展和改革委员会（简称国家发改委）起草、国务院通过的《投资体制改革方案》，代建制是指政府投资非营利项目，通过招标的方式，选择专业化的项目管理单位，负责项目的投资管理和建设组织实施工作，项目建成后交付使用单位的制度。它是建设工程项目管理模式在政府投资项目上的一种具体运用模式和管理制度。

2.2 建设工程项目组织的设置

2.2.1 建设工程项目组织的设置依据

建设工程项目组织的设置依据是指在特定环境下建立项目组织的要求和条件。

1. 项目的内在联系

项目的内在联系是指项目的组成要素之间的相互依赖关系，以及由此引起的项目组织和人员之间的内在联系，包括技术联系、组织联系和个人间的联系。

2. 人员配备要求

以各部门任务为前提，对完成任务的人员的专业技能、合作精神等综合素质及需要的时间安排等方面的要求。

3. 制约和限制

项目组织内外存在的、影响项目组织采用某些机构模式及获得某些资源的因素。

2.2.2 建设工程项目组织机构的设置原则

1. 目的性原则

项目组织机构设置的根本目的是产生组织功能，实现施工项目管理的总目标。从这一根本目标出发，就会因目标设事，因事设机构定编制，按编制设岗位人员，以职责定制度、授权力。

2. 精干、高效原则

项目组织机构的人员设置，以能实现施工项目所要求的工作任务（事）为原则，尽量简化机构，做到精干、高效。人员配置要从严控制二、三线人员，力求一专多能，一人多职。同时，还要提高项目管理班子成员的知识含量，着眼于使用和学习锻炼相结合，以提高人员素质。

3. 管理跨度和层次统一的原则

管理跨度也称管理人员直接管理的下属人员的数量。跨度大，管理人员接触的关系增多，处理人与人之间关系的数量也随之增大。管理跨度大小与管理层次多少有直接关系。一般情况下，管理层次多，跨度减小；管理层次小，跨度会加大。这就要求根据领导者的能力和施工项目的大小进行权衡，并使两者统一。

4. 业务系统化管理原则

项目是一个开放的、由众多子系统组成的大系统，其各子系统之间，子系统内部各个单位工程之间，不同组织、工种工序之间，存在大量的结合部。这就要求项目组织也必须是一个完整的组织结构系统，必须先恰当分层而后设置部门，以便在结合部上能形成一个相互制约、相互联系的有机整体，防止产生职能分工、权限划分和信息沟通的相互矛盾或重叠。

5. 动态调整原则

项目的单件性、阶段性、露天性和流动性等作为施工项目生产活动的主要特点，必然会带来生产对象数量、质量和地点的变化，带来资源配置的品种和数量的变化，也就是说，要按照动态的原则建立组织机构，不能一成不变。同时，要准备调整人员及部门设置，以适应工程任务变动对管理机构流动性的要求。

6. 一次性原则

项目管理组织机构是为了实施施工项目管理而建立的专门组织机构，由于施工项目的实施是一次性的，因此，当施工项目完成后，其项目管理组织机构也随之解体。

2.2.3　建设工程项目组织机构的设置程序

项目管理组织应尽早成立或尽早委托、尽早投入。在工程项目建设过程中它应有一定的连续性和稳定性。小的项目可由一个人负责，大的项目应由一个小组甚至一个集团负责。项目管理组织的设置一般如下过程。

【施工项目管理组织机构设置的程序】

1. 确定工程项目的管理目标

由于工程项目管理的对象是工程项目，为了工程项目顺利实施和工程项目的整体效益，项目管理目标由项目目标确定，主要体现在工期、质量、成本三大目标之中。

2. 划分项目管理的责任、义务、权利

工程项目管理责任、义务、权利的确定，通常由项目管理公司或管理目标责任书定义。组织必须对项目经理授权，这些权利是他完成责任所必需的。但企业也可以限定他的权利，把部分权利收归己有，或双方共同执行，或项目经理在行使某些权利时必须经企业同意。这在工程项目建设监理中较为常见，如投资控制的权利、合同管理的权利，经常由开发商承担，或双方共同承担。

因为各种权利之间是互相影响、互相依赖的，所以很容易造成多头领导，职责不明。因此，组织对项目经理应明确授权，划清各方面的权责界限，并列表加以说明。

3. 制作工作任务分配表

项目经理需要对工程项目建设过程中项目管理小组所完成的工作进行详细分析，确定详细的各种职能管理工作任务，并按工作任务设立人员或部门，建立管理组织结构，将各种管理工作任务作为目标落实，项目经理向各职能人员、部门授权，并制作管理工作任务分配表，见表2-1。

表 2-1　管理工作任务分配表

工作任务名称	任务分工					备 注
	部门1	部门2	部门3	…	部门 N	
决　策						
执　行						
咨　询						
监　督						
协　调						

4. 确定工程项目管理流程

确定工程项目管理流程就是确定工程项目建设过程中各种管理的工作流程。任务分配表都是静态地说明各自的职责、任务和工作。而通过流程分析，可以构成一个动态的管理过程。管理流程的设计是一个重要环节，它对管理系统的有序运行以及管理信息系统的设计有很大影响。

它确定了项目管理组织成员之间或组织成员与项目组织之间，以及与外界（项目的上层系统）的工作联系及界面。

5. 建立规章制度

建立各职能部门的管理行为规范和沟通准则，形成管理工作准则，也就是项目管理组织内部的规章制度。

6. 设计管理信息系统

在上述基础上进行管理信息系统的设计，即按照管理工作流程和管理职责，确定工作过程中各个部门之间的信息流通、处理过程，包括信息流程设计、信息（报表、文件、文档）设计以及信息处理过程设计等。

由于工程项目具有一次性，因此项目管理系统都是为一个项目设计的，但对多项目组织或采用矩阵形式管理的大项目，其项目管理系统则应成为一个标准化的形式。

特别提示

每个项目管理组织都应保持相对的连续性和稳定性。

2.3 建设工程项目管理的组织形式

建设工程项目管理的组织形式包括线性组织机构、职能式组织机构和矩阵式项目组织机构。

1. 线性组织机构

线性组织机构来自军事组织系统。在线性组织机构中，每个工作部门只有一个指令源，避免了由于矛盾的指令而影响组织系统的运行。如图 2.5 所示的线性组织机构中，项目经理可以对班组长 1、班组长 2、班组长 3 下达指令；班组长 2 可以对组员 3、组员 4、组员 5 下达指令；虽然班组长 1 和班组长 3 比组员 3、组员 4、组员 5 高一个组织层次，但是，班组长 1 和班组长 3 并不是组员 3、组员 4、组员 5 的直接上级，不允许他们对组员 3、组员 4、组员 5 下达指令。在线性组织机构中，每个工作部门的指令源是唯一的。

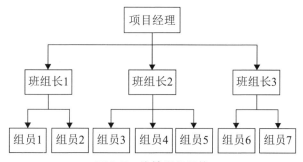

图 2.5 线性组织机构

线性组织机构形式的主要优点是组织机构简单，权利集中，命令统一，职责分明，决策迅速，隶属关系明确。缺点是没有职能部门，实行"个人管理"，这就要求项目经理通晓各种业务，通晓多种知识技能，成为"全能"式人物。

2. 职能式组织机构

职能式组织机构是一种传统的组织机构形式。在职能式组织机构中，每个工作部门可能有多个矛盾的指令源。图 2.6 所示的职能组织机构中，项目经理可以对技术部、财务部、质量安全部下达指令；技术部、财务部、质量安全部可以对组员 1、组员 2、组员 3 下达指令。组员 1、组员 2 和组员 3 有多个指令源。

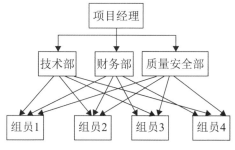

图 2.6 职能式组织机构

这种组织形式的主要优点是加强了施工项目目标控制的职能化分工，能够发挥职能机构的专业管理作用，提高管理效率，减轻项目经理负担；但由于下级人员受多头领导，如果上级指令相互矛盾，将使下级在工作中无所适从。此种组织形式一般用于大、中型施工项目。

3. 矩阵式项目组织机构

矩阵式项目管理组织机构是指结构形式呈矩阵状的组织，其项目管理人员由企业有关职能部门派出并进行业务指导，接受项目经理的直接领导。矩阵式项目组织机构如图2.7所示。

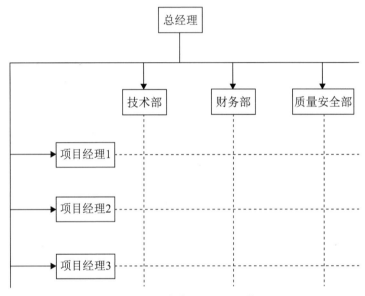

图 2.7　矩阵式项目组织机构

（1）矩阵式项目组织机构的特征。

① 项目组织机构与职能部门的结合部同职能部门数相同。多个项目与职能部门的结合部呈矩阵状。

② 把职能原则和对象原则结合起来，既能发挥职能部门的纵向优势，又能发挥项目组织的横向优势。

③ 专业职能部门是永久性的，项目组织是临时性的。职能部门负责人对参与项目组织的人员有组织调配、业务指导和管理考察的责任。项目经理将参与项目组织的职能人员在横向上有效地组织在一起，以实现项目目标协同工作。

④ 矩阵中的每个成员或部门，接受部门负责人和项目经理的双重领导，但部门的控制力大于项目的控制力。部门负责人有权根据不同项目的需要和忙闲程度，在项目之间调配本部门人员，这样，一个专业人员可能同时为几个项目服务，特殊人才可以充分发挥作用，免得人才在一个项目中闲置而在另一个项目中短缺，大大提高人才利用效率。

⑤ 项目经理对调配到本项目经理部的成员有权控制和使用，当感到人力不足或某些成员不得力时，可以向职能部门要求给予解决。

⑥ 项目经理部的工作由多个职能部门支持，项目经理没有人员包袱。但同时要求在

水平方向和垂直方向有良好的依靠及良好协调配合,这就对整个企业组织和项目组织的管理水平和组织渠道的畅通提出了较高的要求。

⑦ 由于各类专业人员来自不同的职能部门,工作中可以相互取长补短,纵向专业优势得以发挥。但易导致双重领导,产生意见分歧,难以统一。

(2) 矩阵式项目组织机构的适用范围。

① 适用于同时承担多个需要进行项目管理工程的企业。在这种情况下,各项目对专业技术人才和管理人员都有需求,加在一起数量较大,采用矩阵式组织可以充分利用有限的人才对多个项目进行管理,特别有利于发挥优秀人才的作用。

② 适用于大型、复杂的施工项目。因大型、复杂的施工项目要求多部门、多技术、多工种配合实施,在不同阶段,对不同人员,在数量和搭配上有不同的需求。

特别提示

参建各方应根据项目特征,选择合适的项目管理组织机构形式。

应用案例 2-1

某公司采用职能式组织机构,如图 2.8 所示。其优势在于鼓励职能部门的规模经济,规模经济是指组合在一起的员工可以共享一些设施和条件。例如,该公司可以用一个人力资源部进行公司的招聘及绩效管理等,提高利用效率。职能式组织机构的主要劣势是对外界环境变化的反应太慢,而这种反应又需要跨部门的协调,因此在使用过程中要谨慎选择。

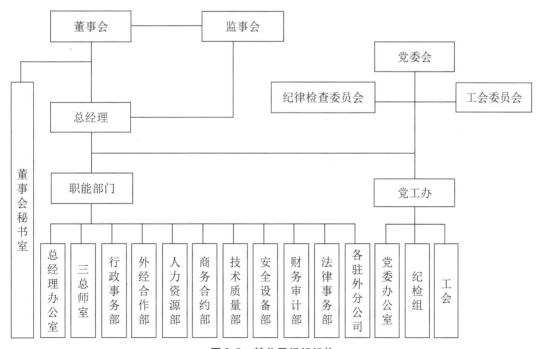

图 2.8 某公司组织机构

2.4 建设工程项目团队建设

2.4.1 建设工程项目团队的概念

建设工程项目团队主要指项目经理及其领导下的项目经理部和各职能管理部门。由于项目的特殊性,特别需要强调项目团队的团队精神,团队精神对项目经理部的成功运作起关键性作用。

建设工程项目团队的精神具体体现如下。

(1) 有明确共同的目标。这里的目标一定是所有项目成员的共同意愿。

(2) 有合理的分工和合作。通过责任矩阵明确每一个成员的职责,各成员间是相互合作的关系。

(3) 有不同层次的权力和责任。

(4) 组织有高度的凝聚力,能使大家积极参与。

(5) 团队成员全身心投入项目团队工作中。

(6) 成员相互信任。

(7) 有效的沟通,成员交流经常化,团队中有民主气氛,大家能够感到团队的存在。

(8) 学习和创新是项目经理部经常的活动。

2.4.2 建设工程项目团队意识应满足的要求

建设工程项目团队应树立团队意识,要满足如下要求。

(1) 围绕项目目标而形成和谐一致、高效运行的项目团队。

(2) 建立协同工作的管理机制和工作模式。

(3) 建立畅通的信息沟通渠道和各方共享的信息工作平台,保证信息能够准确、及时和有效地传递。

2.4.3 建设工程项目经理在项目团队建设中的主导作用

项目经理对项目团队建设负责,应尽早地培育团队,识别关键成员,适当进行工作授权,定期评估团队运作绩效,最大限度地调动每个成员的工作积极性和责任感。项目经理应通过奖励、表彰、集中办公、召开会议、学习培训等方式和谐团队氛围,统一团队思想,加强集体观念,处理管理冲突,提高项目运作效率。

2.4.4 建设工程项目团队的建设

1. 团队形成的阶段

(1) 形成阶段。

在这一过程中,主要依靠项目经理来指导和构建团队。团队形成需要两个基础。

① 以整个运行的组织为基础,即一个组织构成一个团队的基础框架,团队的目标为组织的目标,团队的成员为组织的全体成员。

② 在组织内的一个有限范围内完成某一特定任务或为一共同目标等形成的团队。

(2) 磨合阶段。

磨合阶段是团队从组建到规范阶段的过渡过程。主要指团队成员之间,成员与内外环境之间,团队与所在组织、上级、客户之间进行的磨合。

① 成员与成员间的磨合。

由于项目团队成员之间的文化、教育、性格、专业等各方面的差别,在项目团队建设初期必然会产生成员之间的冲突。这种冲突随着项目成员间的相互了解逐渐减少。

其中应该特别注意将员工的心理沟通与辅导有机地结合起来,应用心理学的方法不断融和员工之间的情感,逐步协调员工之间的关系,这样才能尽快减少人为的问题,缩短磨合期。

② 成员与内外环境的磨合。

项目团队作为一个系统不是孤立的,要受到团队外界环境和团队内部环境的影响。作为一名项目成员,要熟悉所承担的具体任务和专业技术知识,熟悉团队内部的管理规则制度,明确各相关单位之间的关系。

③ 项目团队与其所在组织、上级和客户间的磨合。

对于一个新的团队,其所在组织会产生一个观察、评价与调整的过程。二者之间的关系有一个衔接、建立、调整、接受、确认的过程,同样对于与其上级和其客户来说也有一个类似的过程。

在这个阶段,由于项目任务比预计的更繁重、更困难,成本或进度的计划限制可能比预计的更加紧张,项目经理部成员会产生激动、希望、怀疑、焦急和犹豫的情绪,会有许多矛盾。而且,在以上的磨合阶段中,可能有的团队成员因不适应而退出团队,为此,团队要进行重新调整与补充。在实际工作中应尽可能地缩短磨合时间,以便使团队早日形成合力。

(3) 规范阶段。

经过磨合阶段,团队的工作开始进入有序化状态,团队的各项规则经过建立、补充与完善,成员之间经过认识、了解与相互定位,形成了自己的团队文化、新的工作规范,培养了初步的团队精神。

这一阶段的团队建设要注意以下几点。

① 团队工作规则的调整与完善。工作规则要使工作高效率完成,工作规范合情合理,成员乐于接受规则,能寻找最佳的平衡点。

② 团队价值趋向的倡导。也就是说在团队成员之间创建共同的价值观。

③ 团队文化的培养。注意鼓励团队成员个性的发挥，为个人成长创造条件。

④ 团队精神的建设。团队成员需要相互信任、互相帮助，尽职尽责，才能形成具有合力的团队精神。

（4）表现阶段。

经过上述三个阶段，团队进入了表现阶段，这是团队的最佳状态的时期。团队成员彼此高度信任，相互默契，工作效率有大的提高，工作效果明显，这时团队已经比较成熟。但是也需要注意以下两个问题。

① 牢记团队的目标与工作任务。不能单纯地讲团队的建设而抛弃团队的组建目的。团队的组建是为项目服务的，抛弃项目团队的组建目的，团队的存在就没有任何意义。

② 警惕一种情况，即有的团队在经过前三个阶段后，在第四个阶段很可能并没有形成高效的团队状态，团队成员之间迫于工作规范的要求以及管理者的权威而出现一些成熟的假象，使团队没有达到最佳状态，无法完成预期的目标。

（5）休整阶段。

休整阶段包括团队休止与团队整顿两方面的内容。

团队休止是指团队经过一段时期的工作，工作任务即将结束，这时团队将面临总结、表彰等工作，所有这些暗示着团队前一时期的工作已经基本结束，团队可能面临马上解散的状况，团队成员要为自己的下一步工作进行考虑。

团队整顿是指在团队的原工作任务结束后，团队也可能准备接受新的任务。为此团队要进行调整和整顿，包括工作作风、工作规范、人员结构等各方面。如果这种调整比较大，那么实际上是构建成一个新的团队。

2. 项目团队能力的持续改进方法

（1）改善工作环境。

工作环境是指团队成员工作地点的周围情况和工作条件。工作环境的状况可以影响人的工作情绪、工作效率、工作的主动性和创造性，进而影响工作质量与工作进度。也就是说，工作环境可以影响团队成员能力的发挥与调动。一个良好的工作环境可以使团队成员有良好、健康的工作热情，可以使人产生工作的愿望，是使团队保持和发展工作动力的一个很重要方面。因此，项目的负责人应注意通过改善团队的工作环境来提高团队的整体工作质量与效率，特别是对于工作周期较长的项目。

（2）培训与文化管理。

培训包括为提高项目团队技能、知识和能力而设计的所有活动。通过培训将有效地推进项目文化的建设和管理。培训可以是正式的，也可以是非正式的。工程项目管理中对团队成员的培训，比单位人力资源部门的培训要简单，但更为实用，主要分为工作初期培训以及工作中培训。

在项目工作正式开展之前，项目团队成员应进行短期培训。这种培训可以是几天，也可以是几小时。培训的目的主要是解决对项目的认识，项目的工作方法、工作要求、工作计划、相互分工，如何相互合作等问题。具体的培训时间与工作量、培训内容等要根据项目的具体情况来确定。这种工作前培训的负责人一般是项目经理，有时也由项目委托方进行必要的说明与讲解。对于新手的培训还要安排一些基础知识及工作要求的内容。

项目工作中的培训是指在项目进行中，针对工作中遇到的问题而进行的短期而富有针对性的培训。这种培训的主讲人往往是请来的专家，也可能是团队内部成员。对于工作中的项目培训要注意一点，即在这种培训中要注重实际成效，切忌只讲形式，不求效果，否则不但增加项目费用支出，还可能对项目团队文化与团队精神的形成产生不利影响，进而影响项目工作效率和项目的工作质量。

在培训中应该重点引导各种人员的文化及价值导向，要逐步形成项目文化管理的基础架构，包括：各种制度和程序应该定期地根据惯例、文化的发展进行修订，惯例、文化的发展也必须将各种制度、程序的要求囊括其中，这样使培训与文化管理有机地结合起来，大大提高项目管理的效果。

（3）团队的评价、表彰与奖励。

团队的评价是对员工的工作业绩、工作能力、工作态度等方面进行调查与评定。评价是激励的方式之一。正确地开展评价可以使团队内形成良好的团队精神和团队文化，可以树立正确的是非标准，可以让人产生成就感与荣誉感，从而使团队成员能够在一种竞争的激励中产生工作动力，提高团队的整体能力。团队评价的具体方式可以采取指标考核、团队评议、自我评价等多种方式。

表彰与奖励体系是正式管理活动的重要组成部分之一，可以提高或强化管理者所希望的行为。在取得的成绩与奖励之间建立起清晰、明确、有效的联系，有助于表彰与奖励成为行之有效的工具。否则，一旦表彰与奖励让人产生模糊的甚至是错误的理解，就可能产生反向的引导，使表彰与奖励活动对整个项目团队士气与团队精神产生消极的影响。在建立和运用表彰与奖励体系时还要注意，项目团队有必要建立自己的表彰与奖励标准体系，以便使这一工具更容易执行。

（4）反馈与调整。

项目人员配备、项目计划、项目执行报告等都只是反映了项目内部对团队发展的要求，除此之外，项目团队还应该对照项目之外的期望进行定期的检查，使项目团队建设尽可能符合团队外部对其发展的期望。外部反馈的信息中主要包括委托方的要求，项目团队领导层的意见，以及其他相关客户的评价与建议等。

当项目团队成员的表现不能满足项目的要求或者不适应团队的环境时，项目经理不得不对项目团队成员进行调整。对这样的调整，项目经理要及早准备，及早发现问题，早作备选方案，以免影响项目工作的顺利开展。

除上面的内容外，项目团队调整的另一项内容是对团队内的分工进行调整，这种调整有时是为了更好地发挥团队成员的专长，或为了解决项目中的某一问题，也可能是为了化解团队成员之间出现的矛盾。调整的目的都是使团队更适合项目工作的要求。

【某施工项目团队建设与管理实例】

特别提示

项目经理的工作态度和责任心是项目团队建设的核心。

《西游记》的项目团队案例

为完成西天取经任务，组建取经团队，成员有唐僧、孙悟空、猪八戒、沙僧。其中，唐僧是项目经理，孙悟空是技术核心，猪八戒和沙僧是普通成员。这个团队的高层领导是观音。

唐僧作为项目经理有很坚韧的品质和极高的原则性，不达目的不罢休，又很得上司的支持和赏识。沙僧言语不多，任劳任怨，承担了项目中挑担这种粗笨、无聊的工作。猪八戒这个成员，看起来好吃懒做，贪财好色，又不肯干活，最多牵下马，好像在团队里没有什么用处，其实他的存在还是有很大用处的，因为性格开朗，能够接受任何批评而毫无负担压力，在项目中承担了润滑油的作用。

孙悟空是取经团队里的技术核心，性格不羁，恃才傲物，普通项目经理很难驾驭他，但是像取经这样难度比较大的项目要想成功实在缺不了这种人，只好采用些手腕来收服他。首先，把他给弄得很惨（压在五指山下500年，整天喝铜汁铁水）；在他绝望的时候，又让项目经理出面去解救他于水深火热之中，以使他心存感激；当然光收买人心是不够的，还要给他许诺美好的愿望（取经后高升为正牌仙人）；为了让项目经理可以直接有效地控制他，给他带个紧箍咒，不听话就念咒惩罚他。可见，唐僧这个项目经理还是比较善于人员管理的。

在取经项目组中，各项目成员分工很明确。一旦唐僧被妖怪掳走，工作计划就会马上制订出来：有负责降妖除魔的，有负责看行李的，有负责搬救兵的。另外，分配工作时，还能照顾到每个人的特长，比如水里的妖怪通常由沙僧出面教训。在活动的进行中，各项目人还非常注重信息的交流，及时通报工作进程。

在取经的项目实施过程中，除了自己的艰辛劳动外，这个团队非常善于利用外部的资源，只要有问题搞不定，马上向领导汇报（主要是直接领导观音），或者通过各种关系，找来各路神仙帮忙（从哪吒到如来佛祖），以解决各种难题。

正是有这样一支分工明确、精诚团结的项目团队，才保证了西天取经这个项目的顺利完成。

本章小结

本章主要介绍了建设工程项目管理组织的有关知识，主要包括建设工程项目管理组织机构的作用；建设工程项目管理组织部门划分的基本方法，包括按管理职能划分部门和按项目结构划分部门；常见的组织实施模式包括平行承发包模式，施工总承包模式，项目设计、施工总承包模式，项目管理模式，施工联合体与施工合作体模式；建设工程项目组织的设置依据包括项目内在联系、人员配备要求及制约和限制；建设工程项目组织机构的设置原则包括目的性原则，精干、高效原则，管

第 2 章 建设工程项目管理组织

理跨度和层次统一的原则，业务系统化管理原则，动态调整原则和一次性原则；建设工程项目组织机构的设置程序；建设工程项目管理组织机构的形式，包括线性组织机构、职能式组织机构和矩阵式项目组织机构；建设工程项目团队概念；项目团队建设等内容。

习 题

一、单项选择题

1. _____是发包人将工程项目分解后，委托多个承建单位分别进行建造的方式。
   A. 施工总承包模式　　　　　　　　B. 设计、施工总承包模式
   C. 平行承发包模式　　　　　　　　D. 项目管理公司运作模式

2. _____是指政府通过招标的方式，选择专业化的项目管理单位，负责项目的投资管理和建设组织实施工作，项目建成后交付使用单位的制度。
   A. 施工总承包模式　　　　　　　　B. 设计、施工总承包模式
   C. 平行承发包模式　　　　　　　　D. 代建制

3. _____要求项目经理通晓各种业务，通晓多种知识技能，成为"全能"式人物。
   A. 线性组织机构　　　　　　　　　B. 职能式组织机构
   C. 矩阵式组织机构　　　　　　　　D. 直线职能式组织机构

4. _____是一种传统的组织机构形式。在其组织机构中，每个工作部门可能有多个矛盾的指令源。
   A. 线性组织机构　　　　　　　　　B. 职能式组织机构
   C. 矩阵式组织机构　　　　　　　　D. 直线职能式组织机构

5. _____把职能原则和对象原则结合起来，既发挥职能部门的纵向优势，又发挥项目组织的横向优势。
   A. 线性组织机构　　　　　　　　　B. 职能式组织机构
   C. 矩阵式组织机构　　　　　　　　D. 直线职能式组织机构

6. _____是团队的最佳状态的时期。团队成员彼此高度信任，相互默契，工作效率有大的提高，工作效果明显，这时团队已经比较成熟。
   A. 形成阶段　　　　B. 磨合阶段　　　　C. 休整阶段　　　　D. 表现阶段

二、多项选择题

1. 常见的组织实施模式有_____。
   A. 平行承发包模式　　　B. 施工总承包模式　　　C. 成本加酬金模式
   D. 项目管理模式　　　　E. 施工联合体与施工合作体模式

2. 建设工程项目组织机构的设置原则有_____。
   A. 目的性原则　　　　　B. 精干高效　　　　　　C. 公正性
   D. 管理跨度和层次统一的原则　　　　　　　　E. 动态调整原则

3. 建设工程项目管理组织部门的划分方法有_____。
   A. 按使用目的划分　　　B. 按管理职能划分　　　C. 按项目结构划分

D. 按监理规划划分　　　　E. 按业主要求划分

4. 建设工程项目管理组织机构的形式有_____。

A. 线性组织机构　　　B. 点面结合组织机构　　C. 职能式组织机构

D. 自营式组织机构　　E. 矩阵式组织机构

5. 矩阵式组织机构的特征有_____。

A. 项目组织机构与职能部门的结合部同职能部门数相同

B. 每个成员或部门，接受原部门负责人和项目经理的双重领导

C. 权力集中，命令统一

D. 能够充分发挥职能机构的专业管理作用

E. 各类专业人员，工作中可以相互取长补短

6. 项目团队形成的阶段有_____。

A. 形成阶段　　　B. 磨合阶段　　　C. 休整阶段

D. 总结阶段　　　E. 表彰阶段

三、案例分析题

某承包商承接一教学楼的施工任务，拟建立施工项目经理部。若该项目经理部由项目经理、技术负责人、质量安全负责人、造价负责人、施工员、质量安全员和造价员（各一名）组成，根据所学知识，分析该项目经理部采用哪种组织机构形式比较合适，并填写图2.9。这种组织机构的特点是什么？

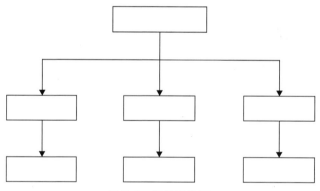

图2.9　组织机构图

【第2章在线测试习题】

第 3 章 建设工程施工合同管理

思维导图

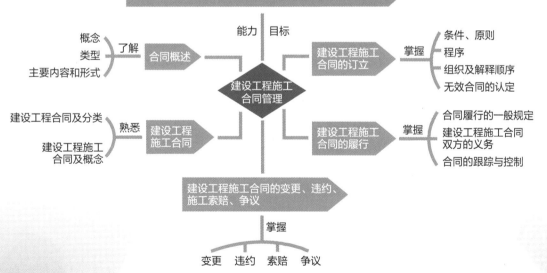

导入案例

某大型综合体育馆工程，发包方（简称甲方）通过邀请招标的方式确定本工程由承包商乙中标，双方签订了工程总承包合同。在征得甲方书面同意的情况下，承包商乙将桩基础工程分包给具有相应资质的专业分包商丙，并签订了专业分包合同。在桩基础施工期间，由于分包商丙自身管理不善，造成甲方现场周围的建筑物受损，给甲方造成了一定的经济损失，甲方就此事件向承包商乙提出了赔偿要求。

另外，考虑到体育馆主体工程施工难度高、自身技术力量和经验不足等情况，在甲方不知情的情况下，承包商乙又与另一家具有施工总承包一级资质的某知名承包商丁签订了主体工程分包合同，合同约定承包商丁以承包商乙的名义进行施工，双方按约定的方式进行结算。

试分析：承包商乙与分包商丙签订的桩基础工程分包合同是否有效？对分包商丙给甲方造成的损失，承包商乙要承担什么责任？承包商乙将主体工程分包给承包商丁在法律上属于何种行为？

3.1 合同概述

3.1.1 合同的概念

合同又称契约，是平等主体的自然人、法人、其他组织之间设立、变更、终止民事权利义务关系的协议。

合同中所确立的权利义务，必须是当事人依法可以享有的权利和能够承担的义务，这是合同具有法律效力的前提。如果在订立合同的过程中有违法行为，当事人不仅达不到预期的目的，还应根据违法情况承担相应的法律责任。

3.1.2 合同的类型

合同依据特点和形式主要可以按以下几种方式分类。

1. 双务合同和单务合同

根据当事人双方权利和义务的分担方式，可把合同分为双务合同与单务合同。双务合同，是指当事人双方相互享有权利、承担义务的合同，如买卖、互易、租赁、承揽、运送、保险等合同为双务合同。单务合同，是指当事人一方只享有权利，另一方只承担义务的合同，如赠与合同、借用合同就是单务合同。

【合同的分类】

2. 有偿合同与无偿合同

根据当事人取得权利是否以偿付为代价，可以将合同分为有偿合同与无偿合同。无偿合同，是指当事人一方只享有合同权利而不偿付任何代价的合同。有些合同只能是有偿的，如买卖、互易、租赁等合同；有些合同只能是无偿的，如赠与等合同；有些合同既可以是有偿的也可以是无偿的，由当事人协商确定，如委托、保管等合同。双务合同都是有偿合同，单务合同原则上为无偿合同，但有的单务合同也可为有偿合同，如有息贷款合同。

3. 诺成合同与实践合同

根据合同的成立是否以交付标的物为要件，可将合同分为诺成合同与实践合同。诺成合同，又称不要物合同，是指当事人意思表示一致即可成立的合同。实践合同，又称要物合同，是指除当事人意思表示一致外，还必须交付标的物方能成立的合同。

4. 要式合同与不要式合同

根据合同的成立是否需要特定的形式，可将合同分为要式合同与不要式合同。要式合同，是指法律要求必须具备一定的形式和手续的合同。不要式合同，是指法律不要求必须具备一定形式和手续的合同。

5. 为订约当事人利益的合同与为第三人利益的合同

根据订立的合同是为谁的利益，可将合同分为订约当事人利益的合同与为第三人利益的合同。为订约当事人利益的合同，是指仅订约当事人享有合同权利和直接取得利益的合同。为第三人利益的合同，是指订约的一方当事人不是为了自己，而是为第三人设定权利，使其获得利益的合同。在这种合同中，第三人既不是缔约人，也不通过代理人参加合同订立，但可以直接享有合同的某些权利，可直接基于合同取得利益。如为第三人利益订立的保险合同。

6. 主合同与从合同

根据合同间是否有主从关系，可将合同分为主合同与从合同。主合同，是指不依赖其他合同而能够独立存在的合同。从合同，是指须以其他合同的存在为前提而存在的合同。

7. 本约合同（也称"本合同"）与预约合同

根据订立合同是否有事先约定的关系，可将合同分为本约合同与预约合同。本约合同，是指将来应订立的合同。预约合同，是指当事人约定将来订立一定合同的合同。

8. 定式合同

定式合同，又称定型化合同、标准合同，是指合同条款由当事人一方预先拟订，对方只能表示全部同意或者不同意的合同，即一方当事人要么整体上接受合同条件，要么不订立合同。

此外，按照合同标的的特点，《中华人民共和国民法典》（简称《民法典》）则将合同分为19类：买卖合同；供用电、水、气、热力合同；赠与合同；借款合同；保证合同；租赁合同；融资租赁合同；保理合同；承揽合同；建设工程合同；运输合同；技术合同；保管合同；仓储合同；委托合同；物业服务合同；行纪合同；中介合同；合伙合同。

特别提示

合同有广义和狭义之分。广义的合同是指两个以上的民事主体之间设立、变更、终止民事权利义务关系的协议。广义的合同除了民法中的债权合同之外，还包括物权合同、身份合同，以及行政法中的行政合同和劳动法中的劳动合同等。狭义的合同是指债权合同，即两个以上的民事主体之间设立、变更、终止债权债务关系的协议。《民法典》中所称的合同，是指狭义上的合同。

3.1.3 合同的主要内容和形式

当事人依程序订立合同，意思表示一致，便形成合同条款，构成作为法律行为的合同内容。合同的形式是当事人合意的表现形式，是合同内容的外部表现，是合同内容的载体。

1. 合同的内容

（1）当事人的名称（或姓名）和住所。

当事人由其名称（或姓名）及住所加以特定化、固定化。所以，草拟具体合同条款时必须写清当事人的名称（或姓名）和住所。

（2）标的。

标的是合同权利和义务指向的对象，是一切合同的主要条款。标的条款必须清楚地写明标的名称，以使标的特定化，从而能够界定权利和义务量。

（3）标的质量和数量。

标的质量和数量是确定合同标的的具体条件，是区别不同标的的具体特征。标的质量须订得详细具体，如标的技术指标、质量要求、规格等都要明确，标的数量要确切。首先应选择双方均共同接受的计量单位，其次要确定双方均认可的计量方法，最后应允许规定合理的磅差或尾差。

（4）价款或酬金。

价款或酬金是有偿合同的条款。价款是取得标的物所应支付的代价，酬金是获得服务所应支付的代价。价款通常指标的物本身的价款，但因商业上的大宗买卖一般都是异地交货，便产生了运费、保险费、装卸费、保管费、报关费等一系列额外费用。它们由哪一方支付，需在价款条款中写明。

（5）履行期限。

履行期限直接关系到合同义务完成的时间，涉及当事人的期限利益，也是确定违约与否的因素之一，因而是重要的条款。履行期限可以规定为即时履行，也可以规定为定时履行，还可以规定为在一定期限内履行或分期履行。如果是分期履行，还应写明每期的准确时间。履行期限若能通过有关规则及方式推定出来，则即使合同缺少履行期限，也不影响其成立。

（6）履行地点和方式。

履行地点是确定验收地点的依据，是确定运输费用由谁负担、风险由谁承受的依据，有时是确定标的物所有权是否转移、何时转移的依据，是确定诉讼管辖的依据之一。对于涉外合同纠纷，它是确定法律适用的一项依据，故十分重要。履行方式事关当事人的物质利益，所以合同也应写明，但对于大多数合同来说，它不是主要条款。履行的地点、方式若能通过有关方式推定出来，即使合同中缺少这部分内容，也不影响其成立。

（7）违约责任。

违约责任是促使当事人履行债务，使守约方免受或少受损失的法律措施，对当事人的利益关系重大，因此合同对此应予以明确。违约责任是法律责任，即使合同中没有违约责任条款，只要未依法免除违约责任，违约方仍应负责。

（8）解决争议的方法。

解决争议的方法，是指有关解决争议运用什么程序、适用何种法律、选择哪家检验或鉴定机构等内容。

2. 合同的条款

（1）合同的主要条款。

合同的主要条款是指合同必须具备的条款。欠缺它，合同就不成立。它决定着合同的类型，决定着当事人各方权利和义务的质与量。

合同的主要条款，有时是法律直接规定的，当法律直接规定某种特定合同应当具备某些条款时，这些条款就是主要条款。合同的主要条款也可以由当事人约定产生。

（2）合同的普通条款。

合同的普通条款是指合同主要条款以外的条款。普通条款包括以下两种类型。

① 法律未直接规定，也不是合同类型和性质要求必须具备的，当事人无意使之成为主要条款的合同条款。例如，关于包装物返还的约定和免责条款等均属此类。

② 当事人未写入合同中，甚至从未协商过，但基于当事人的行为，或基于合同的明示条款，或基于法律的规定，理应存在的合同条款。

3. 合同的形式

合同的形式又称合同的方式，是当事人合意的表现形式，是合同内容的外部表现，是合同内容的载体。

《民法典》规定："当事人订立合同，可以采用书面形式、口头形式或者其他形式"。

《民法典》还规定："书面形式是合同书、信件、电报、电传、传真等可以有形地表现所载内容的形式。"

合同书是指记载合同内容的文件，有标准合同书与非标准合同书之分。标准合同书是指合同条款由当事人一方预先拟定，对方只能表示全部同意或者不同意的合同书；非标准合同书是指合同条款完全由当事人双方协商一致所签订的合同书。

信件是指当事人就要约与承诺所作的意思表示的普通文字信函。信件的内容一般记载于书面纸张上，因而与通过计算机及其网络手段而产生的信件不同，后者被称为电子邮件。

数据电文是指与现代通信技术相联系的文件，包括电报、电传、传真、电子数据交换和电子邮件等。电子数据交换是一种由电子计算机及通信网络处理业务文件的技术，作为一种新的电子化贸易工具，又称为电子合同。

FIDIC 简介

FIDIC 是国际咨询工程师联合会的法文缩写。该联合会于 1913 年成立，总部设在瑞士洛桑，2002 年迁往日内瓦，是最具有权威性的咨询工程师组织，中国于 1996 年正式加入。

FIDIC 的各专业委员会编制了一系列规范性合同条件，构成了 FIDIC 合同条件体系。1999 年，FIDIC 又出版了 4 份新的合同条件：施工合同条件（简称"新红皮书"）、永久设备和设计－建造合同条件（简称"新黄皮书"）、EPC 交钥匙项目合同条件（简称"银皮书"）和合同的简短格式。

3.2 建设工程施工合同概述

3.2.1 建设工程合同

建设工程合同是指承包人进行工程建设、发包人支付价款的合同。

建设工程合同是一种双务、有偿合同。承包人的主要义务是进行工程建设，权利是得到工程价款。发包人的主要义务是支付工程价款，权利是得到完整、符合约定的建筑产品。建设合同也是一种诺成合同，合同订立生效后，双方就应当严格履行。

3.2.2 建设工程合同的分类

依据不同的分类标准，建设工程合同可按以下几种方式分类。

1. 按工程建设阶段划分

按工程建设阶段，建设工程合同可以分为建设工程勘察合同、建设工程设计合同和建设工程施工合同。建设工程勘察合同，是发包人与勘察人就完成商定的勘察任务明确双方权利义务的协议。建设工程设计合同，是发包人与设计人就完成商定的工程设计任务明确双方权利义务的协议。建设工程施工合同，是发包人与承包人为完成商定的建设工程项目的施工任务明确双方权利义务的协议。

2. 按合同签约各方的承包关系划分

按合同签约各方的承包关系，建设工程合同可分为总包合同和分包合同。

（1）总包合同，是指建设单位（发包人）将工程项目建设全过程或其中某个阶段的全部工作发包给一个承包单位总包，发包人与总承包人签订的合同。总包合同签订后，总承包人可以将若干专业性工作交给不同的专业承包单位去完成，并统一协调和监督它们的工作。在一般情况下，发包人仅同总承包人发生法律关系，而不同各专业承包单位发生法律关系。

(2) 分包合同即总承包人与发包人签订了总包合同之后，将若干专业性工作分包给不同的专业承包单位去完成，总承包人分别与几个分承包人签订的合同。对于大型工程项目，有时也可由发包人直接与每个承包人签订合同，而不采取总包形式。这时每个承包人都是处于同样地位，各自独立完成本单位所承包的任务，并直接向发包人负责。

3. 按承包合同的不同计价方法划分

按承包合同的不同计价方法，建设工程合同可分为固定总价合同、计量合同和可调价格合同。

（1）固定总价合同。

采用固定总价合同的工程，其总价是以施工图纸和工程说明书为计算依据，在招标时将造价一次包死。在合同执行过程中，不能因为工程量、设备、材料价格、工资等变动而调整合同总价。但人力不可抗拒的各种自然灾害、国家统一调整价格、设计有重大修改等情况除外。

（2）计量合同。

计量合同又称单价合同，分为以下两种形式。

① 工程量清单合同。这种合同通常由建设单位委托设计、咨询单位计算出工程量清单，分别列出分部分项工程量。承包商在投标时填报单价，并计算出总造价。工程施工过程中，各分部分项的实际工程量应按实际完成量计算，并按投标时承包商所填报的单价计算实际工程总造价。这种合同的特点是在整个施工过程中单价不变，工程承包金额将有变化。

② 单价一览表合同。这种合同包括一个单价一览表，发包单位只在表中列出各分部分项工程，但不列出工程量。承包单位投标时只填各分部分项工程的单价。在工程施工过程中，按实际完成的工程量和原填单价计价。

（3）可调价格合同。

这类合同中的合同总价由两部分组成：一部分是工程直接成本，按工程施工过程中实际发生的直接成本实报实销；另一部分是事先商定好的支付给承包商的酬金。

特别提示

按建设工程承包合同有无涉外关系，还可分为国内工程合同和国际工程合同。

3.2.3 建设工程施工合同

1. 建设工程施工合同的概念

建设工程施工合同即建筑安装工程承包合同，是建设工程的主要合同之一，是发包人与承包人为完成商定的建筑安装工程，明确双方权利和义务的协议。

建设工程施工合同的当事人是发包人和承包人，双方是平等的民事主体。建设工程施工合同有施工承包合同、专业分包合同和劳务作业分包合同之分。施工承包合同的发包人是建设工程的建设单位或项目总承包单位，

【2017版示范文本与2013版示范文本修改部分对照表】

承包人是施工单位。专业分包合同和劳务作业分包合同的发包人是取得施工承包合同的施工单位，一般仍称为承包人。而专业分包合同的承包人是专业工程施工单位，一般称为分包人。劳务作业分包合同的承包人是劳务作业单位，一般称为劳务分包人。

建设工程施工合同按计价方式划分，可以分为总价合同、单价合同和成本加酬金合同。总价合同是指投标人按照招标文件的要求报一个总价，在总价下完成合同规定的全部项目。单价合同是指发包人和承包人在合同中确定每一个单项工程单价，结算按实际完成工程量乘以每项工程单价计算。成本加酬金合同是指成本费按承包人的实际支出由发包人支付，发包人同时另外支付一定数额或百分比的管理费和双方商定的利润。

2. 建设工程施工合同的特点

（1）合同主体的严格性。建设工程施工合同主体一般只能是法人。发包人一般是经过批准的进行工程项目建设的法人，须有国家批准的建设项目，落实投资计划，并具备相应的协调能力。承包人必须具备法人资格，而且具备相应的从事工程施工的资质。无营业执照或无承包资质的单位不能作为建设工程施工合同的主体，资质等级低的不能越级承包建设工程。

（2）合同标的的特殊性。建设工程施工合同的标的是各类建筑产品，建筑产品是不动产，其基础部分与大地相连，不能移动，具有固定性的特点。这就决定了每个施工合同的标的都是特殊的，相互间不可替代。另外，每个建筑产品都需要单独设计和施工，即单件性生产，这也决定了施工合同标的的特殊性。

（3）合同履行时间长。由于建筑物的施工结构复杂、体积大、建筑材料类型多、工作量大，所以合同履行期限都较长。而且，建设工程施工合同的订立和履行一般都需要较长的准备期，在合同的履行过程中，还可能因为不可抗力、工程变更、材料供应不及时等原因而导致合同期限顺延。所有这些情况，决定了建设工程施工合同履行时间长。

3. 建设工程施工合同的作用

【2017版合同文本修改内容对承包人和发包人的影响】

（1）明确发包人和承包人在施工中的权利和义务。

建设工程施工合同一经签订，即具有法律效力。建设工程施工合同明确了发包人和承包人在工程施工中的权利和义务，是双方在履行合同中的行为准则，双方都应以建设工程施工合同作为行为的依据。双方应当认真履行各自的义务，任何一方无权随意变更或解除建设工程施工合同；任何一方违反合同规定的内容，都必须承担相应的法律责任。如果不订立建设工程施工合同，将无法规范双方的行为，也无法明确各自在施工中所享受的权利和承担的义务。

（2）有利于对建设工程施工合同的管理。

合同当事人对工程施工的管理应当以建设工程施工合同为依据。同时，有关国家机关、金融机构对工程施工的监督和管理，建设工程施工合同也是其重要依据。不订立施工合同将给建设工程施工管理带来很大的困难。

（3）有利于建筑市场的培育和发展。

在计划经济条件下，行政手段是施工管理的主要方法；在市场经济条件下，合同是维系市场运转的主要因素。因此，培育和发展建筑市场，首先要培育合同意识。推行建筑监督制度、实行招标投标制度等，都是以签订建设工程施工合同为基础的。因此，不建立建设工程施工合同管理制度，建筑市场的培育和发展将无从谈起。

(4) 是进行监理的依据和推行监理制度的需要。

建设监理制度是工程建设管理专业化、社会化的结果。在这一制度中，行政干涉的作用被淡化了，建设单位、施工单位、监理单位三者之间的关系是通过工程建设监理合同和施工合同来确定的，监理单位对工程建设进行监理是以订立建设工程施工合同为前提和基础的。

3.2.4 建设工程施工合同管理的概念

建设工程施工合同管理是对工程施工合同的编制、签订、实施、变更、索赔和终止等的管理活动。

建设工程施工合同管理应遵循下列程序。

1. 项目合同订立

承包人对建设单位和建设项目进行了解和分析，对招标文件和合同条件进行审查、认定和评价，中标后还需与发包人进行谈判，双方达成一致意见后，即可正式签订合同。

2. 项目合同实施

施工合同签订后，承包人必须就合同履行做出具体安排，制订合同实施计划。合同实施计划应包括合同实施的总体策略、合同实施总体安排、工程分包策划以及合同实施保证体系的建立等内容。

承包人还应进行合同实施控制。合同实施控制包括合同交底、合同实施监督、合同跟踪、合同实施诊断、合同变更管理和索赔管理等工作。

3. 项目合同终止和综合评价

合同履行结束即合同终止。承包人在合同履行结束时，应及时进行合同综合评价，总结合同签订和执行过程中的得失利弊、经验教训，提出总结报告。

分包与转包

分包是中标人将所承揽项目中的专业工程或者劳务作业发包给其他建筑业企业完成的活动。合法的分包须满足以下几个条件：①分包必须取得发包人的同意；②分包只能是一次分包，即分包单位不得再将其承包的工程分包出去；③分包必须是分包给具备相应资质条件的单位；④总承包人可以将承包工程中的部分工程发包给具有相应资质条件的分包单位，但不得将主体工程分包出去。

转包则是指承包人在承包工程后，又将其承包的工程建设任务转让给第三人，转让人退出承包关系，受让人成为承包合同的另一方当事人的行为。由于转包容易使不具有相应资质的承包者进行工程建设，以致造成工程质量低下、建设市场混乱的状况，所以我国相关的法律、行政法规均作了禁止转包的规定。在实践中，常见的转包行为有两种形式：一种是承包单位将其承包的全部建设工程转包给别人；另一种是承包单位将其承包的全部建设工程肢解以后以分包的名义分别转包给他人，即变相的转包。但无论采用何种形式，都是法律所不允许的。

3.3 建设工程施工合同的订立

合同是当事人之间的协议,合同的订立就是当事人就合同的内容经协商达成协议的过程。工程项目施工合同的订立,是合同当事人权利义务关系得以实现的前提条件。合同反映的是一个动态全过程,始于合同的订立,其后还会涉及合同的履行、变更、索赔、争议、违约责任等诸多环节。只有合同订立,才能启动这些环节。综上,合同的订立具有十分重要的意义。

3.3.1 订立建设工程施工合同的条件

【五棵松文化体育中心公开招标】

订立建设工程施工合同需要具备以下条件。
(1) 初步设计已经批准。
(2) 工程项目已经列入年度建设计划。
(3) 有能够满足施工需要的设计文件和有关技术资料。
(4) 建设资金和主要建筑材料设备来源已经落实。
(5) 招投标工程中标通知书已经下达。

3.3.2 订立建设工程施工合同的原则

1. 合法的原则

订立施工合同,必须遵守国家法律、行政法规,也要遵守国家的建设计划和强制性的管理规定。只有遵守法律法规,施工合同才受国家法律的保护,合同当事人预期的经济利益目标才有保障。

2. 平等、自愿的原则

合同的当事人都是具有独立地位的法人,他们之间的地位平等,只有在充分协商取得一致的前提下,合同才有可能成立并生效。施工合同当事人一方不得将自己的意志强加给另一方,当事人依法享有自愿订立施工合同的权利,任何单位和个人不得非法干预。

3. 公平、诚实信用的原则

发包人与承包人的合同权利、义务要对等而不能显失公平。施工合同是双务合同,双方都享有合同权利,同时承担相应的义务。在订立施工合同中,要求当事人要诚实、实事求是地向对方介绍自己订立合同的条件、要求和履约能力,充分表达自己的真实意愿,不得有隐瞒、欺诈的成分。

3.3.3 订立建设工程施工合同的程序

合同的订立必须经过要约和承诺两个阶段。所谓要约是希望与他人订立合同的意思表示,所谓承诺是受要约人接受要约的意思表示。承诺生效时合同成立,也就是说承诺生效的时间即为合同成立的时间。

与一般合同的订立过程一样,施工项目合同的订立也应经过要约和承诺两个阶段。其订立方式有两种:直接发包和招标发包。这两种方式实际上都包含要约和承诺的过程。除某些特殊工程外,工程建设的施工都应通过招标投标的方式选择承包人及签订施工合同。工程招标投标过程中,投标人根据发包人提供的招标文件在约定的报送期内发出的投标文件即为要约;招标人通过评标,向投标人发出中标通知书即为承诺。中标通知书发出30日内,中标人应与建设单位依据招标文件、投标文件等签订施工合同。签订合同的承包人必须是中标人,投标文件中确定的合同条款在签订时不得更改,合同价应与中标价相一致。如果中标人拒绝与建设单位签订合同,则建设单位将不再返还其投标保证金。

3.3.4 建设工程施工合同的组成及解释顺序

1. 组成建设工程施工合同的文件

(1) 施工合同协议书。协议书是契约的一种形式,通常比较简明,主要作为确定签约各方承担义务和拥有权利的文件。

(2) 中标通知书。中标通知书是建设单位通知承包商中标的函件,是施工合同文件的重要组成部分。

【施工合同示范文本的主要特点】

(3) 投标书及其附件。投标书是承包商按照招标文件要求的格式、内容编制提交的总价认可书,也是承包商按照其确定的价格和要求条件实施工程或服务的保证契约。

(4) 施工合同条款。施工合同条款是施工合同中最关键的文件,它具体规定了待实施项目的实施条件。合同条款包括专用合同条款和通用合同条款两部分,专用合同条款优先于通用合同条款。

(5) 施工技术标准、规范和图纸。

(6) 工程量清单。

(7) 工程报价单或预算书。

(8) 合同履行中,发包人、承包人有关工程的洽商、变更等书面协议或文件视为合同的组成部分。

2. 建设工程施工合同文件的解释顺序

构成施工合同的上述文件应该互为解释,互相说明。当合同文件中出现不一致时,施工合同应遵循以下优先解释顺序:协议书、中标通知书、投标书及其附件、专用条款、通用条款、标准规范及有关技术文件、图纸、工程量清单、工程报价单或预算书。

当合同文件出现含糊不清或者当事人有不同理解时,按照合同争议的解决方式处理。

《建设工程施工合同（示范文本）》

2017年，住房和城乡建设部、国家工商行政管理总局对2013版《建设工程施工合同（示范文本）》（GF—2013—0201）进行了修订，制定了《建设工程施工合同（示范文本）》（GF—2017—0201），自2017年10月1日起执行，原《建设工程施工合同（示范文本）》（GF—2013—0201）同时废止。

《建设工程施工合同（示范文本）》（GF—2017—0201）（以下简称为《示范文本》）由合同协议书、通用合同条款和专用合同条款三部分组成。《示范文本》为非强制性使用文本。

《示范文本》适用于房屋建筑工程、土木工程、线路管道和设备安装工程、装修工程等建设工程的施工承发包活动，合同当事人可结合建设工程具体情况，根据《示范文本》订立合同，并按照法律法规规定和合同约定承担相应的法律责任及合同权利义务。

3.3.5 无效施工合同的认定

无效施工合同是指虽由发包人与承包人订立，但因违反法律规定而没有法律约束力，国家不予承认和保护，甚至要对违法当事人进行制裁的施工合同。具体而言，建设工程施工合同属下列情况之一的，合同无效。

（1）没有从事建筑经营资格而签订的合同。
（2）超越资质等级所订立的合同。
（3）违反国家、部门或地方基本建设计划的合同。
（4）未依法取得土地使用权而签订的合同。
（5）未取得"建设用地规划许可证"而签订的合同。
（6）未取得或违反"建设工程规划许可证"进行建设、严重影响城市规划的合同。
（7）应当办理而未办理招标投标手续所订立的合同。
（8）非法转包的合同。
（9）违法分包的合同。
（10）采取欺诈、胁迫的手段所签订的合同。
（11）损害国家利益和社会公共利益的合同。

无效的建设工程施工合同自订立时起就没有法律约束力。合同无效后，因该合同取得的财产，应当予以返还；不能返还或者没有必要返还的，应当折价补偿。有过错的一方应当赔偿对方因此所受到的损失，双方都有过错的，应当各自承担相应的责任。

知识拓展

协议书

发包人(全称):＿＿＿＿＿＿＿＿＿＿＿＿＿＿＿＿＿＿＿＿＿＿

承包人(全称):＿＿＿＿＿＿＿＿＿＿＿＿＿＿＿＿＿＿＿＿＿＿

依照《中华人民共和国民法典》《中华人民共和国建筑法》及其他有关法律、行政法规,遵循平等、自愿、公平和诚实信用的原则,双方就本建设工程施工事项协商一致,订立本合同。

一、工程概况

工程名称:＿＿＿＿＿＿＿＿＿＿＿＿＿＿＿＿＿＿＿＿＿＿

工程地点:＿＿＿＿＿＿＿＿＿＿＿＿＿＿＿＿＿＿＿＿＿＿

工程内容:＿＿＿＿＿＿＿＿＿＿＿＿＿＿＿＿＿＿＿＿＿＿

群体工程应附承包人承揽工程项目一览表

工程立项批准文号:＿＿＿＿＿＿＿＿＿＿＿＿＿＿＿＿＿＿＿＿

资金来源:＿＿＿＿＿＿＿＿＿＿＿＿＿＿＿＿＿＿＿＿＿＿

二、工程承包范围

承包范围:＿＿＿＿＿＿＿＿＿＿＿＿＿＿＿＿＿＿＿＿＿＿

三、合同工期

开工日期:＿＿＿＿＿＿＿＿＿＿＿＿＿＿＿＿＿＿＿＿＿＿

竣工日期:＿＿＿＿＿＿＿＿＿＿＿＿＿＿＿＿＿＿＿＿＿＿

合同工期总日历天数＿＿＿＿＿＿＿＿＿＿＿＿＿＿＿＿天。

四、质量标准

工程质量标准:＿＿＿＿＿＿＿＿＿＿＿＿＿＿＿＿＿

五、合同价款

金额(大写):＿＿＿＿＿＿＿＿＿＿＿＿＿＿元(人民币)

¥:＿＿＿＿＿＿＿＿＿＿＿＿＿＿

六、组成合同的文件

组成本合同的文件包括:

(1)本合同协议书;

(2)中标通知书;

(3)投标书及其附件;

(4)本合同专用条款;

(5)本合同通用条款;

(6)标准、规范及有关技术文件;

(7)图纸;

(8)工程量清单;

(9)工程报价单。

双方有关工程的洽商、变更等书面协议或文件视为本合同的组成部分。

七、本协议书中有关词语含义与本合同《通用条款》中的定义相同。

八、承包人向发包人承诺按照合同约定施工、竣工并在质量保修期内承担工程质量保修责任。

九、发包人向承包人承诺按照合同约定的期限和方式支付合同价款及其他应当支付的款项。

十、合同生效

合同订立时间：_____

合同订立地点：_____

本合同双方约定_____后生效。

发包人：（公章）_____ 承包人：（公章）_____

住所：_____ 住所：_____

法定代表人：_____ 法定代表人：_____

委托代理人：_____ 委托代理人：_____

电话：_____ 电话：_____

传真：_____ 传真：_____

开户银行：_____ 开户银行：_____

账号：_____ 账号：_____

邮政编码：_____ 邮政编码：_____

3.4 建设工程施工合同的履行

3.4.1 合同履行的一般规定

【国家体育场主要参与方之间的合同关系】

1. 合同履行的概念

合同履行是指合同当事人双方按照合同规定的内容，全面完成各自承担的义务，实现各自享有的合同权利。合同履行，可概括为完成合同的行为。合同履行就其实质来说，是合同当事人在合同生效后，全面、适当地完成合同义务的行为。

2. 合同履行的原则

（1）实际履行原则。

合同当事人按照合同规定的标的履行。除非由于不可抗力，否则签订合同当事人应交付和接受标的，不得任意降低标的物的标准、变更标的物或以货币代替实物。

（2）全面履行原则。

合同当事人必须按照合同规定的标的、质量和数量、履行地点、履行价格、履行时间和履行方式等全面地完成各自应当履行的义务。

(3) 诚实信用原则。

合同当事人在履行合同时，要诚实守信、以善意的方式履行义务，不得滥用权利、规避法律和曲解合同条款等。

(4) 协作履行原则。

合同当事人应团结协作，相互帮助，共同完成合同的标的，履行各自应尽的义务。

特别提示

建设工程项目的实施过程实质上就是建设工程施工合同的履行过程。在工程施工阶段合同管理的基本目标是全面地完成合同责任，按合同规定的工期、质量、价格要求完成工程。履行合同，才能使合同顺利实施，确保工程圆满完成。

3.4.2 建设工程施工合同双方的义务

在建设工程施工合同的履行过程中，施工合同当事人应分别承担以下义务。

1. 发包人应承担的义务

(1) 办理土地征用、拆迁补偿、平整施工场地等工作，使施工场地具备施工条件，在开工后继续负责解决以上事项的遗留问题。

(2) 将施工所需水、电、通信线路从施工场地外部接至合同约定地点，保证施工期间的需要。

(3) 开通施工场地与城乡公共道路的通道，以及合同约定的施工场地内的主要道路，满足施工运输的需要，保证施工期间的畅通。

(4) 向承包人提供施工场地的工程地质和地下管线资料，对资料的真实准确性负责。

(5) 办理施工许可证及其他施工所需证件、批件和临时用地、停水、停电、中断道路交通、爆破作业等的申请批准手续（证明承包人自身资质的证件除外）。

(6) 确定水准点与坐标控制点，以书面形式交给承包人，进行现场交验。

(7) 组织承包人与设计单位进行图纸会审和设计交底。

(8) 协调处理施工场地周围地下管线和邻近建筑物、构筑物（包括文物保护建筑）、古树名木的保护工作，承担有关费用。

(9) 双方在合同中约定的发包人应做的其他工作。

发包人可以将上述部分工作委托承包方办理，具体内容由双方在合同中约定，费用由发包人承担。

发包人不按合同约定完成以上义务，导致工期延误或给承包人造成损失的，则发包人应赔偿承包人的相关损失，延误的工期相应顺延。

2. 承包人应承担的义务

(1) 根据发包人委托，在其设计资质等级和业务允许的范围内，完成施工图设计或与工程配套的设计，经工程师确认后使用，发包人承担由此发生的费用。

(2) 向工程师提供年、季、月度工程进度计划及相应进度统计报表。

(3) 根据工程需要，提供和维修非夜间施工使用的照明、围栏设施，并负责安全保卫工作。

(4) 按合同约定的数量和要求，向发包人提供施工场地办公和生活的房屋及设施，发包人承担由此发生的费用。

(5) 遵守政府有关主管部门对施工场地交通、施工噪声以及环境保护和安全生产等的管理规定，按规定办理有关手续，并以书面形式通知发包人，发包人承担由此发生的费用，因承包人责任造成的罚款除外。

(6) 已竣工工程未交付发包人之前，承包人按合同约定负责已完工程的保护工作，保护期间发生损坏，承包人自费予以修复；发包人要求承包人采取特殊措施保护的工程部位和相应的追加合同价款，双方在合同中约定。

(7) 按合同约定做好施工场地地下管线和邻近建筑物、构筑物（包括文物保护建筑）、古树名木的保护工作。

(8) 保证施工场地清洁符合环境卫生管理的有关规定，交工前清理现场使之符合合同约定的要求，承担因自身原因违反有关规定造成的损失和罚款。

(9) 双方在合同中约定的承包人应做的其他工作。

承包人不履行上述各项义务，造成发包人损失的，应对发包人的损失给予赔偿。

3.4.3 建设工程施工合同的跟踪与控制

合同签订以后，合同中各项任务的执行要落实到具体的项目经理部或具体的项目参与人身上，所以，项目经理部或项目参与人即为合同执行者。合同执行者应对合同的履行情况进行跟踪、监督和控制，确保合同义务的完全履行。

1. 建设工程施工合同跟踪

对合同执行者而言，应该掌握合同跟踪的以下方面。

（1）合同跟踪的依据。

合同跟踪的重要依据是合同以及依据合同而编制的各种计划文件；其次还要依据各种实际工程文件，如原始记录、报表、验收报告等；另外，还要依据管理人员对现场情况的直观了解，如现场巡视、交谈、会议、质量检查等。

（2）合同跟踪的对象。

① 承包的任务。包括工程施工的质量是否符合合同要求；工程进度是否与预定进度一致、工期有无延长；工程数量是否按合同要求完成全部施工任务；工程成本有无增加或减少。

② 工程小组或分包人的工程和工作。合同执行者可以将工程施工任务分解交由不同的工程小组或发包给专业分包完成，必须对这些工程小组或分包人及其所负责的工程进行跟踪检查，协调关系，提出意见、建议或警告，保证工程总体质量和进度。

③ 业主和其委托的工程师的工作。业主是否及时、完整地提供了工程施工的实施条件，如场地、图纸、资料等；业主和工程师是否及时给予了指令、答复和确认等；业主是否及时并足额地支付了应付的工程价款。

2. 合同实施的偏差分析

通过合同跟踪，可能会发现合同实施中存在着偏差，应该及时进行偏差分析。

（1）产生偏差的原因分析。通过对合同执行实际情况与实施计划的对比分析，不仅可以发现合同实施的偏差，而且还可以探索引起差异的原因。

(2) 合同实施偏差的责任分析。分析产生合同偏差的原因。偏差到底是由谁引起的，应由谁承担责任。责任分析必须以合同为依据，按合同规定落实双方的责任。

(3) 合同实施趋势分析。针对合同实施的偏差情况，可以采取不同的措施，应分析在不同措施下合同执行的结果与趋势，包括：最终的工程状况、承包人将承担的后果、最终工程经济效益水平。

3. 合同实施的偏差处理

根据合同实施偏差分析的结果，承包人应该采取相应的调整措施。

(1) 组织措施。增加人员投入，调整人员安排，调整工作流程和工作计划等。
(2) 技术措施。变更技术方案，采用新的高效率的施工方案等。
(3) 经济措施。增加投入，采取经济激励措施等。
(4) 合同措施。进行合同变更，签订附加协议，采取索赔手段等。

知识拓展

质量保证金

经合同当事人协商一致扣留质量保证金的，应在专用合同条款中予以明确。在工程项目竣工前，承包人已经提供履约担保的，发包人不得同时预留工程质量保证金，即履约担保和质量保证金不能同时使用。

发包人累计扣留的质量保证金不得超过工程价款结算总额的3%。发包人在退还质量保证金的同时按照中国人民银行发布的同期同类贷款基准利率支付利息。

缺陷责任期内，承包人认真履行合同约定的责任，到期后，承包人可向发包人申请返还保证金。

发包人在接到承包人返还保证金申请后，应于14天内会同承包人按照合同约定的内容进行核实。如无异议，发包人应当按照约定将保证金返还给承包人。对返还期限没有约定或者约定不明确的，发包人应当在核实后14天内将保证金返还承包人，逾期未返还的，依法承担违约责任。发包人在接到承包人返还保证金申请后14天内不予答复，经催告后14天内仍不予答复，视同认可承包人的返还保证金申请。发包人和承包人对保证金预留、返还以及工程维修质量、费用有争议的，按合同约定的争议和纠纷解决程序处理。

3.5 建设工程施工合同的变更、违约、索赔和争议

3.5.1 建设工程施工合同的变更

建设工程施工合同变更是指在工程施工过程中，根据合同约定对施工的程序、工程的内容、数量、质量要求及标准等做出的变更。

一般建设工程项目施工合同的变更应遵循以下程序。

1. 提出施工合同变更

根据合同实施的实际情况，承包人、业主方、监理方、设计方都可以提出工程变更。

【建设工程合同
纠纷典型案例一】

2. 合同变更的批准

承包人提出的合同变更，应该由工程师审查并批准；设计方提出的合同变更，应该与业主协商或经业主审查并批准；业主方提出的合同变更，涉及设计修改的应该与设计单位协商，并一般通过工程师发出；监理方也拥有提出合同变更的权力，这一点一般会在施工合同中明确约定，但是通常在监理方发出变更通知前应征得业主批准。

3. 变更指令的发出及执行

建设工程施工合同变更指示的发出有两种形式：书面形式和口头形式。一般情况下要求用书面形式发布变更指示，如果由于情况紧急而来不及发出书面指示，承包人应该根据合同规定要求工程师书面认可。

根据工程惯例，除非工程师的行为明显超越了合同权限，否则承包人应无条件地执行变更指示。即使变更价款没有确定，或者承包人对工程师答应给予付款的金额不满意，承包人也必须一边进行变更工作，一边根据合同寻求解决办法。

3.5.2 违约

违约是指合同当事人不履行合同义务或履行义务不符合合同约定条件。当事人一方不履行合同义务或履行义务不符合合同约定的，应当承担违约责任。违约责任的承担方式如下。

1. 继续履行

继续履行是指当事人一方违约时，另一方不愿意解除合同，而坚持要求违约方履行合同约定的给付。违约方应根据对方的要求，在自己能够履行的条件下，继续履行合同未履行部分。

2. 采取补救措施

采取补救措施是违约方所采取的旨在消除违约后果的补救措施。这种责任形式，主要发生在质量不符合约定的情况下。

3. 赔偿损失

违约方在履行义务或者采取补救措施后，对方还有其他损失的，应当赔偿损失。赔偿损失是违约方给对方造成损失时，依法或者根据合同约定赔偿对方所受损失的行为。损失赔偿额应相当于违约造成的损失。但是如果违约相对方不采取措施致使损失扩大，那么违约方不予赔偿。

4. 支付违约金

违约金是指当事人一方违反合同时应当向对方支付的一定数量的金钱或财物。合同当事人可以约定一方违约时应当根据违约情况向对方支付一定数额的违约金，也可以约定因违约产生的损失赔偿额的计算方法。

5. 执行定金罚则

定金是指合同当事人为了确保合同的履行，根据双方约定，由一方按合同标的额的一定比例预先给付对方的金钱或其他替代物。定金可以由当事人约定，但最高不得超过主合同标的额的20%。定金罚则是指给付定金的一方不履行约定的债务，无权要求返还定金；收受定金的一方不履行约定的债务，应当双倍返还定金。

3.5.3 施工索赔

索赔是指在合同履行的过程中，对于并非自己的过错，而是应由对方承担责任的情况造成的实际损失，向对方提出经济补偿和（或）工期顺延的要求。

广义地讲，索赔应当是双向的，既可以是承包人向业主的索赔，也可以是业主向承包人提出的索赔，一般称后者为反索赔。通常讲的施工索赔是狭义的索赔，是前者，即承包人向业主的索赔。

施工索赔是承包人由于非自身原因，发生合同规定之外的额外工作或损失时，向业主提出费用或时间补偿要求的活动。施工索赔是法律和合同赋予承包人的正当权利。承包人应当树立起索赔意识，重视索赔，善于索赔。

1. 施工索赔的分类

(1) 按索赔事件所处合同的状态分类，可分为正常施工索赔、工程停缓建索赔和解除合同索赔。

(2) 按索赔依据的范围分类，可分为合同内索赔、合同外索赔和道义索赔。

(3) 按索赔的目的分类，可分为工期索赔和费用索赔。

(4) 按索赔的处理方式分类，可分为单项索赔和综合索赔。

2. 施工索赔的程序

承包人向发包人索赔的一般程序如下。

(1) 索赔事件发生后28天内，向工程师发出索赔意向通知。

(2) 发出索赔意向通知后28天内，向工程师提出延长工期和（或）补偿经济损失的索赔报告及有关资料。

(3) 工程师在收到承包人送交的索赔报告及有关资料后，于28天内给予答复，或要求承包人进一步补充索赔理由和证据。

(4) 工程师在收到承包人送交的索赔报告及有关资料后28天内未予答复或未对承包人作进一步要求，视为该项索赔已经认可。

(5) 当该索赔事件持续进行时，承包人应当阶段性向工程师发出索赔意向，在索赔事件终了后28天内，向工程师送交索赔的有关资料和最终索赔报告。索赔答复程序与（3）(4) 规定相同。

3.5.4 争议

合同当事人在履行施工合同时发生争议，通常有和解、调解、仲裁和诉讼四种解决办法。

1. 和解

和解是指发生合同纠纷时，当事人在自愿友好的基础上，相互沟通、相互谅解，从而解决纠纷的一种方法。合同发生争议时，当事人应首先考虑通过和解的方式解决。事实上，在合同履行过程中，绝大多数争议都可以通过和解的方式解决。和解的办法简便易行、迅速及时，能避免当事人经济损失扩大，不伤和气，有利于合作和继续履行合同。

2. 调解

调解是指当发生争议后，由第三者在查明事实、分清是非的基础上，采取说服动员的方法从中调和，使合同当事人双方相互谅解，得以解决争议的一种活动。

调解的主持人必须是合同当事人以外的第三者。调解的对象是经济争议或民事纠纷，不能是刑事案件。调解只能采取动员的办法，说服当事人平息争端，不能采取强制、欺骗和胁迫等手段。

3. 仲裁

仲裁是当事人双方在争议发生前或争议发生后达成协议，自愿将争议交给第三者做出裁决，并负有自动履行义务的一种解决争议的方式。这种争议解决方式必须是自愿的，因此必须有仲裁协议。

在国内外商事交往中，仲裁已成为各国普遍公认解决争议最有效的手段。仲裁的优越性主要是当事人双方的自治意思得到充分体现，一般不公开，省时间、费用少。

当事人选择仲裁的，仲裁机构做出的裁决是终局的，具有法律效力，当事人必须执行。如果一方不执行的，另一方可向有管辖权的人民法院申请强制执行。

4. 诉讼

诉讼是指合同当事人依法请求人民法院行使审判权，审理双方之间发生的合同争议，做出有国家强制保证实现其合法权益的裁判，从而解决合同争议的活动。合同当事人如果未约定仲裁协议，则只能以诉讼作为解决争议的最终方式。

【建设工程合同纠纷典型案例二】

ADR 方式

在国际工程承包合同纠纷，尤其是涉及较大项目的建筑施工纠纷中，当事人普遍不愿意将纠纷提交诉讼，而是倾向于通过在合同中规定的 ADR（非诉讼纠纷解决程序）解决纠纷。国际工程承包合同争议解决常用的 ADR 方式有以下几种。

（1）仲裁。大型的建筑工程，特别是国际贷款项目，常常在合同中要求将纠纷提交有关国际仲裁机构，仲裁已广泛运用于国际工程承包合同纠纷中。

（2）FIDIC 合同条件下的工程师准仲裁。工程师具有"准仲裁"的职能，在发包人和承包人发生纠纷时充当准仲裁员的角色。

（3）DRB（纠纷审议委员会）方式。工作程序是现场访问、纠纷提交、听证会和解决纠纷建议书。

（4）NEC（新工程合同）裁决程序。包括早期预警程序、补偿事件程序、裁决人程序。

第3章 建设工程施工合同管理

【案例背景】

某建筑公司（乙方）于某年5月20日与某厂（甲方）签订了修建建筑面积为2800m²的工业厂房（带地下室）的施工合同。乙方编制的施工方案和进度计划已获监理工程师批准。该工程的基坑施工方案规定：土方工程采用租赁一台斗容量为1m³的反铲挖掘机施工。甲、乙双方合同约定6月11日开工，6月20日完工。在实际施工中发生如下几项事件。

(1) 因租赁的挖掘机大修，晚开工两天，造成人员窝工10个工日。

(2) 基坑开挖后，因遇软土层，接到监理工程师6月15日停工的指令，进行地质复查，配合用工15个工日。

(3) 6月19日接到监理工程师于6月20日复工的复工令，6月20日—6月22日，因罕见的大雨迫使基坑开挖暂停，造成人员窝工10个工日。

(4) 6月23日用30个工日修复冲坏的永久道路，6月24日恢复正常挖掘工作，最终基坑于6月30日挖坑完毕。

【问题】

(1) 简述工程施工索赔的程序。

(2) 建筑公司对上述哪些事件可以向甲方要求索赔？哪些事件不可以要求索赔？并说明原因。

(3) 每项事件工期索赔各是多少天？总计工期索赔是多少天？

【案例解析】

(1) 《建设工程施工合同（示范文本）》规定的施工索赔程序如下。

① 索赔事件发生后28天内，向工程师发出索赔意向通知。

② 发出索赔意向通知后28天内，向工程师提出延长工期和（或）补偿经济损失的索赔报告及有关资料。

③ 工程师在收到承包人送交的索赔报告及有关资料后，于28天内给予答复，或要求承包人进一步补充索赔理由和证据。

④ 工程师在收到承包人送交的索赔报告及有关资料后28天内未予答复或未对承包人作进一步要求，视为该项索赔已经认可。

⑤ 当该索赔事件持续进行时，承包人应当阶段性向工程师发出索赔意向，在索赔事件终了后28天内，向工程师送交索赔的有关资料和最终索赔报告。

(2) 事件1：索赔不成立。因为该事件发生原因属于承包商自身责任。

事件2：索赔成立。因为施工地质条件的变化是一个有经验的承包商所无法合理预见的。

事件3：索赔成立。这是因特殊反常的恶劣天气造成工程延误。

事件4：索赔成立。因恶劣的自然条件或不可抗力引起的工程损坏及修复应由业主承担责任。

(3) 事件2：索赔工期5天（6月15日—6月19日）。

事件3：索赔工期3天（6月20日—6月22日）。
事件4：索赔工期1天（6月23日）。
共计索赔工期：5+3+1=9（天）。

本章小结

本章介绍了合同的基本知识，如合同的概念、类型、主要内容和形式。讲述了建设工程合同的概念和分类、建设工程施工合同的概念和特点、建设工程施工合同管理的程序。讲述了建设工程施工合同的订立，如订立建设工程施工合同的条件和原则、订立建设工程施工合同必须经过要约和承诺两个阶段以及建设工程施工合同的组成及解释顺序。

本章还讲述了建设工程施工合同的履行，包括合同履行的概念和原则、发包人和承包人应承担的义务、建设工程施工合同跟踪、合同实施的偏差分析和合同实施的偏差处理。

最后，本章讲述了建设工程施工合同的变更、违约、索赔和争议，如合同变更遵循的程序、违约责任的承担方式、施工索赔的分类和程序以及争议的解决办法。

习 题

一、单项选择题

1. _____是指当事人一方只享有权利，另一方只承担义务的合同。
   A. 单务合同　　　　　B. 双务合同　　　　　C. 有偿合同　　　　　D. 无偿合同
2. 建设工程施工合同管理应遵循的程序是_____。
   A. 项目合同订立、评价、实施和终止
   B. 项目合同评价、订立、实施和终止
   C. 项目合同订立、实施、评价和终止
   D. 项目合同订立、实施、终止和评价
3. 以下不属于建设工程施工合同文件组成的是_____。
   A. 投标须知　　　　　B. 合同协议书　　　　C. 合同通用条款　　　D. 工程报价单
4. 出现合同实施偏差，承包人采取的调整措施有_____。
   A. 组织措施、技术措施、经济措施、管理措施
   B. 组织措施、技术措施、经济措施、合同措施
   C. 法律措施、技术措施、经济措施、管理措施
   D. 组织措施、应急措施、经济措施、合同措施
5. 建设工程施工合同变更是指在工程施工过程中，根据合同约定对_____、工程的内容、数量、质量要求及标准等做出的变更。
   A. 施工程序　　　　　B. 施工环境　　　　　C. 施工规范　　　　　D. 施工措施

二、多项选择题

1. 合同书面形式是指_____。

A. 合同书　　　　　　B. 信件　　　　　　C. 数据电文
D. 可以有形地表现所载内容的形式　　E. 当事人合意的表现形式

2. 建设工程施工合同的特点有_____。
A. 合同主体的严格性　　B. 合同客体的严格性　　C. 合同履行时间长
D. 合同标的的特殊性　　E. 合同主体的特殊性

3. 建设工程施工合同属_____情况的，合同无效。
A. 超越资质等级所订立的合同
B. 应当办理而未办理招标投标手续所订立的合同
C. 非法转包的合同
D. 违法分包的合同
E. 采取欺诈、胁迫的手段所签订的合同

4. 违约责任的承担方式有_____。
A. 继续履行　　　　B. 采取补救措施　　C. 赔偿损失
D. 支付违约金　　　E. 执行定金罚则

5. 合同当事人在履行施工合同时发生争议，通常有_____解决办法。
A. 和解　　　　　　B. 调解　　　　　　C. 仲裁
D. 诉讼　　　　　　E. 协作

三、案例分析题

【背景】

某会议中心新建会议楼，土建工程已先期通过招标确定了施工单位，并且已经基本具备装修条件，为保证内部装饰效果，经研究决定，装修工程部分单独招标，采用公开招标的形式来确定施工队伍，在招标文件中明确了如下部分条款。

（1）报价采用工程量清单的形式。

（2）结合招标公司提供的工程量清单，各家单位应对现场进行详细的实地踏勘，所报价格为综合单价，视为已经考虑了各种综合因素。

（3）本工程装饰施工期间适逢"两会"期间。由于会议中心要接待"两会"代表，所以3月10日—3月22日期间停止施工，无论哪家中标，建设单位都理解为中标单位的报价已综合考虑了停工因素，保证不因此情况追加工程款。

（4）主要装饰部位的石材由建设单位供货。

经过激烈竞争，某装饰公司中标。双方签订《建筑装饰工程施工合同》，部分合同条款如下（合同中甲方为建设单位，乙方为施工单位）。

甲方按照协议条款约定的材料种类、规格、数量、单价、质量等级和提供时间、地点的清单，向乙方提供材料及其产品合格证明。甲方代表在所提供材料验收24小时前将通知送达乙方，乙方派人与甲方一起验收。无论乙方是否派人参加验收，验收后都由乙方保管，甲方则支付相应的保管费用。发生损失或丢失，由乙方负责赔偿。甲方不按规定通知乙方验收，乙方不负责材料设备的保管，损坏或丢失由甲方负责。甲方供应的材料与清单或样品不符，按下列情况分别处理。

（1）供应数量多于清单数量时，甲方负责将多余部分运出施工现场。

（2）迟于清单约定时间供应导致的追加合同价款，由甲方承担。发生延误，工期相应顺延，并由甲方赔偿乙方由此造成的损失。

施工单位进场后，发现大堂标高为8.7m，报告厅标高为4.6m。遂提出工程变更洽商申请，要求增加脚手架搭设的费用。申请递交监理单位8天后，在没有得到回复的情况下，施工单位开始脚手架搭设施工。

在进行大堂石材施工后，为保证石材在脚手架拆除过程中和施工过程中不被破坏，建设单位口头通知施工单位对石材用大芯板进行保护，后施工单位上报工程洽商变更单要求建设单位签字，建设单位拒签。

由于特殊原因，会议中心须接待开提前预备会的代表，停工时间提前至3月1日，建设单位正式下通知要求施工单位严格遵守调整后的停工时间。

建设单位从深圳采购石材，在汽运过程中由于南方发大水，高速公路封闭，石材迟于清单约定时间6天到达现场，建设单位书面通知乙方验收。由于石材晚到场耽误了整体完工时间，共计超出工期6天完工。

在结算过程中，施工单位提出在原合同价格基础上增加以下费用。

(1) 脚手架搭设费用35000元。

(2) 石材保护增加费用12000元。

(3) 会议停工损失每日6000元，共计 $22 \times 6000 = 13.2$（万元）。

(4) 石材保管费为 $340 \times 1\% = 3.4$（万元）（石材总价340万元），误工费为 $6 \times 6000 = 3.6$（万元）。

以上费用增加的理由如下。

(1) 脚手架费用增加问题，现场有土建施工单位，作为该项目的总包单位，脚手架的搭设应由总包单位完成，但是他们没有尽到应尽的义务。而施工单位进场后，向监理单位提交了关于申请搭设脚手架的变更洽商单，根据合同条款规定，洽商递交7天没有回复视为默认，施工单位可以施工并要求建设单位支付相关变更增加的费用。

(2) 大堂石材保护非工程量清单所包含的内容，是建设单位口头通知要求增加的，并且已经按照建设单位要求实施，所以该项费用应由建设单位支付。

(3) 按照合同约定，一周内停工超过48小时的应追加停工增加费。停工有建设单位的正式通知，所以此项费用应予以认可。

(4) 根据合同对于甲方供应材料的约定，应该支付施工单位材料保管费，因建设单位造成的工期延误，建设单位应赔偿施工单位相应损失。

以上费用建设单位均不予认可，理由如下。

(1) 脚手架费用增加的问题，在投标阶段，要求施工单位对现场勘察，图纸和现场都可以反映出大堂和报告厅的实际标高，施工单位在编制工程量清单时，在措施项目清单中对脚手架搭设费用应该有所考虑，在结算过程中要求追加此部分费用，不能予以认可。

(2) 石材保护是施工单位应尽的义务，增加费用的说法不成立。

(3) 招标文件中对停工已经有了说法，且施工单位在投标承诺中也对此承诺不增加费用，请施工单位详读招标文件和投标承诺。

(4) 石材供应延误是不可抗力，所以工期延误赔偿不予认可。

双方对以上问题争执不下。

【问题】

1. 建设单位是否应支付脚手架搭设增加费用？为什么？

2. 建设单位拒付石材保护增加费用的做法是否合理？如果口头通知变为监理通知，建设单位是否应当支付此费用？

3. 建设单位是否应支付停工费用？若需支付，应支付多少元？

4. 建设单位是否应承担因石材迟于清单约定时间供货而导致的工期延误补偿？为什么？

5. 建设单位应该增补的费用共计多少元？

【第3章在线测试习题】

第 4 章 建设工程项目采购管理

思维导图

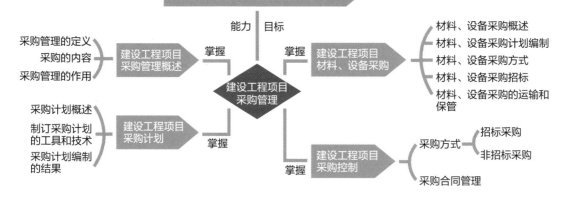

第4章 建设工程项目采购管理

导入案例

某综合娱乐城工程项目，项目业主与某施工单位签订了施工合同，工程合同额为9000万元，总工期为30个月，工程分两期进行竣工验收，第一期为18个月，第二期为12个月。在工程实施过程中，承包商向国外订购了一批特种钢材，但运输这批钢材的船舶在海运途中遭遇到超常的特大风暴，导致船舶失事沉没，这批特种钢材也未能按时运到，以至工期延误，使第一期工程竣工推迟了3个月。为此，在出现失事事故后，承包商及时向供应商提出了索赔要求，要求供应商尽快补运一批钢材来，并要求其承担因延误工期而造成承包方经济损失的责任。

在学习本章内容的过程中，思考应如何进行材料采购控制，并签订采购合同。

4.1 建设工程项目采购管理概述

4.1.1 建设工程项目采购管理

1. 建设工程项目采购管理的定义

采购包含以不同方式通过努力从系统外获得货物、工程和服务的整个采办过程。建设工程项目采购管理就是针对这一过程而实施的管理。

建设工程项目采购管理是对项目的勘察、设计、施工、资源供应、咨询服务等采购工作进行的计划、组织、指挥、协调和控制等活动。

2. 建设工程项目采购的内容

建设工程项目采购依据采购内容的不同，可分为货物采购、工程采购和服务采购三类。

特别提示

本书中所提到的建设工程项目采购主要是从买方（即采购人）的角度进行讨论的，主要是指在建设工程项目实施过程中所进行的货物采购。

3. 建设工程项目采购当事人

建设工程项目采购当事人是指在建设工程项目采购活动中享有权利和承担义务的各类主体，包括项目采购人、项目供应商和项目采购代理机构等。

（1）项目采购人是指依法进行项目采购的法人、其他组织或者自然人。

（2）项目采购供应商是指向采购人提供货物、工程或者服务的法人、其他组织或者自然人。

（3）项目采购代理机构是指接受项目采购人的委托，在其委托范围内行使其代理权限的组织结构。

【某企业采购管理制度】

4. 项目采购人的职能

项目采购人应设置采购部门进行合理采购。

（1）编制采购文件。企业采购部门应根据企业发展计划和项目实施需要编制完备的采购文件。

（2）编制采购管理制度。采购管理制度是指为了规范采购行为，由采购部门根据企业自身状况，综合考虑采购活动中可能用到的各种资源要素，为了方便处理采购活动中可能遇到的各种问题而提出的书面规章制度。

（3）编制采购管理工作程序。采购部门应制定详细的采购管理工作程序，规范采购管理活动。

4.1.2 建设工程项目采购管理的作用

全过程管理被广泛地应用在建筑行业中，为了与建筑业发展趋势相一致，建设工程项目采购管理也贯穿于项目实施的全过程中，是一种全过程的项目采购管理，具有十分重要的作用。

（1）建设工程项目采购管理是建设工程项目管理中必不可少、具有关键性作用的一部分内容。这是由于任何项目的实施都离不开采购行为，在项目实施的全过程中都要进行采购。

（2）建设工程项目采购活动由于要占用大量的资源，包括人力、财力等来获取工程项目以及与项目实施相关的货物与服务等，因此，对这一过程的管理不仅关系工程项目的质量、进度等，而且也关系工程项目投入与产出的关系，进而直接影响项目收益，影响各参与方的经济利益。

（3）由于采购活动贯穿于整个项目实施的全过程，且随着各种灵活的市场采购方式的广泛应用，需要严格的项目采购管理才可以减少各种贪污、腐败现象。

知识拓展

《建设工程项目管理规范》项目采购与投标管理一般规定

第一条 组织应建立采购管理制度，确定采购管理流程和实施方式，规定管理与控制的程序和方法。

第二条 采购工作应符合有关合同、设计文件所规定的技术、质量和服务标准，符合进度、安全、环境和成本管理等要求。招标采购应确保实施过程符合法律、法规和经营的要求。

第三条 组织应建立投标管理制度，制定项目投标实施方式，规定管理与控制的流程和方法。

第四条 投标工作应满足招标文件规定的要求。

第五条 项目采购和投标资料应真实、有效、完整，具有可追溯性。

4.2 建设工程项目采购计划

4.2.1 建设工程项目采购计划概述

1. 建设工程项目采购计划的含义

建设工程项目采购计划就是指企业采购部门通过了解市场供求情况,认识企业生产经营活动的过程中,在掌握物料消耗规律的基础上,确定项目所包含的需从项目实施组织外部得到的产品或服务,并对其采购内容做出合乎要求的计划,以便于项目能够更好地实施。

2. 建设工程项目采购计划的编制依据

(1) 立项报告。
(2) 工程合同。
(3) 设计文件。
(4) 项目管理实施规划(含进度计划)。
(5) 采购管理制度。
(6) 工程材料需求或备料计划。

3. 建设工程项目采购计划的内容

产品的采购应按计划内容实施,在品种、规格、数量、交货时间、地点等方面应与项目计划相一致,以满足项目需要。项目采购计划应包括以下内容。

(1) 项目采购的工作范围、内容及管理标准。
(2) 项目采购信息,包括产品或服务的数量、技术标准和质量规范。
(3) 检验方式和标准。
(4) 供方资质审查要求。
(5) 项目采购控制目标及措施。

4.2.2 制订建设工程项目采购计划的工具和技术

1. 自制/外购分析

自制/外购分析是一种最基本的管理技术,它主要用来判断一种产品或服务是组织自己制造所产生的效益大还是从组织外部购买所产生的效益大,它是项目实施初期确定工作范围定义的一部分。在应用这一管理技术时,要综合考虑自制和外购的直接费用和间接费用。

另外,自制/外购分析要平衡组织近期利益与长远利益的关系,努力使二者关系最优化。例如,通常情况下一项资产购买成本应该大于租赁成本,就近期利益来看,租赁方式要优于购买方式，但如果此项资产在项目以后的实施过程中仍旧广泛应用，则购买成本经过分摊就有可能低于租赁成本，此时购买方式就优于租赁方式。

2. 专家判断

项目组织经常依靠采购专家对采购过程进行技术评估。在应用这一技术时，采购专家的意见被大量采用，其意见来源如下。

（1）执行组织单位内的其他单位。

（2）咨询单位。

（3）专业和技术协会。

（4）行业团体。

3. 合同类型的选择

不同类型的采购活动适用于不同类型的合同，一般分为以下三类。

（1）总价合同。

总价合同要求供应商按照招标文件的要求报一个总价，按中标的价格签订合同，据此提供符合要求的产品或服务，采购人不管供应商获利多少，均按合同规定的总价分批付款。

总价合同又包括固定总价合同和可调总价合同。

① 固定总价合同。固定总价合同的合同价格确定，不可变更，一般适用于购买明确定义的产品。

固定总价合同的优点在于可以设立激励机制，从而达到或超过预定的项目目标；缺点在于对合同双方均存有较大的风险，尤其是供货商所承担的风险更大。

② 可调总价合同。可调总价合同是指在合同执行期间，如果由于物价上涨引起了供货商供货成本的增加，则合同价格也应随之做出调整。

可调总价合同相对于固定总价合同而言，供货商所承担的风险有所降低，采购人承担了物价上涨的风险。

（2）成本加酬金合同。

成本加酬金合同是指采购人向供货商支付实际成本和管理费用及利润的一种合同方式。成本加酬金合同又可分为成本加固定酬金合同、成本加百分比例酬金和成本加浮动酬金合同。

① 成本加固定酬金合同。这是由采购人向供货商支付采购产品的全部成本和确定数额的酬金的一种合同。这种合同的优点是能够促进供货商尽可能地缩短工期、尽早提交采购产品。其缺点是不能够促使供货商从采购人的角度考虑，努力降低产品成本。

此种合同的合同总价可按式（4-1）进行计算：

$$C = C_d + F \quad (4-1)$$

式中：C——合同总价；

C_d——采购产品的实际成本；

F——固定酬金。

② 成本加百分比例酬金。这是由采购人向供货商支付采购产品的全部成本，并取成本的一定百分比例作为酬金的一种合同。此百分比例由采购人和供货商事先达成一致。这种合同现在应用较少，主要是由于此种合同有很大的缺点，此合同下，产品成本越大，则

供货商按一定百分比例所提取的酬金也就越多,因此这种合同不利于鼓励供货商努力降低产品成本。

此种合同的合同总价可按式(4-2)进行计算:

$$C = C_d + C_d P \qquad (4-2)$$

式中:P——确定的百分比例。

③ 成本加浮动酬金合同。这种合同是由采购人和供货商事先确定一个目标成本,当供货商在完成合同后的实际成本低于目标成本时,则供货商可根据双方的约定取得一定数量的奖金,反之,一旦实际成本高于目标成本,则供货商可获得的奖金数额也随之减少。此种合同虽然有助于采购人加强对采购产品成本的控制,但是由于采购人和供应商很难就采购产品的目标成本达成一致,因此也就有可能会造成一些合同的纠纷。

此种合同的合同总价可按式(4-3)进行计算:

$$\begin{aligned} C &= C_d + F & (C_d = C_0) \\ C &= C_d + F - \Delta F & (C_d > C_0) \\ C &= C_d + F + \Delta F & (C_d < C_0) \end{aligned} \qquad (4-3)$$

式中:C_0——目标成本;
  F——基本酬金;
  ΔF——浮动酬金。

(3)单价合同。

单价合同全称为工时和材料单价合同,即采购人和供货商可事先确定单价费率,也可在合同实施过程中有根据地增加合同价格。

特别提示

建设工程项目采购合同的类型有多种,但不同的合同形式适用于不同的采购活动,对于采购者而言,要根据项目情况选择合适的合同,以保障自身利益。

4.2.3　建设工程项目采购计划编制的结果

建设工程项目采购计划编制完成后形成采购管理计划和采购工作说明书,经相关部门审核,并经授权人批准后实施。

1. 采购管理计划

采购管理计划是管理采购过程的依据,采购计划应指出采购应采用哪种合同类型、如何对多个供货商进行良好的管理等。

2. 采购工作说明书

采购工作说明书应该详细地说明采购项目的有关内容,为潜在的供货商提供一个自我评判的标准,以便确定是否要参与该项目。

《建设工程项目管理规范》项目采购与投标管理
——项目采购管理

第一条 组织应依据立项报告、工程合同、设计文件、项目管理实施规划和采购管理制度编制采购计划。采购计划应包括下列内容：

(1) 采购工作范围、内容及管理标准；
(2) 采购信息，包括产品或服务的数量、技术标准和质量规范；
(3) 检验方式和标准；
(4) 供方资质审查要求；
(5) 采购控制目标及措施。

第二条 采购计划应经过相关部门审核，并经授权人批准后实施。必要时，采购计划应按规定进行变更。

4.3 建设工程项目采购控制

4.3.1 建设工程项目采购方式

建设工程项目采购按采购方式不同可分为招标采购和非招标采购。

1. 招标采购

【中华人民共和国招标投标法】

(1) 招标采购范围。

《中华人民共和国招标投标法》对招标范围进行了明确规定："在中华人民共和国境内进行下列工程建设项目包括项目的勘察、设计、施工、监理以及与工程建设有关的重要设备、材料等的采购，必须进行招标。"达到下列标准之一的必须进行招标。

① 施工单项合同估算价在 200 万元人民币以上的。
② 重要设备、材料等货物的采购，单项合同估算价在 100 万元人民币以上的。
③ 勘察、设计、监理等服务的采购，单项合同估算价在 50 万元人民币以上的。
④ 单项合同估算价低于①、②、③项规定的标准，但项目总投资额在 3000 万元人民币以上的。

(2) 招标采购分类。

招标采购包括国际竞争性招标、有限国际招标和国内竞争性招标。

国际竞争性招标是由采购人通过国际公开途径刊登招标广告，由符合要求的供货商积极参与竞争投标，从而确定中标人的一种招标方式，主要应用于世界银行贷款项目的领域内。广泛应用国际竞争性招标，具有极其重要的意义。

① 能够满足世界银行对采购的基本要求。

② 能够满足招标中公开、公平、公正和诚实信用的原则。

③ 能够帮助借款人以最低、最合理价格获取采购产品。

④ 能够吸引世界范围内符合招标要求的供货商都来参与投标，增大采购人的选择范围。尤其增大了发展中国家供货商参与投标的机会。

⑤ 能够避免贪污、受贿等各种腐败行为的发生。

有限国际招标是一种特殊的国际竞争性招标，它的主要特点在于采购人不需刊登公开的招标公告，只需直接邀请有关供货商参与投标。有限国际招标适用于以下情况。

① 采购金额较少的项目。

② 有能力的供货商数量有限的项目。

③ 由于其他原因，不能实施国际竞争性招标的项目。

此类招标的实施必须事先征得世界银行的同意。

国内竞争性招标是指采购人在国内刊登招标公告，并根据国内招标程序进行招标的一种招标方式。国内竞争性招标适用于以下情况。

① 采购金额较小的项目。

② 施工工期较长且施工地点分散的土建工程项目。

③ 所需采购产品的国内市场价格低于国际市场价格的项目。

④ 相对于其他两种招标方式，产品采购时间更短，更经济、更有效。

 特别提示

国际竞争性招标、有限国际招标和国内竞争性招标的适用范围和招标方式不同，但其招标采购程序基本相同，大体可以分为10步，其中，有限国际招标不刊登广告，国内竞争性招标可将资格预审与评标工作一起进行。

2. 非招标采购

非招标采购主要包括询价采购、直接采购和自营工程等。

（1）询价采购。

询价采购，又称货比三家，是指在比较几家供货商报价的基础上进行的采购，这种采购方式一般是用于采购现货价值较小的标准规格设备或简单的土建工程。

询价采购的程序如下。

① 成立询价小组。由采购人代表和有关专家共3人或以上单数组成，其中专家不少于2/3，询价小组应对采购项目的价格构成和评定成交的标准等事项做出规定，制定出询价采购文件。询价采购文件应包括技术文件和商务文件。技术文件包括供货范围、技术要求和说明、工程标准、图纸、数据表、检验要求以及供货商提供文件的要求。商务文件包括报价须知、采购合同基本条款和询价书等。

② 确定被询价的供应商名单。询价小组根据采购要求，从符合相应资质条件的供货商名单中确定不少于3家的供货商，并发出询价通知书让其报价。

③ 询价。询价小组要求被询价的供货商一次报出不得更改的价格。

④ 确定成交供货商。采购人根据采购要求、质量和服务相等且报价最低的原则确定成交供货商,并将结果通知所有被询价的未成交的供货商。在对供货商报价进行评审时,应进行技术和商务评审,并做出明确的结论。技术评审主要评审设备和材料的规格、性能是否满足规定的技术要求,报价技术文件是否齐全并满足要求。商务评审主要评审价格、交货期、交货地点和方式、保质期、货款支付方式和条件、检验、包装运输是否满足规定的要求等。

询价的工具和技术包括举行供货商会议和刊登广告。

① 举行供货商会议。供货商会议又称为标前会议,就是指在编制建议书之前,采购人与所有可能的供货商一起举行的会议,其目的是保证所有可能的供货商都能对采购要求有一个明确的理解。

② 刊登广告。如果对有能力的供货商名单不是非常清楚,也可通过在报纸等媒体上刊登广告,以吸引供货商的注意,得到供货商的名单。

询价的结果是建议书。建议书是由供货商准备的说明其具有能力并且愿意提供采购产品的文件。

(2) 直接采购。

直接采购就是指不通过竞争,直接签订合同的采购方式。

直接采购适用有以下几种情况。

① 对于已经按照世界银行同意的程序授标并签约,且正在实施的采购项目,需要增加类似的货物的情况。

② 为了使新采购部件与现有设备配套或与现有设备的标准化方面相一致,而向原供货商增购货物。

③ 所需采购货物或设备等,只有单一货源。

④ 负责工艺设计的承包人要求从一特定供货商处购买关键部件,并以此作为其保证达到设计性能或质量的条件。

⑤ 在某些特殊条件下,例如不可抗力的影响,为了避免时间延误而造成更多的花费。

⑥ 当竞争性招标未能找到合适的供货商时也可采取直接采购方式,但需经过世界银行的同意。

(3) 自营工程。

自营工程是指项目采购人不通过招标或其他采购方式而直接采用自己的施工队伍来承建土建工程的一种采购方式。此采购方式是针对土建工程而实施的。

自营工程适用有以下几种情况。

① 土建工程的工程质量无法事先准确得出的情况。

② 由于土建工程的工程量小、施工地点比较偏远、分散,而使承包商不得不承担过高的动员调遣费的情况。

③ 要求将要进行的施工活动对正在施工的作业无影响的情况。

④ 没有任何承包商感兴趣的工程。

⑤ 如果已经预知工程必然会产生中断,则在此情况下,由项目采购人来承担风险更为妥当的情况。

4.3.2 建设工程项目采购合同管理

根据招标采购程序可知,招标的结果是选择合适的中标人,签订合同,规定双方的权利和义务,从而保证采购活动的顺利进行。

1. 合同签订形式

(1) 在发出中标通知书的同时,将合同文本寄给中标单位,由其签字确认后在规定的时间内寄回。

(2) 在发出中标通知书后的规定时间内,由中标单位派人前去洽谈并签订合同。

2. 合同的内容

(1) 产品采购合同应规定采购产品的具体内容和要求、质量保证和验证方法。

(2) 采购合同应明确规定合同双方的权利、义务以及合同执行过程中对合同的补充、修改、索赔、终止等事宜的操作方法。

(3) 采购谈判会议纪要及双方书面确认的事项应作为采购合同附件或直接纳入采购合同。

3. 合同的生效

合同在双方签字并提交履约保证金之后开始生效。

4. 合同的管理

合同管理是保证供货商履行合同要求的过程,是项目采购过程的实现阶段,同时也是项目采购管理乃至项目管理的核心。因此,必须加强采购合同的管理工作。

(1) 采购合同的签订应符合合同管理规范。

(2) 对产品所涉及的知识产权和保密信息,应严格执行双方签订的合同。

知识拓展

《建设工程项目管理规范》项目采购与投标管理
——采购管理

第三条 采购过程应按法律、法规和规定程序,依据工程合同需求采用招标、询价或其他方式实施。符合公开招标规定的采购过程应按相关要求进行控制。

第四条 组织应确保采购控制目标的实现,对供方下列条件进行有关技术和商务评审:

(1) 经营许可、企业资质;

(2) 相关业绩与社会信誉;

(3) 人员素质和技术管理能力;

(4) 质量要求与价格水平。

第五条 组织应制定供方选择、评审和重新评审的准则。评审记录应予以保存。

第六条 组织应对特殊产品和服务的供方进行实地考察并采取措施进行重点监控,实地考察应包括下列内容:

(1) 生产或服务能力;

(2) 现场控制结果;

（3）相关风险评估。

第七条 承压产品、有毒有害产品和重要设备采购前，组织应要求供方提供下列证明文件：

（1）有效的安全资质；

（2）生产许可证；

（3）其他相关要求的证明文件。

第八条 组织应按工程合同的约定和需要，订立采购合同或规定相关要求。采购合同或相关要求应明确双方责任、权限、范围和风险，并经组织授权人员审核批准，确保采购合同或要求内容的合法性。

第九条 组织应依据采购合同或相关要求对供方的下列生产和服务条件进行确认：

（1）项目管理机构和相关人员的数量、资格；

（2）主要材料、设备、构配件、生产机具与设施；

第十条 供方项目实施前，组织应对供方进行相关要求的沟通或交底，确认或审批供方编制的生产或服务方案。组织应对供方下列生产或服务过程进行监督管理：

（1）实施合同的履约和服务水平；

（2）重要技术措施、质量控制、人员变动、材料验收、安全条件、污染防治。

第十一条 采购产品的验收与控制应符合下列条件：

（1）项目采用的设备、材料应经检验合格，满足设计及相关标准的要求；

（2）检验产品使用的计量器具、产品的取样和抽验应符合标准要求；

（3）进口产品应确保验收结果符合合同规定的质量标准，并按规定办理报关和商检手续；

（4）采购产品在检验、运输、移交和保管过程中，应避免对职业健康安全和环境产生负面影响；

（5）采购过程应按规定对产品和服务进行检验或验收。对不合格品或不符合项依据合同和法规要求进行处置。

4.4 建设工程项目材料、设备采购

4.4.1 建设工程项目材料、设备采购概述

1. 材料、设备采购的含义

材料、设备采购又称为货物采购，是指采购人为获得项目实施所需的材料和设备等货物，而采用招标、询价等采购方式选择合格供货商的全过程。

2. 材料、设备采购的分类

材料、设备采购可分为单纯采购和综合采购。

（1）单纯采购是指小额材料、设备的采购，通常由采购人根据项目实施所需的品种、规格、型号和数量等采用比价方式选定供货商。

（2）综合采购是指大宗材料、设备或比较复杂的设备的采购，通常包括购买、运输、安装、调试和服务。

4.4.2 建设工程项目材料、设备采购计划的编制

材料、设备采购是一项非常复杂的工作，因此，要想把采购工作做好，就必须编制一份完整清晰的材料、设备采购计划。

材料、设备采购计划的编制应考虑以下因素。

（1）要明确采购材料、设备的种类、数量、具体的技术规格和性能要求。

（2）要从贷款成本、集中采购与分批采购的利弊等方面全面分析，确定采购材料、设备投入使用的时间。

（3）要分析市场现状、供货商的供货能力，以便确定采购材料、设备的批量安排，并合理分标。

（4）要有利于采购工作的协调一致。

4.4.3 建设工程项目材料、设备采购方式

尽管项目采购包括国际竞争性招标、优先竞争性招标、询价招标、直接采购等多种方式，但在材料、设备招标中，一般只采用以下三种采购方式。

1. 招标采购

招标采购一般适用于大型货物、永久设备、标的金额较大、市场竞争激烈的货物采购。招标采购既包括公开招标也包括邀请招标。

2. 询价采购

询价采购一般适用于采购价值较小的材料、设备或涉及制造高度专门化设备、不宜公开招标的项目。询价采购实际上是一种议标的采购方式。

3. 直接采购

直接采购一般适用于采购材料或设备的质量和价格等无法进行比较的情况。

特别提示

材料和设备的招标程序与 4.3 节招标采购程序类似，可参照前面内容进行学习，此处不再赘述。同学们可对本问题进行讨论，在老师的指导下进行总结分析。

4.4.4 建设工程项目材料、设备采购的招标工作

1. 招标阶段准备工作

（1）材料、设备采购要求必须在项目设计达到初步设计深度或相当于技术设计深度后才能确定。

（2）按照设计要求确定材料、设备采购是单纯采购还是综合采购，从而决定如何分标和分包。

（3）将要求培训、赴生产厂家审查设计及质量检查、安装监督和调试等技术服务的项目列入招标要求。

（4）确定项目资金来源。

（5）确定材料、设备交货进度要求和地点。

（6）确定是否进行资格预审。

2. 招标方式

材料、设备的招标方式有公开招标和邀请招标。公开招标有利于降低工程造价，提高供货质量；邀请招标可以保证参加投标的供货商有相应的供货经验，信誉可靠。招标单位可根据项目情况选择合适的招标方式。

3. 分包原则

材料、设备采购应按材料、设备实际需求时间分成几个阶段进行招标，每次招标时，可根据材料、设备的性质只发一个合同包或分成几个合同包同时招标。招标的基本单位是包，投标人最少必须投一个包，但也可以同时投几个包。因为要划分采购的标和包，不仅要考虑是否有利于吸引较多的投标人参加竞争以获取最低的投标报价，还要考虑到是否能保证材料、设备的供货时间和质量，划分标和包的基本原则如下。

（1）有利于投标竞争。

应按照工程项目中材料、设备之间的关系、标的物以及金额的大小恰当地进行分标和包。标和包划分的大小是否合适就关系到招标工作是否成功。如果一个标和包划分过大，就无法吸引中小供货商参加竞争，仅有少数实力雄厚的大供货商参与投标竞争，就会使得标价抬高。但如果标和包划分过小，就会对实力雄厚的大供货商缺乏吸引力。

（2）工程进度和供货时间。

分阶段招标的计划应以供货进度计划、工程进度要求为原则，综合考虑资金、制造周期、运输、仓储能力等条件，既不能延误工程需要，也不能提前供货，以免影响资金的周转，或者使采购人支出过多的保管和保养费用。

（3）供货地点。

分阶段招标的计划应合理考虑工程施工地点的分布情况，从而结合各地供货商的供货能力、运输条件等进行分标和包，不仅要保证供货，还要利于降低成本。

（4）市场供应情况。

在保证工程需要的情况下，要合理预计市场价格的浮动影响，避免一次性的大规模的采购，合理分阶段、分批采购。

（5）资金计划。

应考虑资金的到位情况和周转计划合理地进行分标。

4.4.5 建设工程项目材料、设备采购的运输和保管

（1）采购、运输的进口产品，其性能必须不低于国家强制执行的技术标准。应按国家规定和国际惯例办理报关、商检及保险等手续，并按照国家建设项目进口材料检验大纲相关规定编制检验细则，做好运输、保管和检验工作。

（2）应加强产品采购过程的安全环境管理。优先选择已获得质量、安全、环境管理体系认证的合理供货商。采购产品验证、运输、移交、保管的过程中，应按职业健康要求和环境管理要求，避免和消除产品对安全、环境造成的影响。

（3）产品应按规定安全、及时、准确地运至仓库或项目现场。危险品应按国家有关规定办理运输手续，并有可靠的安全防范措施。精密仪器运输应按产品说明做好防压、防震措施。大件产品运输应对预定通过的路线和可能出现的问题进行实地调查，选定安全、经济的运输方式和运输路线。

（4）应控制有毒有害产品的一次进货数量，防止有毒有害产品的散落。

（5）保管产品的仓库应设在安全、干燥、通风、易排水、便于车辆通行的地方，并配有足够的消防设施。产品的保管应有明确的标志，并按其特性妥善保管。储存化学、易燃、易爆、有毒有害等特殊产品应采取必要的安全防护措施。

 知识拓展

材料、设备采购合同的主要内容

材料、设备采购合同属于买卖合同的范围。材料、设备采购合同主要包括以下几方面的内容。

（1）标的，包括产品名称、商标、型号、生产厂家、订购数量、合同金额、供货时间、每次供货数量、质量要求的技术标准、供货方对质量负责的条件和期限等，是材料、设备采购合同的主要条款。

（2）包装，包括包装标准、包装物的供应与回收。

（3）运输方式及到站、港费用的负担责任。

（4）合理损耗及计算方法。

（5）验收标准、方法及提出异议的期限。

（6）随机备品、配件工具数量及供应方法。

（7）结算方式及期限。

（8）违约责任。

（9）特殊条款。

【电子招标投标办法】

 知识拓展

采购产品的交货检验

1. 采购产品验收的依据

（1）采购合同的具体规定。

（2）供货方提供的发货单、计量单、装箱单及其他有关凭证。

（3）合同内约定的质量标准以及国家标准或专业标准。

（4）产品合格证、检验单等。

（5）图纸、样品或其他技术文件。

（6）双方当事人共同封存的样品。

2. 产品数量的验收

产品数量的验收可采取衡量法、理论换算法和查点法等。由于在合同的履行过程中，经常会出现发货数量和实际验收数量不符的情况，因此就一定要明确合同双方的责任，对产品交付中出现的数量不符的情况进行合理的处理。

（1）若供货方交付的产品数量少于合同的规定，则采购人可凭有关合法证明，在产品到货后10天内将详细情况和处理意见通知供货方，否则可视为采购人认为数量验收合格。而供货方必须在接到通知后10天内做出相应答复，否则也可视为供货方接受了采购人的处理意见。

（2）若供货方交付的产品数量多于合同的规定，而采购人又不愿接受，则在托收承付期内采购人可拒付超量部分的货款和运费。

（3）若发货数与实际验收数额不超过有关主管部门规定的正、负尾差，合理磅差，自然减量的范围，则双方互不退补。

3. 产品质量检验

无论以何种方式进行产品交付，采购人都必须在合同规定的产品质量保证期内进行验收和试验。如果经验收发现质量不符，则要进行以下处理。

（1）若交付产品的外观、品种、型号和规格等不符合合同规定，则采购人应在产品到货后10天内提出书面异议。

（2）若交付产品的内在质量不符合合同规定，则采购人应在合同规定的期限内提出书面异议。

（3）若所交付产品只有在安装后才能发现是否有内在缺陷，则一般应在运转之日起6个月内提出异议。

（4）采购方提出的书面异议中，应具体说明检验情况，出具检验证明和对不符合规定的产品提出具体处理意见。在接到采购人提出的书面异议后，供货方应在10天内负责处理，当然也可按合同双方规定的时间进行处理，否则就认为供货方接受了采购人的异议。

本章小结

本章介绍了建设工程项目采购管理的内容和作用；详细阐述了建设工程项目采购计划的编制内容和方法；建设工程项目采购控制；建设工程项目材料、设备的采购。

具体介绍了建设工程项目采购管理的内容及作用；建设工程项目采购计划的编制；项目采购方式及采购合同管理，项目采购的方式包括招标采购和非招标采购；建设工程项目材料、设备采购计划，材料、设备的采购方式包括招标采购、询价采购和直接采购三种；材料、设备采购的运输和保管。

第4章 建设工程项目采购管理

习 题

一、单项选择题

1. 采购管理应遵循的程序是_____。
① 明确采购要求，编制采购计划
② 通过招投标确定供应单位，并签订合同
③ 采购资料归档
④ 进行市场调查，确定供应单位
⑤ 运输、验证、移交采购产品，并处置不合格产品
A. ①④②③⑤   B. ①④②⑤③   C. ①②⑤④③   D. ④①②③⑤

2. 对采购单位而言，为了降低采购费用风险，可以采用_____。
A. 固定总价合同   B. 可调总价合同
C. 单价合同   D. 成本加酬金合同

3. 为了使供货商尽早提交采购产品，可以采用_____。
A. 总价合同   B. 单价合同
C. 成本加浮动酬金合同   D. 成本加固定酬金合同

4. 对于没有先例，为项目特别订制的材料、设备，可采用_____。
A. 固定总价合同   B. 单价合同   C. 可调总价合同   D. 成本加酬金合同

二、多项选择题

1. 项目采购依据采购内容的不同，可以分为_____。
A. 货物采购   B. 工程采购   C. 服务采购
D. 施工方采购   E. 业主方采购

2. 建设工程项目采购计划的编制依据包括_____。
A. 项目合同   B. 设计文件   C. 项目管理制度
D. 项目管理实施规划   E. 工程材料需求计划

3. 成本加酬金合同的优点是_____。
A. 降低成本   B. 尽早提交产品   C. 采购方风险小
D. 供货方风险小   E. 提高产品质量

4. 项目材料采购适用于有限国际招标的是_____。
A. 采购金额较少的项目
B. 施工工期长且施工地点分散的项目
C. 有能力的供货商数量有限的项目
D. 由于其他原因，不能实施国际竞争性招标的项目
E. 所需采购产品的国内市场价格低于国际市场价格

5. 材料、设备的招标方式有_____。
A. 单价招标   B. 公开招标   C. 总价招标
D. 邀请招标   E. 成本加酬金招标

6. 货物采购若需按货物实际需要时间分成几个阶段进行招标时，划分合同包的原则

有_____。

A. 有利于投标竞争　　B. 工程进度和供货时间　C. 供货地点
D. 供货商资质　　　　E. 资金计划

三、案例分析题

【背景】

某工程项目施工采用了包工包全部材料的固定价格合同。工程招标文件参考资料中提供的供砂地点距工地4km。但是开工后，检查该砂质量不符合要求，承包商只得从另一距工地20km 的供砂地点采购。

【问题】

由于供砂距离的增大，必然引起费用的增加，承包商经过仔细认真计算后，在业主指令下达的第3天，向业主的造价工程师提交了将原用砂单价每吨提高5元人民币的索赔要求。问该索赔要求是否合理？为什么？

【第4章在线测试习题】

第 5 章　建设工程项目进度管理

思维导图

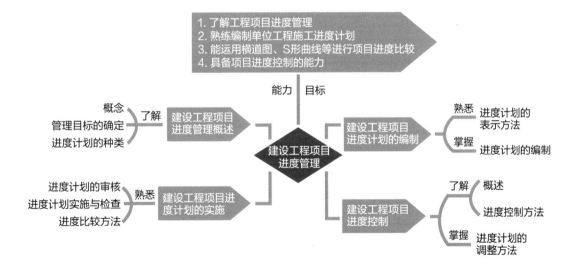

🏠 **导入案例**

某办公大楼高12层，建筑面积30000m²，基础采用人工挖孔桩，主体为框架结构。该工程经招投标由A施工单位中标，合同工期420天，中标合同价5000万元，质量目标为合格。B监理单位负责施工阶段的监理工作，监理费为60万元。在工程开工前，A施工单位编制了施工组织设计，并经项目监理部审核批准。

施工单位认为质量是企业的生命，唯有重视质量，企业才有立足之地，而投资控制是提高企业效益的关键所在。因此，施工项目经理部设置了专门机构和人员负责质量控制和投资控制工作。

在施工过程中遇到了以下事件：在基础施工过程中，遇到了在地质勘探资料中没有标明的孤石，因此延误了工期6天；在主体施工过程中，因混凝土泵送设备出现故障延误了工期3天；在装修阶段，因施工图纸变更，又延误了工期10天。

【建设工程项目管理案例】

由于施工单位和监理单位均未采取相应的措施进行进度控制，最终整个工程工期延误了19天。

建设工程项目进度控制是建设工程项目管理的三大目标之一，它与投资控制和质量控制一样，是建设项目管理中的重点控制之一。它是保证施工项目按期完成，合理安排资源供应、节约工程成本的重要措施。

5.1 建设工程项目进度管理概述

5.1.1 建设工程项目进度管理的含义

1. 建设工程项目进度的概念

建设工程项目进度通常是指建设工程项目实施结果的进展情况。而在建设工程项目实施过程中需要消耗时间（工期）、劳动力、材料、成本等才能完成建设工程项目的任务，所以建设工程项目进度可用持续时间、工程活动完成可交付成果数量、已完成工程的价值、资源消耗指标等进度指标来表示。

（1）按持续时间计算。持续时间是建设工程项目进度的重要指标。人们常用已经使用的工期与计划工期相比较以描述工程的完成程度。例如，某工程计划工期2年，现已经进行了1年，则说明工程进度已达50%。

（2）按工程活动完成的可交付成果数量描述。这主要针对专门的领域，其生产对象简单、工程活动简单的项目。例如，某工程基础共有混凝土2000m³，现已浇筑完成1200m³，则说明混凝土基础的施工进度已经完成60%。

（3）按已完成工程的价值量即已经完成的工作量与相应的合同价格（单价）或预算价格计算。它将不同种类的分项工程统一起来，能够较好地反映工程的进度状况。这是常用的进度指标。例如，某工程合同价 500 万元，现已经完成 400 万元，则说明进度已达 80%。

（4）资源消耗指标最常用的有劳动工时、机械台班、成本的消耗等。它们有统一性和较好的可比性，即各个工程活动到整个项目都可用它们作为指标，这样可以统一分析尺度。例如，某工程外墙抹灰工程计划用工 500 工日，现已用工 200 工日，则进度已经完成 40%。

在现代工程项目管理中，人们已赋予进度以综合的含义，它与实物工程量、成本、劳动消耗、资源等有机地结合起来，形成一个综合的指标，能较全面地反映项目的实施状况。

2. 建设工程项目进度管理的概念

建设工程项目进度管理是指建设工程项目组织为实现预定的进度目标而进行的计划、组织、指挥、协调和控制等的活动。建设工程项目组织应建立项目进度管理体系，制定进度管理目标。建设工程项目进度管理体系是企业管理体系的一部分，以工程管理部门为主管部门，物资管理部门、人力资源管理部门及其他相应业务部门为相关部门，通过任务分工表和职能分工表明确各自的责任。建设工程项目管理组织应建立以项目经理为首的进度管理体系，各子项目负责人、计划人员、调度人员、作业队长和班组长都是该进度管理体系的成员，各承担工程任务者和生产管理者都应承担进度管理目标，对进度管理负责。

5.1.2 建设工程项目进度管理目标的确定

建设工程项目进度管理目标随组织任务的不同而不同。建设工程项目进度管理目标分解方法有很多种，一般可按项目实施过程、专业性质、实施阶段或实施周期进行分解。

（1）按项目实施过程可将建设工程项目进度管理目标分解为单项工程进度管理目标、单位工程进度管理目标、分部工程进度管理目标和分项工程进度管理目标，如图 5.1 所示。

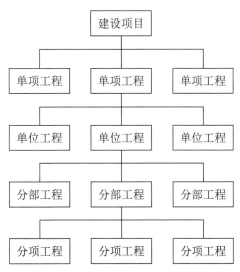

图 5.1　按项目实施过程分解进度管理目标

（2）按项目专业性质可将建设工程项目进度管理目标分解为建筑、结构、设备、市政、园林绿化等专业进度管理目标，如图5.2所示。

图5.2　按项目专业性质分解进度管理目标

（3）按项目实施阶段可将建设工程项目进度管理目标分解为项目建议书、可行性研究、设计、建设准备、施工、竣工验收与交付使用等阶段进度管理目标，如图5.3所示。

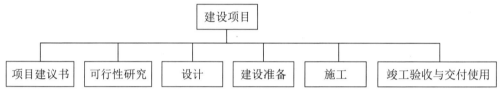

图5.3　按项目实施阶段分解进度管理目标

（4）按项目实施周期的长短可将建设工程项目进度管理目标分解为年度、季度、月度、旬度、周度等进度管理目标，如图5.4所示。

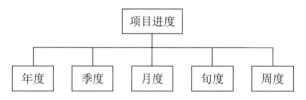

图5.4　按项目实施周期分解进度管理目标

5.1.3　建设工程项目进度管理的程序

《规范》规定建设工程项目组织在确定项目进度管理目标后，应遵循下列程序进行进度管理，以便达成进度管理目标。

（1）编制进度计划。
（2）进度计划交底，落实管理责任。
（3）实施进度计划。
（4）进行进度控制和变更管理。

【建设工程项目进度案例】

这个程序实际上就是通常所说的PDCA管理循环过程。P（Plan）就是编制计划，D（Do）就是执行计划，C（Check）就是检查，A（Action）就是处置。在进行管理的时候，每一步都是必不可少的。因此，项目进度管理的程序，与所有管理的程序基本上都是一样的。通过PDCA循环，可不断提高进度管理水平，确保最终目标实现。

5.1.4 建设工程项目进度计划

建设工程项目进度计划是建设工程项目进度管理始终围绕的核心。因此，事先编制各种相关进度计划便成为建设工程项目进度管理工作的首要环节。

1. 项目进度计划的分类

（1）按建设工程项目不同参与方的工作性质和组织特征，项目进度计划可分为业主方进度计划、工程项目总承包方进度计划、设计方进度计划、施工方进度计划、供货方进度计划等。这些计划既互相区别又互相联系，从而构成了工程项目进度管理的计划系统，其作用是从不同的层次和方面共同保证建设工程项目进度管理总体目标的顺利实现。

（2）按建设工程项目的不同功能，项目进度计划可分为控制性进度计划和实施性进度计划。

① 控制性进度计划包括整个项目的总进度计划，分阶段进度计划，子项目进度计划和单体工程进度计划，年（季）度计划。上述各项计划依次细化且被上层计划所控制，其作用是对进度管理目标进行论证、分解，确定里程碑事件的进度管理目标，作为实施性进度计划和其他各种进度计划以及动态控制的依据。

② 实施性进度计划包括分部分项工程进度计划、月度作业计划和旬度作业计划。实施性进度计划是项目作业的依据，确定具体的作业安排和相应对象或时段的资源需求。实施性进度计划的编制应结合工程项目的具体条件，并以控制性进度计划所确定的里程碑事件的进度管理目标为依据。

（3）建设工程项目进度计划按对象可分为建设项目进度计划、单项工程进度计划、单位工程进度计划和分部分项工程进度计划。

（4）建设工程项目进度计划按周期可分为长期建设进度计划、中期建设进度计划和近期建设进度计划（如年度、季度、月、旬计划）等。

2. 项目进度计划的内容

《规范》指出各类进度计划应包括编制说明、进度安排、资源需求计划及进度保证措施。其中，进度安排是最主要的内容，包括分解的计划子项名称（如作业计划的分项工程或工序）、进度目标或进度图等。编制说明主要包括进度计划关键目标的说明、实施中的关键点和难点、主要保证条件和要采取的主要措施等。资源需求计划及进度保证措施是实现进度表的进度安排所需要的各种资源保证计划，如劳动力需要量计划、主要材料需要量计划、施工机具需要量计划和预制构件需要量计划，分别见表5-1～表5-4。

表5-1 劳动力需要量计划

序号	工种名称	人数	××月			××月			××月		
			上旬	中旬	下旬	上旬	中旬	下旬	上旬	中旬	下旬

续表

序号	工种名称	人数	××月			××月			××月		
			上旬	中旬	下旬	上旬	中旬	下旬	上旬	中旬	下旬

表5-2 主要材料需要量计划

序号	材料名称	规格	需要量		需要时间						备注
					××月			××月			
			单位	数量	上旬	中旬	下旬	上旬	中旬	下旬	

表5-3 施工机具需要量计划

序号	机具名称	型号	单位	需要数量	进退场时间	备注

表5-4 预制构件需要量计划

序号	构件名称	编号	规格	单位	数量	要求进场时间	备注

3. 建设工程项目进度计划的编制依据

建设工程项目进度计划的编制依据包括合同文件和相关要求、项目管理规划文件、资源条件、内部与外部约束条件。合同文件和相关要求的作用是提出计划总目标，以满足顾客的需求。项目管理规划文件是项目管理组织根据合同文件的要求，结合自身条件所作的安排，其目标规划便成为建设工程项目进度计划的编制依据。资源条件、内部与外部约束条件都是进度计划的约束条件，影响计划目标和指标的决策和执行效果。以上是编制进度计划的基本依据，具体到每个项目组织，编制进度计划还需要具有特殊的依据。例如，建设单位编制进度计划需要依据可行性研究报告，设计单位编制进度计划需要依据批准的设计方案、同类工程的设计资料和设计准备情况，施工单位编制进度计划必须依据工期定额和市场情况等。

特别提示

建设工程项目进度计划按不同功能进行分类，包括控制性进度计划和实施性进度计划。

5.2 建设工程项目控制性进度计划的编制

5.2.1 建设工程项目进度计划的表示方法

建设工程项目进度计划有多种表示方法，可以使用里程碑表、横道图、曲线图和网络图等方法。

1. 里程碑表

里程碑表也称为里程碑计划，是以建设工程项目中某些关键事件的开始或完成时间点作为基准所形成的计划，是一种战略计划或建设工程项目进度框架。它规定了建设工程项目可实现的中间结果，是根据项目要达到的最终目标所必须经历的工作环节而确定的重大且关键的工作序列。每个里程碑代表一个关键事件，并表明其必须完成的时间界限。里程碑计划一般适用于工期较长、较为复杂的大型建设项目，某工程里程碑计划见表5-5。

【建设工程进度管理系统图】

表5-5 某工程里程碑计划

序号	工序名称	进度													
		1	2	3	4	5	6	7	8	9	10	11	12	13	14	15
1	基础开挖	★														
2	基础完成			★												
3	主体结顶									★						
4	屋面防水完成										★					
5	室内装饰完成												★			
6	水暖电智能完成													★		
7	室外工程完成														★	
8	验收交付使用															★

(1) 里程碑计划的关键性重要事件。
① 主要工作环节的完成时间。
② 保证建设工程项目完成的关键性决策工作的日期。
③ 建设工程项目的结束日期。
关键事件可能在关键线路上,也可能不在关键线路上。
(2) 里程碑计划的特点。
把关键工作的完成时间截止在里程碑计划的关键事件处,不允许有任何推迟,也就是要采取一切措施确保在里程碑计划所表示的时间内完成各项预定的关键环节的任务。
(3) 里程碑计划的编制。
① 对于工期长、技术复杂的大型建设项目,在确定建设工程项目目标时就明确了有关的里程碑进度,编制总进度计划时必须以里程碑计划为依据,并在总进度计划上保证里程碑计划的实现。
② 从建设工程项目目标要求的最后一个里程碑,即建设工程项目的最终目标开始反方向进行。
③ 在建设工程项目中有许多阶段,还有许多事件,要根据事件在项目建设进行中的位置及其前后事件的作用和影响,参照同类建设项目的实施经验加以确定。

2. 横道图

横道图又称甘特图（gantt chart），是一种应用广泛的进度表达方式。横道图通常在左侧垂直向下依次排列工程任务的各项工作名称,而在右边与之紧邻的时间进度表中则对应各项工作逐项绘制横道线,从而使每项工作的起止时间均可由横道线的两个端点来表示,见表5-6。

表5-6 某基础分部横道图施工进度

施工过程	劳动量/工日	施工进度										
		2	4	6	8	10	12	14	16	18	20	22
土方开挖	6台班	━━━										
混凝土垫层	30		━━━									
绑扎钢筋	60			━━━━━								
基础模板	70					━━━━━━						
基础混凝土	90								━━━━━━			
回填土	150										━━━	

【建设工程项目施工进度表】

用横道图编制建设工程项目进度计划,其优缺点如下。
(1) 直观易懂,易被接受。
(2) 可形成进度计划与资源资金使用计划和各种组合,使用方便。
(3) 不能明确表达工程任务各项工作之间的各种逻辑关系。
(4) 不能表示影响计划工期的关键工作。
(5) 不便于进行计划的各种时间参数计算。
(6) 不便于进行计划的优化、调整。

鉴于上述特点，横道图一般适用于简单、粗略的进度计划编制，或作为网络计划分析结果输出形式。

3. 曲线图

曲线图计划如图5.5所示，其中横坐标表示进度，可以是日历天、工作天、周、旬、月、季，或者总时间的百分比，纵坐标是完成的数量，可以是工程量、劳动量或总量的百分比。图中的曲线是累计曲线，可以动态地表示进度状况，各项目组织均可使用，形象直观。曲线图还可及时记录进度，计算进度偏差。

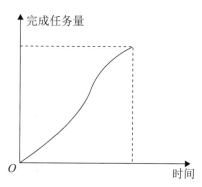

图5.5 曲线图进度计划

4. 网络图

网络图是利用箭头和节点所组成的有向、有序的网状图形，来表示总体工程任务各项工作流程或系统安排的一种进度计划表达方式，如图5.6所示。

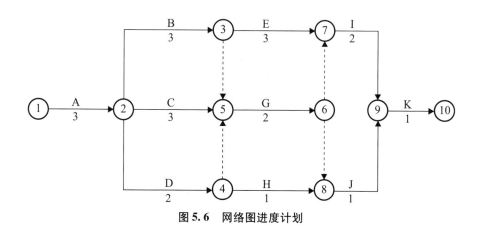

图5.6 网络图进度计划

用网络图编制建设工程项目进度计划的特点如下。

（1）能正确表达各工作之间相互作用、相互依存的关系。

（2）通过网络分析计算能够确定哪些工作是影响工期的关键工作，这些工作就不容延误，必须按时完成；也可以确定哪些工作允许有机动时间以及有多少机动时间，从而使计划管理者充分掌握工程进度控制的主动权。

（3）能够进行计划方案的优化和比较，选择最优方案。

(4) 能够运用计算机手段实施辅助计划管理。

对于作业计划,应优先采用网络图计划方法,宜借助项目管理软件编制进度计划,并跟踪控制。

知识拓展

《规范》规定编制建设工程项目进度计划的程序

(1) 确定进度计划目标。
(2) 进行工作结构分解与工作活动定义。
(3) 确定工作之间的顺序关系。
(4) 估算各项工作投入的资源。
(5) 估算工作的持续时间。
(6) 编制进度图(表)。
(7) 编制资源需求计划。
(8) 审批并发布。

5.2.2 建设工程项目控制性进度计划

建设单位应编制建设工程项目前期工作计划、总进度计划和年度计划等控制性进度计划。

【建设工程项目进度流程】

1. 前期工作计划

前期工作计划包括项目建议书和可行性研究两个阶段的工作。建设单位应编制进度控制计划,确定里程碑事件日期和工作持续时间,以利于项目的时间决策。

2. 建设工程项目总进度计划

建设工程项目总进度计划是指初步设计被批准后,在编报建设工程项目年度计划之前,根据初步设计,对建设工程项目从开始(设计、施工准备)至竣工投产(动用)全过程的统一部署。其主要目的是安排各单位工程的建设进度,合理分配年度投资,组织各方面的协作,保证初步设计所确定的各项建设任务的完成。建设项目总进度计划对于保证工程项目建设的连续性,增强工程建设的预见性,确保建设工程项目按期动用,都具有十分重要的作用。

建设工程项目总进度计划是编制建设工程项目年度计划的依据,其主要内容包括文字和表格两部分。

(1) 文字说明。

文字说明包括建设工程项目的概况和特点,安排建设总进度的原则和依据,投资来源和资金年度安排情况,技术设计、施工图设计、设备交付和施工力量进场等里程碑事件的安排,道路、供电、供水等方面的协作配合及进度的衔接,计划中存在的主要问题及采取的措施,需要上级及有关部门解决的重大问题,等等。

(2) 工程项目一览表。

工程项目一览表将初步设计中确定的建设内容，按照单位工程归类并编号，明确其建设内容和投资额，以便各部门按统一的口径确定工程项目投资额，并以此为依据对其进行管理。其表格形式见表 5-7。

表 5-7　工程项目一览表

单位工程名称	工程编码	工程内容		概算额/万元					
		单位	数量	合计	建筑	安装	设备	工器具	其他

(3) 建设项目总进度表。

建设项目总进度表根据初步设计确定的建设工期和工艺流程，具体安排单位工程的开工日期和竣工日期。其表格形式见表 5-8。

表 5-8　建设项目总进度表

单位工程名称	工程编码	工程量		××年				××年				…
		单位	数量	1季	2季	3季	4季	1季	2季	3季	4季	…

(4) 投资计划按年度分配表。

投资计划按年度分配表是根据建设项目总进度计划安排各个年度的投资，以便预测各个年度的投资规模，为筹集建设资金与银行签订借款合同及制订分年用款计划提供依据。其表格形式见表 5-9。

表 5-9　投资计划按年度分配表

单位工程名称	工程编码	投资总额	投资分配/万元				
			××年	××年	××年	××年	…

(5) 建设项目进度平衡表。

建设项目进度平衡表用来明确各种设计文件交付日期、主要设备交货日期、施工单位进场日期、水电及道路接通日期等，以保证工程建设过程中各个环节相互衔接，确保建设工程项目按期投产或交付使用。其表格形式见表 5-10。

表 5-10　建设项目进度平衡表

工程编码	单位工程名称	开工日期	竣工日期	设计进度			设备进度		施工进度		道路进度		电气进度		给排水进度	
				初步设计	技术设计	施工图设计	数量	交货日期	进场日期	竣工日期	开工日期	通行日期	开工日期	运行日期	开工日期	运行日期

3. 建设项目年度计划

建设项目年度计划是依据建设项目总进度计划和批准的设计文件进行编制的。该计划既要满足建设项目总进度计划的要求，又要与当年可能获得的资金、设备、材料、施工力量相适应。应根据分批配套投产或交付使用的要求，合理安排本年度建设的工程项目。建设项目年度计划包括文字部分和表格部分。文字部分包括年度计划编制依据和原则，进度指标，设备、材料、资金、技术、组织等技术经济条件落实情况，各项措施，等等。表格部分包括年度计划项目表、竣工投产交付使用计划表、年度建设资金平衡表和年度设备平衡表。表 5-11 为年度计划项目表的形式。

表 5-11　年度计划项目表

工程编码	单位工程名称	开工日期	竣工日期	投资额	投资来源	年初已完成			本年计划						年末形象	建设条件落实情况			
									投资			建筑面积							施工方案
						合计	建安	设备	合计	建安	设备	新开工	续建	竣工		施工图	设备	材料	

在此基础上，可以分别编制综合进度控制计划、设计进度控制计划、采购进度控制计划、施工进度控制计划和验收投产进度计划等。

5.2.3　设计及采购控制性进度计划的编制

1. 设计控制性进度计划的编制

（1）设计控制性进度计划的内容。

建设单位应当在建设项目总进度计划中明确设计进度控制性目标。设计单位中标后应编制设计总进度计划表，见表 5-12；还应该对设计准备工作及各阶段设计编制进度控制计划，如施工图设计工作进度计划表，见表 5-13。

表 5-12　设计总进度计划表

设计阶段名称	进度/月									
	1	2	3	4	5	6	7	8	9	10
设计准备										
方案设计										
初步设计										
技术设计										
施工图设计										

表 5-13　××工程施工图设计工作进度计划表

工程名称	建设规模	合同时间	设计人数	进度/天（或周）						

除了设计总进度计划表、设计准备工作计划表、初步设计（技术设计、施工图设计）工作进度计划表以外，还应通过计划说明书明确设计依据，设计范围，设计原则和要求，组织机构及职责分工，设计标准，质量保证程序及要求，进度计划的主要控制点，技术经济要求，安全、职业健康及环境保护要求，与采购、施工和试运行的接口关系及要求，外部约束条件及风险，等等。

（2）设计控制性计划的编制依据。

设计控制性计划的编制依据主要有合同文件、项目的有关批准文件、项目进度计划、项目特征及规模、设计法规及政策和企业的管理体系等。

2. 采购控制性进度计划的编制

（1）采购控制性进度计划的内容。

采购方应编制采购控制性进度计划，其主要内容是采购进度的主要控制目标和要求，长周期设备和特殊材料采购计划安排。同时，还应编制计划说明书说明编制依据，项目概况，采购原则，采购范围和内容，采购组织，市场的工序、价格与竞争情况，风险预测等内容。

（2）采购控制性进度计划的编制依据。

采购控制性进度计划的编制依据主要有项目合同，项目进度计划，采购法规、程序和制度，市场信息和采购网络，等等。

5.2.4　建设工程项目施工控制性进度计划的编制

建设工程项目施工控制性进度计划主要有施工总进度计划和单位工程施工进度计划两种。

1. 施工总进度计划的编写

施工总进度计划一般是建设工程项目的施工进度计划。它是用来确定建设工程项目中所包含的各单位工程的施工顺序、施工时间及相互衔接关系的计划。

（1）施工总进度计划的作用。

① 确定总进度目标。实现策划工期或合同约定的竣工工期是施工总进度计划的目标，这个目标由企业管理层承担。

② 进行总进度目标分解，确定里程碑事件的进度目标。一般来说，通过使用工作分解结构（WBS）可将总进度目标依次分解为单项工程进度目标、单位工程进度目标、分部工程进度目标。它们的开始日期或竣工日期就是里程碑事件的进度目标。

③ 形成建设工程项目的进度计划体系。按分解的进度目标确定总进度计划的系统，它们是由粗到细的相互关联的计划体系。

④ 作为编制单体工程进度计划编制的依据。

⑤ 作为编制各种支持性计划的依据。这些计划包括人力资源计划、物资供应计划、施工机械设备计划、预制加工品计划和资金供应计划等。

（2）施工总进度计划的编制依据。

施工总进度计划的编制依据包括项目范围说明书、施工合同、施工部署与主要工程施工方案、进度控制目标、工期定额、有关技术经济资料和同类工程的资料等。

（3）施工总进度计划的内容。

施工组织总设计中的施工总进度计划和大型工程的单体施工进度计划都是控制性的进度计划。它们重点在于组织关系、进度目标和里程碑事件的确定，为项目总体组织和管理服务。

施工总进度计划的内容包括编制说明，施工总进度计划表，分期分批施工工程的开工日期、完工日期，工期一览表，资源需要量及供应平衡表。

（4）施工总进度计划的编制步骤和方法。

施工总进度计划是根据施工部署的要求，合理确定各建设工程项目施工的先后顺序、开工和竣工日期、施工期限和它们之间的搭接关系，其编制方法如下。

① 列出工程项目一览表并估算实物工程量。

根据批准的工程项目一览表，按单位工程分别计算其主要实物工程量。计算工程量可按照初步（或扩大初步）设计图纸并根据各种定额手册、资料粗略进行。常用的定额资料有万元、10 万元工作量的劳动力及材料消耗指标，概算指标或扩大结构定额，标准设计或类似工程的资料。

计算工程量除房屋外，还需确定主要的全工地性工程的工程量，如铁路、道路、地下管线的长度等，这些都可以从建筑总平面图上量得。

② 确定各单位工程的施工工期。

各单位工程的施工期限应根据合同工期确定，同时考虑建筑类型、结构特征、施工方法、施工管理水平、施工机械化程度，以及施工现场的地形和地质条件等因素。此外还应参考有关的工期定额或类似建筑的施工经验数据等予以确定。如果在编制施工总进度计划时没有合同工期，则应保证计划工期不超过工期定额。

③ 确定各单位工程的开、竣工时间和相互搭接关系。

确定各单位工程的开、竣工时间和相互搭接关系主要考虑以下几点。

a. 同一时期施工的项目不宜过多，以避免人力、物力过于分散。

b. 尽量做到均衡施工，以使劳动力、施工机械和主要材料的供应在整个工期范围内达到均衡。

c. 尽量提前建设可供工程施工使用的永久性工程，以节省临时工程费用。

d. 急需和关键的工程先施工，以保证工程项目如期交工。对于某些技术复杂、施工周期较长、施工困难较多的工程，也应安排提前施工，以利于整个工程项目按期交付使用。

e. 施工顺序必须与主要生产系统投入生产的先后次序相吻合，同时还要安排好配套工程的施工时间，以保证建成的工程能迅速投入生产或交付使用。

f. 应注意季节对施工顺序的影响，避免因施工季节导致工期拖延，影响工程质量。

g. 安排一部分附属工程或零星项目作为后备项目，用以调整主要项目的施工进度。

h. 注意主要工种和主要施工机械能连续施工。

④ 编制初步施工总进度计划。

施工总进度计划应安排全工地性的流水作业。全工地性的流水作业安排应以工程量大、工期长的单位工程为主导，组织若干条流水线，并以此带动其他工程。施工总进度计划既可用横道图表示，也可以用网络图表示。表5-14为横道图进度计划的表格形式。

表 5-14　施工总进度计划

单位工程名称	建筑规模	工程造价/万元	施工期限/月	施工进度计划											
				第一年				第二年				第三年			
				1季	2季	3季	4季	1季	2季	3季	4季	1季	2季	3季	4季

⑤ 编制正式施工总进度计划。

初步施工总进度计划编制完成后，要对其进行检查。主要检查总工期是否符合要求，资源使用是否均衡且其供应能否得到保证。如果出现问题，则应进行调整。调整的主要方法是改变某些工程的起止时间或调整主导工程的工期。如果是网络计划，则可以利用电子计算机分别进行工期优化、费用优化及资源优化。当初步施工总进度计划经过调整符合要求后，即可编制正式的施工总进度计划。

2. 单位工程施工进度计划的编制

单位工程施工进度计划是在既定施工方案的基础上根据规定的工期和各种资源供应条件，对单位工程中的各分部分项工程的施工顺序、施工起止时间及衔接关系进行合理安排的计划。其编制的主要依据有施工总进度计划、单位工程施工方案、合同工期或定额工期、施工定额、施工图和施工预算、施工现场条件、资源供应条件、气象资料等。

单位工程施工进度计划的编制步骤及方法如下。

（1）划分施工过程。

编制单位工程施工进度计划时，首先必须研究施工过程的划分，再进行有关内容的计算和设计。施工过程划分应考虑下述要求。

① 施工过程划分粗细程度的要求。

对于控制性施工进度计划，其施工过程的划分可以粗一些，一般可按分部工程划分施工过程。如开工前准备、打桩工程、基础工程、主体结构工程等。对于指导性施工进度计划，其施工过程的划分可以细一些。要求每个分部工程所包括的主要分项工程均应一一列出，起到指导施工的作用。

② 对施工过程进行适当合并，达到简明清晰的要求。

施工过程划分太细，则过程越多，施工进度图表就会显得繁杂，重点不突出，反而失去指导施工的意义，并且增加编制施工进度计划的难度。因此，为了使计划简明清晰、突出重点，一些次要的施工过程应合并到主要施工过程中去，如基础防潮层可合并到基础施工过程内，有些虽然重要但工程量不大的施工过程也可与相邻的施工过程合并，如挖土可与垫层合并为一项，组织混合班组施工；同一时期由同一工种施工的也可合并在一起，如墙体砌筑，不分内墙、外墙、隔墙等，而合并为墙体砌筑一项。

③ 施工过程划分的工艺性要求。

现浇钢筋混凝土施工，一般可分为支模、扎筋浇筑混凝土等施工过程，是合并还是分别列项，应视工程施工组织、工程量、结构性质等因素研究确定。一般现浇钢筋混凝土框架结构的施工应分别列项，而且可分得细一些。如绑扎柱钢筋、安装柱模板、浇捣柱混凝土、安装梁板模板、绑扎梁板钢筋、浇捣梁板混凝土、养护、拆模等施工过程。但在现浇钢筋混凝土工程量不大的工程对象上，一般不再细分，可合并为一项。如砖混结构工程是现浇雨篷、圈梁、现浇楼板等，即可列为一项，由施工班组的各工种互相配合施工。

抹灰工程一般分内外墙抹灰，外墙抹灰工程可能有若干种装饰抹灰的做法要求，一般情况下合并为一项，也可分别列项。室内的各种抹灰应按楼地面抹灰、天棚及墙面抹灰、楼梯间及踏步抹灰等分别列项，以便组织施工和安排进度。

施工过程的划分，应考虑所选择的施工方案。如厂房基础采用敞开式施工方案时，柱基础和设备基础可合并为一个施工过程；而采用封闭式施工方案时，则必须列出柱基础、设备基础这两个施工过程。

住宅建筑的水、暖、气、卫、电等房屋设备安装是建筑工程的重要组成部分，应单独列项；工业厂房的各种机电等设备安装也要单独列项，但不必细分，可由专业队或设备安装单位单独编制其施工进度计划。土建施工进度计划中列出其施工过程，表明其与土建施工的配合关系。

④ 明确施工过程对施工进度的影响程度。

根据施工过程对工程进度的影响程度可分为三类。第一类为资源驱动的施工过程，这类施工过程直接在拟建工程进行作业，占用时间、资源，对工程的完成与否起着决定性的作用，它在条件允许的情况下，可以缩短或延长工期。第二类为辅助性施工过程，它一般不占用拟建工程的工作面，虽需要一定的时间和消耗一定的资源，但不占用工期，故可不列入施工计划以内，如交通运输、场外构件加工或预制等。第三类施工过程虽直接在拟建工程进行作业，但它的工期不以人的意志为转移，随着客观条件的变化而变化，它应根据具体情况列入施工计划，如混凝土的养护等。

（2）计算工程量。

当确定了施工过程之后，应计算每个施工过程的工程量。工程量应根据施工图纸、工程量计算规则及相应的施工方法进行计算，实际就是按工程的几何形状进行计算。计算时应注意以下几个问题。

① 注意工程量的计量单位。

每个施工过程的工程量的计量单位应与采用的施工定额的计量单位相一致。如模板工程以平方米为计量单位，绑扎钢筋以吨为单位计算，混凝土以立方米为计量单位等。这样，在计算劳动量、材料消耗量及机械台班量时就可直接套用施工定额，不再需要换算。

② 注意采用的施工方法。

计算工程量时，应与采用的施工方法相一致，以便计算的工程量与施工的实际情况相符合。例如，挖土时是否放坡，是否有工作面，坡度和工作面尺寸是多少；开挖方式是单独开挖、条形开挖，还是整片开挖等，不同的开挖方式，土方量相差是很大的。

③ 正确取用预算文件中的工程量。

如果编制单位工程施工进度计划时，已编制出预算文件（施工图预算或施工预算），则工程量可从预算文件中抄出并汇总。例如，要确定施工进度计划中列出的"砌筑墙体"这一施工过程的工程量，可先分析它包括哪些施工内容，然后从预算文件中摘出这些施工内容的工程量，再将它们全部汇总即可求得。但是，施工进度计划中某些施工过程与预算文件的内容不同或有出入（如计量单位、计算规则、采用的定额等），则应根据施工实际情况加以修改，调整或重新计算。

（3）套用施工定额。

确定了施工过程及其工程量之后，即可套用施工定额（当地实际采用的劳动定额及机械台班定额），以确定劳动量和机械台班量。

在套用国家或当地颁发的定额时，必须注意结合本单位工人的技术等级、实际操作水平，施工机械情况和施工现场条件等因素，确定定额的实际水平，使计算出来的劳动量、机械台班量符合实际需要。

有些采用新技术、新材料、新工艺或特殊施工方法的施工过程，定额中尚未编入，这时可参考类似施工过程的定额、经验资料，按实际情况确定。

（4）计算劳动量及机械台班量。

根据工程量及确定采用的施工定额，即可进行劳动量及机械台班量的计算。

① 劳动量的计算。

劳动量也称劳动工日数，可按式（5-1）计算。

$$P_i = \frac{Q_i}{S_i} \text{ 或 } P_i = Q_i H_i \tag{5-1}$$

式中：P_i——某施工过程所需劳动量，工日；

Q_i——该施工过程的工程量，m^3、m^2、m、t；

S_i——该施工过程采用的产量定额，m^3/工日、m^2/工日、m/工日、t/工日等；

H_i——该施工过程采用的时间定额，工日/m^3、工日/m^2、工日/m、工日/t 等。

当某一施工过程是由两个或两个以上不同分项工程合并而成时，其总劳动量应按式（5-2）计算。

$$P_{总} = \sum_{i=1}^{n} P_i = P_1 + P_2 + \cdots + P_n \tag{5-2}$$

当某一施工过程是由同一工种，但不同做法、不同材料的若干个分项工程合并组成时，应先按式（5-3）计算其综合产量定额，再求其劳动量。

$$\overline{S} = \frac{\sum_{i=1}^{n} Q_i}{\sum_{i=1}^{n} P_i} = \frac{Q_1 + Q_2 + \cdots + Q_n}{P_1 + P_2 + \cdots + P_n} = \frac{Q_1 + Q_2 + \cdots + Q_n}{\dfrac{Q_1}{S_1} + \dfrac{Q_2}{S_2} + \cdots + \dfrac{Q_n}{S_n}} \tag{5-3}$$

$$\overline{H} = \frac{1}{\overline{S}}$$

式中：$\overline{S}$——某施工过程的综合产量定额，m^3/工日、m^2/工日、m/工日、t/工日等；

$\overline{H}$——某施工过程的综合时间定额，工日/m^3、工日/m^2、工日/m、工日/t等；

$\sum_{i=1}^{n} Q_i$——总工程量，m^3、m^2、m、t等；

$\sum_{i=1}^{n} P_i$——总劳动量，工日；

$Q_1，Q_2，\cdots，Q_n$——同一施工过程的各分项工程的工程量；

$S_1，S_2，\cdots，S_n$——与$Q_1，Q_2，\cdots，Q_n$相对应的产量定额。

② 机械台班量的计算。

凡是采用机械为主的施工过程，可按式（5-4）计算其所需的机械台班数。

$$P_{机械} = \frac{Q_{机械}}{S_{机械}} \text{ 或 } P_{机械} = Q_{机械} H_{机械} \tag{5-4}$$

式中：$P_{机械}$——某施工过程需要的机械台班数，台班；

$Q_{机械}$——机械完成的工程量，m^3、t、件等；

$S_{机械}$——机械的产量定额，m^3/台班、t/台班等；

$H_{机械}$——机械的时间定额，台班/m^3、台班/t等。

在实际计算中$S_{机械}$或$H_{机械}$的采用应根据机械的实际情况、施工条件等因素考虑，结合实际确定，以便准确地计算需要的机械台班数。

（5）计算确定施工过程的延续时间。

施工过程持续时间的确定方法有三种：经验估算法、定额计算法和倒排计划法。

① 经验估算法。

经验估算法也称三时估算法，即先估计出完成该施工过程的最乐观时间、最悲观时间和最可能时间3种施工时间，再根据式（5-5）计算出该施工过程的延续时间。这种方法适用于新结构、新技术、新工艺、新材料等无定额可循的施工过程。

$$D = \frac{A + 4B + C}{6} \tag{5-5}$$

式中：A——最乐观的时间估算（最短的时间）；

B——最可能的时间估算（最正常的时间）；

C——最悲观的时间估算（最长的时间）。

② 定额计算法。

这种方法是根据施工过程需要的劳动量或机械台班量，以及配备的劳动人数或机械台数，确定施工过程持续时间，可按式（5-6）、式（5-7）计算。

$$D = \frac{P}{N \times R} \tag{5-6}$$

$$D_{机械} = \frac{P_{机械}}{N \times R_{机械}} \tag{5-7}$$

式中：D——某手工操作为主的施工过程持续时间，天；

P——该施工过程所需的劳动量，工日；

R——该施工过程所配备的施工班组人数，人；

N——每天采用的工作班制，班；

$D_{机械}$——某机械施工为主的施工过程的持续时间，天；

$P_{机械}$——该施工过程所需的机械台班数，台班；

$R_{机械}$——该施工过程所配备的机械台数，台；

$N_{机械}$——每天采用的工作台班，台班。

从上述公式可知，要计算确定某施工过程持续时间，除已确定的 P 或 $P_{机械}$ 外，还必须先确定 R，$R_{机械}$ 及 N，$N_{机械}$ 的数值。

要确定施工班组人数 R 或施工机械台班数 $R_{机械}$，除了考虑必须能获得或能配备的施工班组人数（特别是技术工人人数）或施工机械台数之外，在实际工作中，还必须结合施工现场的具体条件、最小工作面与最小劳动组合人数的要求以及机械施工的工作面大小、机械效率、机械必要的停歇维修与保养时间等因素考虑，才能符合实际可能和要求的施工班组人数及机械台数。

每天工作班制确定，当工期允许、劳动力和施工机械周转使用不紧迫、施工工艺上无连续施工要求时，通常采用一班制施工。当工期较紧或为了提高施工机械的使用率及加快机械的周转使用，或工艺上要求连续施工时，某些施工项目可考虑二班甚至三班制施工。但采用多班制施工，必然增加有关设施及费用，因此，须慎重研究确定。

③ 倒排计划法。

这种方法根据施工的工期要求，先确定施工过程的延续时间及工作班制，再确定施工班组人数（R）或机械台数（$R_{机械}$），可按式（5-8）、式（5-9）计算。

$$R = \frac{P}{N \times D} \tag{5-8}$$

$$R_{机械} = \frac{P_{机械}}{N \times D_{机械}} \tag{5-9}$$

式中符号同式（5-6）、式（5-7）。

如果按式（5-8）、式（5-9）计算出来的结果，超过了本部门现有的人数或机械台数，则要求有关部门进行平衡、调度及支持。或从技术上、组织上采用措施。如组织平行立体交叉流水施工，提高混凝土早期强度及采用多班组、多班制的施工等。

（6）编制建设工程项目施工工作明细表。

为便于网络图的绘制、时间参数计算和网络计划优化，在前述几项工作的基础上编制建设工程项目施工工作明细表，其表格形式见表5-15。

表5-15　建设工程项目施工工作明细表

代号	工作名称	工程量		资源量		持续时间	紧前工作	紧后工作	备注
		数量	单位	人工	机械				

（7）初排施工进度（以横道图为例）。

上述各项计算内容确定之后，即可编制施工进度计划的初步方案，一般的编制方法如下。

① 根据施工经验直接安排的方法。

这种方法是根据经验资料及有关计算，直接在进度表上画出进度线。其一般步骤：先安排主导施工过程的施工进度，然后再安排其余施工过程它应尽可能配合主导施工过程并最大限度地搭接，形成施工进度计划的初步方案。总的原则应使每个施工过程尽可能早地投入施工。

② 按工艺组合组织流水的施工方法。

这种方法是先按各施工过程（工艺组合流水）初排流水进度线，然后将各工艺组合最大限度地搭接起来。

无论采用上述哪一种方法编排进度，都应注意以下问题。

a. 每个施工过程的施工进度线都应用横道粗实线段表示。（初排时可用铅笔细线表示，待检查调整无误后再加粗。）

b. 每个施工过程的进度线所表示的时间（天）应与计算确定的延续时间一致。

c. 每个施工过程的施工起止时间应根据施工工艺顺序及组织顺序确定。

（8）检查与调整施工进度计划。

当施工进度计划初始方案编制好后，需要对其进行检查与调整，以便使进度计划更加合理，进度计划检查的主要内容如下。

① 各工作项目的施工顺序、平行搭接和技术间歇是否合理。

② 总工期是否满足合同规定。

③ 主要工种的工人是否能满足连续、均衡施工的要求。

④ 主要机具、材料等的利用是否均衡和充分。

在上述四点中，首要的是前两方面的检查，如果不满足要求，必须进行调整。只有在前两点均达到要求的前提下，才能进行后两个方面的检查与调整。前者是解决可行与否的问题，而后者则是优化的问题。

（9）编制资源需用量计划。

单位工程施工进度计划编制确定以后，便可编制劳动力需要量计划；编制主要材料、预制构件、门窗等的需用量和加工计划;编制施工机具及周转材料的需用量和进场计划。它们是做好劳动力与物资的供应、平衡、调度、落实的依据,也是施工单位编制施工作业计划的主要依据之一。

① 劳动力需要量计划,反映单位工程施工中所需要的各种技术工人、普工人数。一般要求按月分旬编制计划。主要根据确定的施工进度计划提出,其方法是按进度表上每天需要的施工人数,分工种进行统计,得出每天所需工种及人数、按时间进度要求汇总编出。其表格形式参见表 5-1。

② 主要材料需要量计划,是根据施工预算、材料消耗定额和施工进度计划编制的,主要反映施工过程中各种主要材料的需要量,作为备料、供料和确定仓库、堆场面积及运输量的依据。其表格形式参见表 5-2。

③ 施工机具需要量计划,是根据施工预算、施工方案、施工进度计划和机械台班定额编制的,主要反映施工所需机械和器具的名称、型号、数量及使用时间。其表格形式参见表 5-3。

④ 预制构件需要量计划,是根据施工图、施工方案及施工进度计划要求编制的。主要反映施工中各种预制构件的需要量及供应日期,并作为落实加工单位以及按所需规格、数量和使用时间组织构件进场的依据。其表格形式参见表 5-4。

特别提示

编制建设工程项目进度计划的表示方法可使用里程碑表、工作量表、横道图、曲线图和网络图等方法。

【项目管理系统解决方案】

5.3 建设工程项目进度计划的实施

5.3.1 施工项目进度计划的审核

施工项目进度计划编制完成后,必须经项目经理审核后方可实施。项目经理主要从以下方面的内容进行审核。

(1) 进度安排是否符合施工合同确定的建设项目总目标和分目标的要求,是否符合其开工、竣工日期的规定。

(2) 施工进度计划中的内容是否有遗漏,分期施工是否满足分批交工的需要和配套交工的要求。

(3) 施工顺序安排是否符合施工程序的要求。

（4）资源供应计划是否能保证施工进度计划的实现，供应是否均衡，分包人供应的资源是否满足进度要求。

（5）施工图设计的进度是否满足施工进度计划要求。

（6）总分包之间的进度计划是否协调，专业分工与计划的衔接是否明确、合理。

（7）对实施进度计划的风险是否分析清楚，是否有相应的对策。

（8）各项保证进度计划实现的措施设计是否周到、可行、有效。

5.3.2 施工项目进度计划的实施与检查

施工项目进度计划的实施指的就是施工活动的进展，也就是用施工进度计划指导施工活动、落实和完成计划。施工项目进度计划逐步实施的过程就是施工项目建造逐步完成的过程。为了保证施工项目进度计划的实施、并且尽量按编制的计划时间进行，保证各进度目标的实现，应做好如下工作。

1. 施工项目进度计划的贯彻

（1）检查各层次的计划，形成严密的计划保证系统。

施工项目的所有施工进度计划：施工总进度计划、单位工程施工进度计划、分部分项工程施工进度计划，都是围绕一个总任务而编制的；它们之间关系是高层次的计划为低层次计划的依据，低层次计划是高层次计划的具体化。在其贯彻执行时应当首先检查是否协调一致，计划目标是否层层分解，互相衔接，组成一个计划实施的保证体系，以施工任务书的方式下达施工队以保证实施。

（2）层层签订承包合同或下达施工任务书。

施工项目经理、施工队和作业班组之间分别签订承包合同，按计划目标明确规定合同工期、相互承担的经济责任、权限和利益，或者采用下达施工任务书，将作业下达到施工班组，明确具体施工任务、技术措施、质量要求等内容，使施工班组必须保证按作业计划时间完成规定的任务。

（3）计划全面交底，发动群众实施计划。

施工进度计划的实施是全体工作人员的共同行动，要使有关人员都明确各项计划的目标、任务、实施方案和措施，使管理层和作业层协调一致，将计划变成群众的自觉行动，充分发动群众，发挥群众的干劲和创造精神。在计划实施前要进行计划交底工作，可以根据计划的范围召开全体职工代表大会或各级生产会议进行交底落实。

2. 施工项目进度计划的实施

（1）编制月（旬）作业计划。

为了实施施工进度计划，使现场施工条件，如施工场地的情况、劳动力、施工机械等资源条件和施工的实际进度能与规定的任务结合起来，在施工开始前和施工中必须不断地调整本月（旬、周）的作业计划，使施工计划更具体、切合实际和可行。旬进度计划的表格形式见表5-16。在月（旬、周）计划中要明确以下几点：本月（旬、周）应完成的任务；所需要的各种资源量；提高劳动生产率和节约措施等。

表 5-16 旬进度计划

序号	工程名称	工程数量	工日数	持续时间	进度/天									
					1	2	3	4	5	6	7	8	9	10

（2）签发施工任务书。

编制好月（旬）作业计划以后，将每项具体任务通过签发施工任务书的方式进一步落实。施工任务书是向班组下达任务实行责任承包、全面管理和原始记录的综合性文件，施工班组必须保证指令任务的完成。施工任务书是计划和实施的纽带。

施工任务书应按班组编制和下达，它包括施工任务单、限额领料单和考勤表。施工任务单包括分项工程施工任务、工程量、劳动量、开工日期、完工日期、工艺、质量和安全要求。限额领料单是根据施工任务单编制的控制班组领用材料的依据，应具体列明材料名称、规格、型号、单位和数量、领用记录、退料记录等。考勤表可附在任务单背面，按班组人名排列，供考勤时参考。

施工任务书应由工长编制并下达，班组接到任务书并接受交底后，应做好分工，妥善安排予以完成。执行中确保进度、质量、安全、节约、环保，任务完成后，向工长报请验收。工长验收时查数量、质量、安全、用工、节约，验收后收回任务书，交项目经理部登记、结算、统计、存档。施工任务书的形式见表 5-17。

表 5-17 施工任务书

任务书编号：　　　　　　　　　　　　　签发时间：

单位工程名称			执行班组			班组长			
定额编号	部位及项目	计量单位	计划			实际			措施及要求
			工程量	时间定额	每工产量	定额工日	工程量	定额工日	实际用工	
										验收意见
										效率	定额用工
											实际用工
											工效

（3）做好施工进度记录，填好施工进度统计表。

在计划任务完成的过程中，各级施工进度计划的执行者都要跟踪做好施工记录，记载计划中每项工作的开始日期、每日完成数量和完成日期，记录施工现场发生的各种情况、干扰因素的排除情况；跟踪做好形象进度、工程量、总产量以及耗用的人工、材料、机械台班等数量统计与分析，为施工项目进度检查和控制分析提供信息。因此要求实事求是地记载，并填好有关图表。

（4）做好施工中的调度工作。

施工中的调度工作是组织施工中各阶段、环节、专业和工种的互相配合、进度协调的指挥核心，是使施工进度计划顺利实施的重要手段。其主要任务是掌握计划实施过程中的真实情况，协调各方面关系，采取措施，及时排除施工中出现的或可能出现的各种矛盾，加强各薄弱环节，实现动态平衡，保证完成各施工作业计划和实现进度目标。

调度工作内容主要有监督作业计划的实施、调整协调各方面的进度关系；监督检查施工准备工作；督促资源供应单位按计划供应劳动力、施工机具、运输车辆、材料构配件等，并对临时出现的问题采取调配措施；按施工平面图管理施工现场，结合实际情况进行必要的调整，保证文明施工；了解气候、水、电、气的情况，采取相应的防范和保证措施；及时发现和处理施工中各种事故和意外事件；调节各薄弱环节；定期召开现场调度会议，贯彻施工项目主管人员的决策，发布调度令。

3. 建设工程项目进度计划的检查

在建设工程项目的实施进程中，为了进行进度控制，进度控制人员应经常地、定期地跟踪检查工程实际进度情况，主要是收集工程量的完成情况、工作时间的执行情况、资源使用及与进度的匹配情况的数据，进行统计整理和对比分析，确定实际进度与计划进度之间的关系。其主要工作内容如下。

（1）跟踪检查施工实际进度。

跟踪检查施工实际进度是项目施工进度控制的关键措施，其目的是收集实际施工进度的有关数据。跟踪检查的时间和收集数据的质量，直接影响控制工作的质量和效果。

一般检查的时间间隔与施工项目的类型、规模、施工条件和对进度执行要求程度有关。通常可以确定每月、半月、旬或周进行一次。若在施工中遇到天气、资源供应等不利因素的严重影响，检查的时间间隔可临时缩短，次数应频繁，甚至可以每日进行检查，或派人员驻现场督阵。检查和收集资料的方式一般采用进度报表方式或定期召开进度工作汇报会的形式。为了保证汇报资料的准确性，进度控制的工作人员，要经常到现场查看施工项目的实际进度情况，从而保证经常地、定期的准确掌握施工项目的实际进度。

根据不同需要，进行日常检查或定期检查的应包括以下内容。

① 工作完成数量。
② 工作时间的执行情况。
③ 工作顺序的执行情况。
④ 资源使用及其与进度计划的匹配情况。
⑤ 前次检查提出问题的整改情况。

（2）整理统计检查数据。

收集到的施工项目实际进度数据，要进行必要的整理、按计划控制的工作项目进行统计，形成与计划进度具有可比性的数据——相同的量纲和形象进度。一般可以按实物工程量、工作量和劳动消耗量以及累计百分比整理和统计实际检查的数据，以便与相应的计划完成量相对比。

（3）对比实际进度与计划进度。

将收集的资料整理和统计成具有与计划进度可比性的数据后，用施工项目实际进度与计划进度的比较方法进行比较。通常用的比较方法有横道图比较法、S形曲线比较法、香蕉曲线比较法、前锋线比较法和列表比较法等。通过比较得出实际进度与计划进度相一致、超前、拖后三种情况，对于超前或拖后的偏差，还应计算出偏差量。

（4）施工项目进度检查结果的处理。

施工项目进度检查的结果，按照检查报告制度的规定，形成进度报告向有关主管人员和部门汇报。进度报告是把检查比较的结果，有关施工进度现状和发展趋势，提供给项目经理及各级业务职能负责人的最简单的书面形式报告。

进度报告是根据报告的对象不同，确定不同的编制范围和内容而分别编写的。一般分为项目概要级进度控制报告、项目管理级进度控制报告和业务管理级进度控制报告。项目概要级的进度报告是报给项目经理、企业经理或业务部门以及建设单位或业主的，它是以整个施工项目为对象说明进度计划执行情况的报告。项目管理级的进度报告是报给项目经理及企业的业务部门的，它是以单位工程或项目分区为对象说明进度计划执行情况的报告。业务管理级的进度报告是以某个重点部位或重点问题为对象编写的报告，供项目管理者及各业务部门为其采取应急措施而使用的。

进度报告由计划负责人或进度管理人员与其他项目管理人员协作编写，表格形式见表5-18。报告时间一般与进度检查时间相协调，也可按月、旬、周等周期进行编写上报。

表5-18 ××工程进度报告

工程名称		报告周期	
进度的具体情况			
（1）项目实施概况，管理概况，进度总体状况：			
（2）设计文件提供进度：			
（3）材料、物资供应进度：			
（4）项目施工进度：			
（5）劳务状况：			
（6）变更指令状况：			
（7）资金供应进度状况：			
（8）进度趋势及风险预测：			
报告编制机构			
报告编制人		编制时间	

进度报告一般应包括以下内容。

① 进度执行情况的综合描述。

② 实际进度与计划进度的对比资料。

③ 进度计划实施的问题及原因分析。

④ 进度执行情况对质量、安全、成本等的影响情况。

⑤ 采取的措施和对未来计划进度的预测。

5.3.3 施工项目进度比较方法

施工项目进度比较分析与计划调整是施工项目进度控制的主要环节，其中施工项目进度比较是调整的基础。常用的施工项目进度比较方法有以下几种。

1. 横道图比较法

用横道图编制建设工程项目进度计划,指导建设工程项目的实施已是人们常用的、很熟悉的方法。它简明、形象和直观,编制方法简单,使用方便。横道图比较法是指将项目实施过程中检查实际进度时收集到的信息,经整理后直接用横道线并列标于原计划的横道线的下方,进行实际进度与计划进度的比较方法。

应用案例 5-1

【案例背景】

某工程项目基础工程截止到第 7 天末的实际进度和计划进度见表 5-19。其中双线条表示该工程计划进度,粗实线表示实际进度。

表 5-19 某基础工程实际进度与计划进度比较

施工过程	持续时间	施工进度/天							
		2	4	6	8	10	12	14	16
挖土方	5								
做垫层	3								
支模板	4								
绑扎钢筋	3								
浇混凝土	4								
回填土	3								

检查日期

【问题】

用横道图比较法进行实际进度与计划进度的比较。

【案例解析】

从表 5-19 中实际进度与计划进度的比较可以看出,在第 7 天末进行实际进度检查时,挖土方和做垫层两项工作已经完成;支模板的工作按计划进度应当完成 50%,而实际进度只完成了 25% 的任务,已经拖后了 25%;绑扎钢筋工作计划应该完成 33%,而实际只完成 15%,已经拖后 18%。

上述记录与比较,为进度控制者提供了实际进度与计划进度之间的偏差,为采取调整措施提供了明确的依据。这是人们在工程实施过程中进行进度控制经常用的一种最简单、熟悉的方法。但是它仅适用于工程项目中的各项工作都是按均匀的速度进行的情况,即每项工作在单位时间里完成的任务量都是各自相等的。

事实上,工程项目中各项工作的进展不一定是匀速的,根据工程项目中各项工作的进展是否匀速,可分别采取以下两种方法进行实际进度与计划进度的比较。

(1) 匀速进展横道图比较法。

匀速进展横道图比较法是指在工程项目中,每项工作的进展速度都是匀速的,即在单位时间内完成的任务量都是相等的。此时,每项工作累计完成的任务量与时间成直线变化,如图 5.7 所示。完成任务量可以用实物工程量、劳动消耗量和工作量三种物理量表示,为了方便比较,一般用它们实际完成量的累计百分比与计划应完成量的累计百分比进行比较。

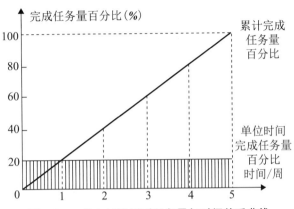

图 5.7　工作匀速进展时任务量与时间关系曲线

用匀速进展横道图比较法时,其步骤如下。

① 编制横道图进度计划。

② 在进度计划上标出检查日期。

③ 将检查收集的实际进度数据加工整理后,按比例用涂黑的粗线标于计划进度线的下方,如图 5.8 所示。

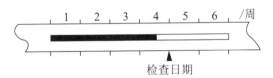

图 5.8　匀速进展横道图比较图

④ 比较分析实际进度与计划进度。

涂黑的粗线右端与检查日期相重合,表明实际进度与计划进度相一致。

涂黑的粗线右端在检查日期左侧,表明实际进度拖后。

涂黑的粗线右端在检查日期右侧,表明实际进度超前。

特别提示

匀速进展横道图比较法只适用于工作从开始到完成的整个过程中,其进展速度是不变的,累计完成的任务量与时间成正比。若工作的进展速度是变化的,则不能用这个方法进行工作的实际进度与计划进度之间的比较。

(2) 双比例单侧横道图比较法。

当工作在不同的单位时间里的进展速度不同时,累计完成的任务量与时间的关系不是成直线变化的,如图5.9所示。按匀速进展横道图比较法绘制的实际进度涂黑粗线,不能反映实际进度与计划进度完成任务量的比较情况。这种情况的进度比较可以采用双比例单侧横道图比较法。

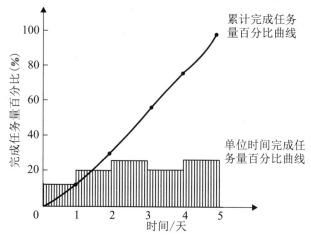

图5.9 非匀速进展时任务量与时间关系曲线

双比例单侧横道图比较法是在于工作的进度按非匀速进展的情况下,比较工作实际进度与计划进度的一种方法。它是在用涂黑粗线表示工作实际进度的同时,还要标出其对应时刻完成任务的累计百分比,将该百分比与其同时刻计划完成任务累计百分比相比较,从而判断工作的实际进度与计划进度之间的关系的一种方法。

采用非匀速进展横道图比较法时,其步骤如下。

① 编制横道图进度计划。

② 在横道线上方标出各工作主要时间的计划完成任务累计百分比。

③ 在计划横道线的下方标出工作的相应日期实际完成的任务累计百分比。

④ 用涂黑粗线标出实际进度,并从开工日标起,同时反映出该工作在实施过程中工作的连续与间断情况。

⑤ 通过比较同一时刻实际完成任务量累计百分比和计划完成任务量累计百分比,判断工作实际进度与计划进度之间的关系。

a. 当同一时刻横道线上下两个累计百分比相等时,表明实际进度与计划进度一致。

b. 当同一时刻横道线上面的累计百分比大于横道线下面的累计百分比时,表明该时刻实际进度拖后,拖后的量为二者之差。

c. 当同一时刻横道线上面的累计百分比小于横道线下面的累计百分比时,表明该时刻实际进度超前,超前的量为二者之差。

 **特别提示**

由于工作进展速度是变化的,因此,横道图中的进度横道线,不管计划的还是实际的,都只表示工作的开始时间、持续天数和完成的时间,并不表示计划完成任务量和实际完成任务量,这两个量分别通过标注在横道线上方及下方的累计百分比数量表示。实际进

度的涂黑粗线是从工程的实际开始日期划起,若工作实际进展间断,也可在图中将涂黑粗线作相应的空白。

采用非匀速进展横道图比较法,不仅可以进行某一时刻(如检查日期)实际进度与计划进度的比较,还能进行某一时间段实际进度与计划进度的比较。当然,这要求实施部门按规定的时间记录当时的完成情况。

应用案例 5-2

【案例背景】

某工程项目的基础钢筋绑扎工作按施工计划安排需要8周完成,每周计划完成任务量百分比见表5-20。

表5-20 每周计划完成任务量百分比

时间/周	1	2	3	4	5	6	7	8
计划完成任务百分比(%)	5	5	10	20	20	15	15	10
实际完成任务百分比(%)	4	8	10	18				

【问题】

用横道图比较法进行实际进度与计划进度的比较。

【案例解析】

(1)编制横道图进度计划。

(2)在横道线上方标出钢筋工程每周计划完成任务的累计百分比分别为5%、10%、20%、40%、60%、75%、90%、100%。

(3)在横道线的下方标出工作1周、2周、3周末和检查日期(第四周)的实际完成任务的百分比,分别为4%、12%、22%、40%。

(4)用涂黑粗线标出实际投入的时间。如图5.10所示,该工作实际开始时间晚于计划开始时间,在开始后连续工作,没有中断。

(5)比较实际进度与计划进度。从图5.10中可以看出,该工作在第一周末实际进度比计划进度拖后1%,在第二、三周末实际进度均比计划进度累计超前2%,在第四周末实际进度与计划进度一致。

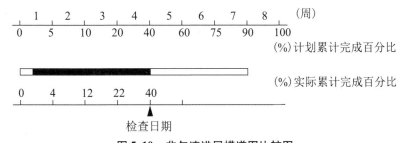

图5.10 非匀速进展横道图比较图

综上所述,横道图比较法具有以下优点:记录、比较方法简单,形象直观,容易掌握,应用方便,被广泛地采用于简单的进度监测工作中。但是,由于它以横道图进度计划为基础,因此,带有其不可克服的局限性,如各工作之间的逻辑关系不明显,关键工作和关键线路无法确定,当某些工作进度产生偏差时,难以预测其对后续工作和整个工期的影响及确定调整方法。

2. S 形曲线比较法

S 形曲线比较法以横坐标表示时间,纵坐标表示累计完成任务量,绘制一条按计划时间累计完成任务量的 S 形曲线;同时,将工程项目实施过程中各检查时间实际完成任务量的 S 形曲线也绘制在同一坐标系中,对实际进度与计划进度进行比较。

从整个工程项目实际进展的全过程而言,一般在开始和结尾阶段,单位时间投入的资源量较少,中间阶段单位时间投入的资源量较多,与其相对应,单位时间完成的任务量也是呈同样的变化规律,如图 5.11(a)所示。而随工程进展累计完成的任务量,则应该呈 S 形变化,如图 5.11(b)所示。由于曲线形似英文字母 S 而得名 S 形曲线比较法。

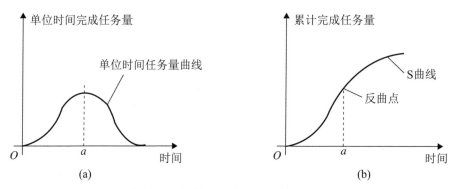

图 5.11 时间与完成任务量关系曲线

(1) S 形曲线的绘制方法。

S 形曲线的绘制步骤如下。

① 确定工程进展速度曲线。在实际工程中计划进度曲线,很难找到如图 5.11 所示的定性分析的连续曲线,但可以根据每单位时间内完成的实物工程量或投入的劳动力与费用,计算出计划单位时间的量值 q_j,q_j 仍为离散型的,如图 5.12(a)所示。

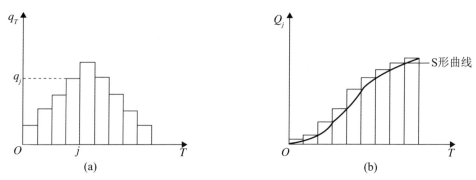

图 5.12 离散型时间与完成任务量关系曲线

② 计算规定时间 j 计划累计完成的任务量。其计算方法为对各单位时间完成的任务量进行累加求和,可以按式(5-10)计算。

$$Q_j = \sum_{j=1}^{j} q_j \qquad (5-10)$$

式中：Q_j——某时间 j 计划累计完成的任务量；
　　　q_j——单位时间 j 的计划完成的任务量；
　　　j——某规定计划时刻。

③ 按各规定时间的 Q_j 值绘制 S 形曲线，如图 5.12（b）所示。

(2) S 形曲线的比较内容。

S 形曲线比较法同横道图比较法一样，是在图上直观地进行工程项目实际进度与计划进度的比较。一般情况下，计划进度控制人员在计划实施前绘制出计划进度 S 形曲线；在项目实施过程中，按规定时间将检查的实际完成情况，与计划进度 S 形曲线绘制在同一张图上，可得出实际进度 S 形曲线，如图 5.13 所示。比较两条 S 形曲线可以得到以下信息。

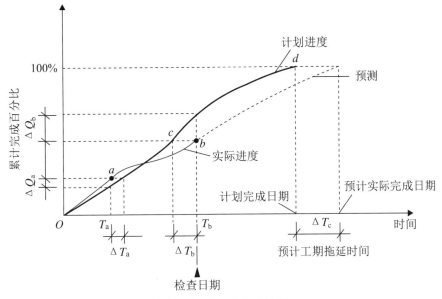

图 5.13　S 形曲线比较图

① 工程项目实际进展状况。

如果工程实际进展点落在计划进度 S 形曲线左侧，则表示此时实际进度比计划进度超前，如图 5.13 中的 a 点；如果工程实际进展点落在计划进度 S 形曲线右侧，则表示此时实际进度拖后，如图 5.13 中的 b 点；如果工程实际进展点刚好落在计划进度 S 形曲线上，则表示此时实际进度与计划进度一致。

② 工程项目实际进度超前或拖后的时间。

在 S 形曲线比较图中可以直接读出实际进度比计划进度超前或拖后的时间。如图 5.13 所示，ΔT_a 表示 T_a 时刻实际进度超前的时间；ΔT_b 表示 T_b 时刻实际进度拖后的时间。

③ 工程项目实际超额或拖欠的任务量。

在 S 形曲线比较图中也可以直接读出实际进度比计划进度超前或拖欠的任务量。如图 5.13 所示，ΔQ_a 表示 T_a 时刻，超额完成的任务量；ΔQ_b 表示在 T_b 时刻，拖欠的任务量。

④ 预测工程进度。

如果后期工程按原计划的速度进行,则可做出后期工程计划 S 形曲线,如图 5.13 中的虚线所示,从而可以确定工期拖延预测值为 ΔT_c。

应用案例 5-3

【案例背景】

某混凝土工程的浇筑总量为 1700 m^3,按照浇筑方案,计划 9 个月完成,每月计划完成的混凝土浇筑量见表 5-21。

表 5-21 每月计划完成混凝土浇筑量一览表

时间/月	1	2	3	4	5	6	7	8	9
每月完成任务量/m^3	70	120	200	300	350	300	200	100	60

【问题】

试绘制该混凝土工程的计划进度 S 形曲线。

【案例解析】

(1) 计算不同时间累计完成任务量,计算结果填入表 5-22 中。

表 5-22 完成工程量汇总表

时间/月	1	2	3	4	5	6	7	8	9
每月完成任务量/m^3	70	120	200	300	350	300	200	100	60
累计完成任务量/m^3	70	190	390	690	1040	1340	1540	1640	1700

(2) 根据累计完成任务量绘制 S 形曲线,如图 5.14 所示。

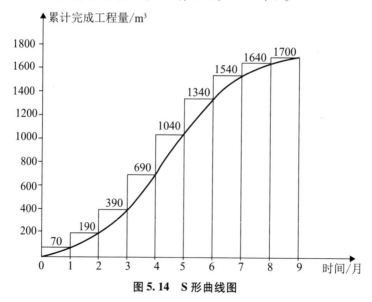

图 5.14 S 形曲线图

3. 香蕉曲线比较法

香蕉曲线比较法是由两条 S 形曲线组合成的闭合曲线。从 S 形曲线比较法中得知，工程项目累计完成任务量与计划时间的关系，都可以用一条 S 形曲线表示。对于一个工程项目的网络计划，在理论上总是分为最早和最迟两种开始与完成时间的。因此，一般情况下，任何一个工程项目的网络计划，都可以绘制出两条曲线。其一是计划以各项工作的最早开始时间安排进度而绘制的 S 形曲线，称为 ES 曲线；其二是计划以各项工作的最迟开始时间安排进度而绘制的 S 形曲线，称为 LS 曲线。两条 S 形曲线都是从计划的开始时刻开始到完成时刻结束，因此两条曲线是闭合的。一般情况，其余时刻 ES 曲线上的各点均落在 LS 曲线相应点的左侧，形成一个形如"香蕉"的曲线，故称为香蕉曲线，如图 5.15 所示。

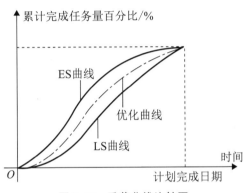

图 5.15 香蕉曲线比较图

在项目的实施中进度控制的理想状况是任一时刻按实际进度描绘的点，应落在该香蕉曲线的区域内。

（1）香蕉曲线比较法的作用。

香蕉曲线比较法能直观地反映工程项目的实际进展情况，并可以获得比 S 形曲线更多的信息，其主要作用如下。

① 利用香蕉曲线进行进度的合理安排。

如果工程项目中的各项工作均按其最早开始时间安排进度，将导致项目的投资加大；如果各项工作均按其最迟开始时间安排进度，则一旦受到进度影响因素的干扰，又将导致工期拖延，使工程进度风险加大。因此，一个科学合理的进度计划优化曲线应处于香蕉曲线所包围的区域之内，如图 5.15 中的点划线所示。

② 定期进行工程项目实际进度与计划进度比较。

在工程项目的实施过程中，根据每次检查收集到的实际完成任务量，绘制出实际进度 S 形曲线，便可以与计划进度进行比较。工程项目实际进度的理想状态是任意时刻工程实际进展点落在香蕉曲线图的范围内。如果工程实际进展点落在 ES 曲线的左侧，表明此刻实际进度比各项工作按其最早开始时间安排的计划超前；如果工程实际进展点落在 LS 曲线的右侧，则表明此刻实际进度比各项工作按其最迟开始时间安排的计划进度拖后。

③ 预测后期工程进展趋势。

利用香蕉曲线可以对后期工程的进展情况进行预测。例如，在图 5.16 中，该工程项目检查日实际进度超前。检查日期之后的后期工程进度安排如图中虚线所示，预计该工程将提前完成。

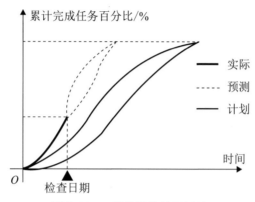

图 5.16　工程进展趋势预测图

（2）香蕉曲线的作图方法。

香蕉曲线的绘制方法与 S 形曲线的绘制方法基本一致，不同之处在于香蕉曲线是分别以工作的最早开始时间和最迟开始时间而绘制的两条 S 形曲线组合而成。其绘制的具体步骤如下。

① 以工程项目的网络计划为基础，计算各项工作的最早开始和最迟开始时间。

② 确定各项工作在各单位时间的计划完成任务量，分别按以下两种情况考虑。

以工程项目的最早时标网络图为准，确定各工作在各单位时间的计划完成任务量。

以工程项目的最迟时标网络图为准，确定各工作在各单位时间的计划完成任务量。

③ 计算工程项目总任务量 Q，即对所有工作在各单位时间内计划完成的任务量累加求和。

④ 分别根据各项工作按最早开始、最迟开始时间安排的进度计划，确定工程项目在各单位时间计划完成的任务量，即对各项工作在某一单位时间内计划完成的任务量求和。

⑤ 分别根据各项工作按最早开始、最迟开始时间安排的进度计划，确定不同时间累计完成的任务量或任务量的百分比。

⑥ 绘制香蕉曲线。分别根据各项工作按最早开始、最迟开始安排的进度计划而确定的累计完成任务量或任务量的百分比描绘各点，并连接各点得到 ES 曲线和 LS 曲线，由 ES 曲线和 LS 曲线组成香蕉曲线。

在工程项目实施过程中，根据检查得到的实际累计完成任务量，按同样的方法在原计划香蕉曲线图上绘出实际进度曲线，便可以进行实际进度与计划进度的比较。

 应用案例 5-4

【案例背景】

已知某工程项目网络计划如图 5.17 所示，图中箭号线上方括号内数字表示各项工种计划完成的任务量，以劳动量消耗数量表示；箭号线下方表示各项工作的持续时间（周）。

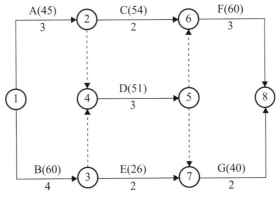

图 5.17 某工程项目网络计划

【问题】

试绘制香蕉曲线。

【案例解析】

假设各项工作均为匀速进展,即各项工作每周的劳动消耗量相等。

(1) 确定各项工作每周的劳动消耗量。

工作 A:45/3=15　　工作 B:60/4=15　　工作 C:54/2=27　　工作 D:51/3=17

工作 E:26/2=13　　工作 F:60/3=20　　工作 G:40/2=20

(2) 计算施工项目劳动消耗总量 Q。

$$Q = 45 + 60 + 54 + 51 + 26 + 60 + 40 = 336（周）$$

(3) 根据各项工作按最早开始时间安排的进度计划,确定工程项目每周计划劳动量及各周累计劳动消耗量,如图 5.18 所示。

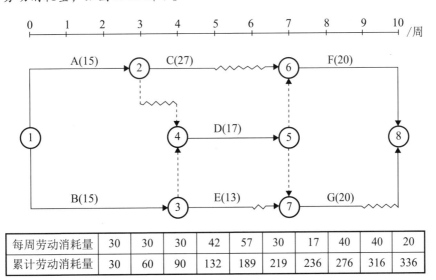

每周劳动消耗量	30	30	30	42	57	30	17	40	40	20
累计劳动消耗量	30	60	90	132	189	219	236	276	316	336

图 5.18　按工作最早开始时间安排的进度计划及劳动消耗量

(4) 根据各项工作按最迟开始时间安排的进度计划,确定工程项目每周计划劳动量及各周累计劳动消耗量,如图 5.19 所示。

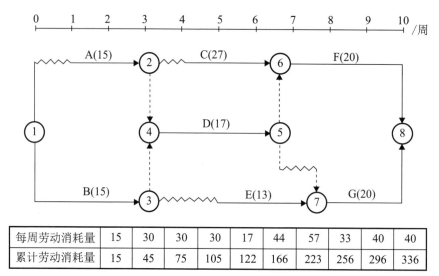

每周劳动消耗量	15	30	30	30	17	44	57	33	40	40
累计劳动消耗量	15	45	75	105	122	166	223	256	296	336

图 5.19 按工作最迟开始时间安排的进度计划及劳动消耗量

（5）根据不同的累计劳动消耗量分别绘制 ES 曲线和 LS 曲线，便得到香蕉曲线，如图 5.20 所示。

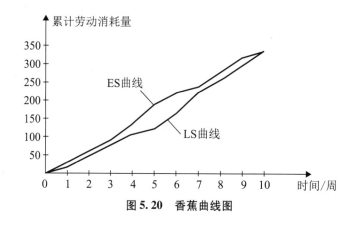

图 5.20 香蕉曲线图

4. 前锋线比较法

前锋线比较法是通过绘制某检查时刻工程项目实际进度前锋线，进行工程实际进度与计划进度比较的方法，它主要适用于时标网络计划。所谓前锋线，是指在原时标网络计划上，从检查时刻的时标点出发，用点划线依次将各项工作实际进展位置点连接而成的折线。前锋线比较法就是通过实际进度前锋线与原进度计划中各工作箭号线交点的位置来判断工作实际进度与计划进度的偏差，进而判定该偏差对后续工作及总工期影响程度的一种方法。

运用前锋线比较法进行实际进度与计划进度的比较，其步骤如下。

（1）绘制时标网络计划图。

工程项目实际进度前锋线是在时标网络计划图上标示，为了清楚起见，一般可在时标网络计划图的上方和下方各设一时间坐标。

(2) 绘制实际进度前锋线。

一般从时标网络计划上方时间坐标的检查日期开始绘制，依次连接相邻工作的实际进展点，最后与时标网络计划图下方坐标的检查日期相连接。

工作实际进展位置点的标定方法有两种。

① 按该工作已完任务量比例进行标定。

假设工程项目中各项工作均为匀速进展，根据实际进度检查时刻该工作已完任务量占其计划完成总任务量的比例，在工作箭号线上从左至右按相同的比例标定其实际进展位置点。

② 按尚需作业时间进行标定。

当某些工作的持续时间难以按实物量来计算而只能凭经验估算时，可以先估算出检查时刻到该工作全部完成尚需作业的时间，然后在该工作箭号线上从右到左逆向标定其实际进展位置点。

(3) 进行实际进度与计划进度的比较。

前锋线可以直观地反映出检查日期有关工作实际进度与计划进度之间的关系。对某项工作来说，其实际进度与计划进度之间的关系可能存在以下3种情况。

① 工作实际进展位置点落在检查日期的左侧，表明该工作实际进度拖后，拖后时间为二者之差。

② 工作实际进展位置点与检查日期重合，表明该工作实际进度与计划进度一致。

③ 工作实际进展位置点落在检查日期的右侧，表明该工作实际进度超前，超前的时间为二者之差。

(4) 预测进度偏差对后续工作及总工期的影响。

通过实际进度与计划进度的比较确定进度偏差后，还可根据工作的自由时差和总时差预测该进度偏差对后续工作及项目总工期的影响。由此可见，前锋线比较法既适用于工作实际进度与计划进度之间的局部比较，又可用来分析和预测工程项目整体进度状况。

应用案例 5-5

【案例背景】

某工程项目时标网络计划如图 5.21 所示。该计划执行到第 6 周末检查实际进度时，发现工作 A 和工作 B 已经全部完成，工作 D、E 分别完成计划任务量的 20% 和 50%，工作 C 尚需 4 周才能完成。

【问题】

试用前锋线法进行实际进度与计划进度的比较。

【案例解析】

根据第 6 周末实际进度的检查结果绘制前锋线，如图 5.21 中点划线所示。通过比较可以看出以下几点。

(1) 工作 D 实际进度拖后 2 周，将使其紧后工作 F 的最早开始时间推迟 2 周，并使总工期延长 1 周。

(2) 工作 E 实际进度拖后 1 周，既不影响总工期，也不影响后续工作的正常进行。

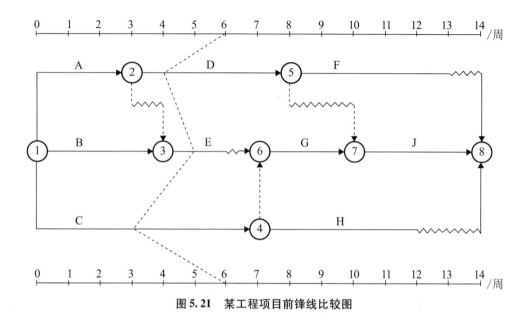

图 5.21 某工程项目前锋线比较图

（3）工作 C 实际进度拖后 3 周，将使其后续工作 G、H、J 的最早开始时间推迟 3 周，因工作 C 为关键工作，故将使总工期延长 3 周。

综上所述，如果不采取措施加快进度，该工程项目的总工期将延长 3 周。

5. 列表比较法

当工程进度计划采用非时间坐标网络图表示时，也可以采用列表分析法进行实际进度与计划进度的比较。通过记录检查日期正在进行的工作名称及其已经作业的时间，然后列表计算有关时间参数，并根据原有总时差和尚有总时差，判断实际进度与计划进度的比较方法。

采用列表比较法进行实际进度与计划进度的比较，其步骤如下。

① 对于实际进度检查日期正在进行的工作 $i-j$，根据其已经作业的时间 T^1_{i-j}，确定其尚需作业时间 T^2_{i-j}，其计算公式为

$$T^2_{i-j} = D_{i-j} - T^1_{i-j}$$

式中：D_{i-j}——工作 $i-j$ 的计划持续时间。

② 根据原进度计划计算检查日期正在进行的工作 $i-j$ 从检查日期到原计划最迟完成时间尚余时间 T^3_{i-j}，其计算公式为

$$T^3_{i-j} = \text{LF}_{i-j} - T^2$$

式中：LF_{i-j}——工作 $i-j$ 的最迟完成时间；

T^2——检查时间。

③ 计算工作 $i-j$ 尚有时差 TF^1_{i-j}，其值等于工作从检查日期到原计划最迟完成时间尚余时间 T^3_{i-j} 与该工作尚需作业时间 T^2_{i-j} 之差：$\text{TF}^1_{i-j} = T^3_{i-j} - T^2_{i-j}$。

④ 填表分析工作实际进度与计划进度的偏差。可能有以下几种情况。

a. 若工作尚有总时差与原有总时差相等，则说明该工作的实际进度与计划进度一致。

b. 若工作尚有总时差大于原有总时差，则说明该工作的实际进度超前，超前时间为二者之差。

c. 若工作尚有总时差小于原有总时差，但仍为非负值，则说明该工作的实际进度比计划进度拖后，产生偏差值为二者之差，但不影响总工期。

d. 若工作尚有总时差为负值，则说明该工作实际进度拖后，拖后的时间为二者之差，此时工作实际进度偏差将影响总工期，应当调整。

应用案例 5-6

【案例背景】

某工程项目进度计划如图 5.21 所示。该计划执行到第 10 周末检查实际进度时，发现工作 A、B、C、D、E 已经全部完成，工作 F、H 已进行一周，工作 G 已进行两周。

【问题】

试用列表比较法进行实际进度与计划进度的比较。

【案例解析】

根据工程项目进度计划及实际进度检查结果，可以计算出检查日期应进行工作的尚需作业时间、原有总时差及尚有总时差等，计算结果见表 5-23。通过比较尚有总时差和原有总时差，即可判断工程实际进展状况。

表 5-23 工程进展检查比较表

工作名称	检查计划时尚需作业周数	到计划最迟完成时尚有周数	原有总时差	尚有总时差	情况判断
F	4	4	1	0	拖后1周，但不影响工期
G	1	0	0	−1	拖后1周，影响工期1周
H	4	4	2	0	拖后2周，但不影响工期

特别提示

施工项目进度比较方法有横道图比较法、S 形曲线比较法、香蕉曲线比较法、前锋线比较法和列表比较法。

5.4 建设工程项目进度控制

5.4.1 建设工程项目进度控制概述

1. 建设工程项目进度控制的含义和目的

（1）建设工程项目管理有多种类型，代表不同利益方的项目管理（业主方和项目参与各方），都有进度控制的任务，但是，其控制的目标和时间范畴是不相同的。

【项目进度与成本控制】

（2）建设项目是在动态条件下实施的，因此，进度控制也就必须是一个动态的管理过程，它包括进度目标的分析和论证，在收集资料和调查研究的基础上编制进度计划和进度计划的跟踪检查与调整。如只重视进度计划的编制，而不重视进度计划必要的调整，则进度无法得到控制。为了实现进度目标，进度控制的过程就是随着项目的进展，进度计划不断调整的过程。

① 进度目标分析和论证的目的是论证进度目标是否合理，进度目标是否可能实现。如果经过科学的论证，证明目标不可能实现，则必须调整目标。

② 进度计划的跟踪检查与调整包括定期跟踪检查所编制的进度计划执行情况，若其执行有偏差，则采取纠偏措施，并视必要调整进度计划。

（3）进度控制的目的是通过控制以实现工程的进度目标。

2. 建设工程项目进度控制的任务

代表不同利益方的项目管理（业主方和项目参与各方），都有进度控制的任务。

（1）业主方进度控制的任务是控制整个项目实施阶段的进度，包括控制设计准备阶段的工作进度、设计工作进度、施工进度、物资采购工作进度，以及项目动用前准备阶段的工作进度。

（2）设计方进度控制的任务是依据设计任务委托合同对设计工作进度的要求控制设计工作进度，这是设计方履行合同的义务。另外，设计方应尽可能使设计工作的进度与招标、施工和物资采购等工作进度相协调。在国际上，设计进度计划主要是各设计阶段的设计图纸（包括有关的说明）的出图计划，在出图计划中标明每张图纸的出图日期。

（3）施工方进度控制的任务是依据施工任务委托合同对施工进度的要求控制施工进度，这是施工方履行合同的义务。在进度计划编制方面，施工方应视项目的特点和施工进度控制的需要，编制深度不同的控制性、指导性和实施性施工的进度计划，以及按不同计划周期（年度、季度、月度和旬）的施工计划等。

（4）供货方进度控制的任务是依据供货合同对供货的要求控制供货进度，这是供货方履行合同的义务。供货进度计划应包括供货的所有环节，如采购、加工制造、运输等。

3. 施工项目进度控制的因素

由于工程项目的施工特点，尤其是较大和复杂的施工项目工期较长，影响进度因素较多。编制计划和执行控制施工进度计划时必须充分认识和估计这些因素，才能克服其影响，使施工进度尽可能按计划进行，当出现偏差时，应考虑有关影响因素，分析产生的原因。施工项目进度控制的主要影响因素如下。

（1）有关单位的影响。

施工项目的主要施工单位对施工进度起决定性作用，但是建设单位与业主、设计单位、银行信贷单位、材料设备供应部门、运输部门、水、电供应部门及政府的有关主管部门都可能给施工某些方面造成困难而影响施工进度。其中，设计单位图纸不及时和有错误以及有关部门或业主对设计方案的变动是经常发生也是影响最大的因素。材料和设备若不能按期供应，或质量、规格不符合要求，都将使施工停顿。资金不能保证也会使施工进度中断或速度减慢等。

（2）施工条件的变化。

施工中工程地质条件和水文地质条件与勘察设计的不符，如地质断层、溶洞、地下障碍物、软弱地基以及恶劣的气候、暴雨、高温和洪水等都对施工进度产生影响，造成临时停工或破坏。

（3）技术失误。

施工单位采用技术措施不当，施工中发生技术事故；应用新技术、新材料、新结构缺乏经验，不能保证质量等都会影响施工进度。

（4）施工组织管理不力。

流水施工组织不合理、劳动力和施工机械调配不当、施工平面布置不合理等将影响施工进度计划的执行。

（5）意外事件的出现。

施工中如果出现意外的事件，如战争、严重自然灾害、火灾、重大工程事故、工人罢工等都会影响施工进度计划。

5.4.2　建设工程项目进度控制的方法

1. 建设工程项目进度控制的程序

建设工程项目进度控制应按照以下程序进行。

（1）熟悉进度计划的目标、顺序、步骤、数量、时间和技术要求。

（2）实施跟踪检查，进行数据记录与统计。

（3）将实际数据与计划目标对照，分项计划执行情况。

（4）采取纠偏措施，确保各项计划目标实现。

2. 建设工程项目进度计划的调整

（1）分析进度偏差对后续工作及总工期的影响。

在工程项目实施过程中，通过实际进度与计划进度的比较，发现有进度偏差时，就需要分析该偏差对后续工作及总工期的影响，从而采取相应的调整措施对原计划进行调整，以确保工期目标的顺利实现。进度偏差的大小及其所处的位置不同，对后续工作和总工期的影响程度是不同的，分析时需要利用网络计划中的总时差和自由时差的概念进行判断。分析步骤如下：通过前述的进度比较方法，判断出现进度偏差时，应当分析该偏差对后续工作和对总工期的影响。

① 分析进度偏差的工作是否为关键工作。

若出现偏差的工作为关键工作，则无论偏差大小，都会对后续工作及总工期产生影响，所以必须采取相应的调整措施；若出现偏差的工作不为关键工作，则需要根据偏差值与总时差和自由时差的大小关系，确定对后续工作和总工期的影响程度。

② 分析进度偏差是否大于总时差。

若工作的进度偏差大于该工作的总时差，则说明此偏差将影响后续工作和总工期，必须采取相应的调整措施；若工作的进度偏差小于或等于该工作的总时差，说明此偏差对总工期无影响，但它对后续工作的影响程度，需要根据比较偏差与自由时差的情况来确定。

③ 分析进度偏差是否大于自由时差。

若工作的进度偏差大于该工作的自由时差，说明此偏差将对后续工作产生影响，该如何调整，应根据后续工作允许影响的程度而定；若工作的进度偏差小于或等于该工作的自由时差，则说明此偏差对后续工作无影响，原进度计划可以不做调整。

进度偏差的分析判断过程如图 5.22 所示。

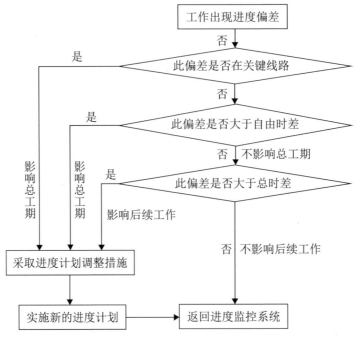

图 5.22　进度偏差对后续工作和总工期影响分析过程图

经过如此分析，进度控制人员可以确认应该调整产生进度偏差的工作和调整偏差值的大小，以便确定采取调整措施，获得新的符合实际进度情况和计划目标的新进度计划。

（2）建设项目进度计划的调整方法。

在对实施的进度计划分析的基础上，调整原计划的方法，一般有以下几种。

① 改变某些工作间的逻辑关系。若检查的实际施工进度产生的偏差影响了总工期，那在工作之间逻辑关系允许改变的条件下，可以借助改变关键线路和超过计划工期的非关键线路上的有关工作之间的逻辑关系，达到缩短工期的目的。用这种方法调整的效果是很显著的，例如，可以把依次进行的有关工作改变为平行作业、搭接作业以及分成几个施工段进行流水施工等。

应用案例 5-7

【案例背景】

某工程项目基础工程包括挖基槽、做垫层、砌基础、回填土四个施工过程，各施工过程的持续时间分别为 14 天、10 天、12 天和 6 天，如果采取依次作业方式进行施工，则其总工期为 42 天。为了缩短该基础工程总工期，如果在工作面及资源供应允许的条件下，将基础工程划分为工程量相等的两个施工段组织流水作业。

【问题】

试绘制该基础工程流水作业网络计划，并确定其计划工期。

【案例解析】

该基础工程流水作业网络计划如图 5.23 所示。通过组织流水作业，使得该基础工程的计算工期由 42 天缩短为 28 天。

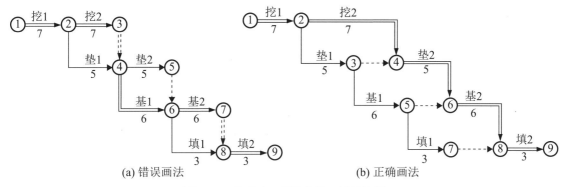

图 5.23　某基础工程流水施工网络计划

② 缩短某些工作的持续时间。这种方法不是改变工程项目中各项工作之间的逻辑关系，而是通过采取增加资源投入、提高劳动效率等措施来缩短某些工作的持续时间，而使施工进度加快，并保证实现计划工期的方法。这些被压缩持续时间的工作是位于因实际施工进度的拖延而引起总工期增长的关键线路和某些非关键线路上的工作。同时，这些工作又是可压缩持续时间的工作。这种方法实际上就是网络计划优化中的工期优化方法和工期与成本优化的方法，此处不赘述。

③ 如果资源供应发生异常，应采取资源优化方法对计划进行调整，或采取应急措施，使其对工期影响最小。例如，将服务部门的工作人员投入到生产中去，投入风险准备资源，采取加班或多班制工作。

重新进行劳动力组合，在条件允许的情况下，减少非关键线路活动的劳动力和资源的投入强度，而将它们向关键线路集中。这样非关键线路在时差范围内适当延长不影响总工期，而关键线路由于增加了投入，缩短了持续时间，进而缩短了总工期。

④ 减少工作范围，包括减少工作量或删减一些工作包（或分项工程）。减少工作范围应做到不打乱原计划的逻辑关系，只对局部逻辑关系进行调整。在减少工作范围以后，应重新计算时间参数，分析对原网络计划的影响。当对工期有影响时，应采取调整措施，保证计划工期不变。这可能产生如下影响：损害工程的完整性、经济性、安全性、运行效率；提高项目运行费用；必须经过上层管理者，如投资者、业主的批准。

⑤ 改善工、器具以提高劳动效率；通过辅助措施和合理的工作过程，提高劳动生产率。但需要注意以下问题：加强培训，必须尽可能提前进行；注意工人级别与工人技能的协调；充分利用激励机制，如奖金、小组精神发扬、个人负责制、明确目标；改善工作环境及项目的公用设施；项目小组时间上和空间上合理地组合与搭接；多沟通，避免项目组织中的矛盾。

⑥ 将部分任务转移，例如分包，将原计划由自己承担的某些分项工程分包给其他单

位,将原计划自己生产的结构构件改为外购等。当然这不仅有风险,会产生新的费用,而且会增加一些控制和协调工作。

⑦ 将一些工作包合并,特别是在关键线路上按先后实施的工作包合并,与实施者一道研究,通过局部地调整实施过程和人力、物力的分配,达到缩短工期的目的。

⑧ 改变起止时间。调整时可选用下列方法:将工作在其最早开始时间与其最迟完成时间范围内移动;延长工作的持续时间;缩短工作的持续时间。

5.4.3 建设工程项目进度控制的措施

1. 设计进度控制措施

(1) 设计项目经理部应设置进度控制人员控制设计进度。
(2) 严格按各种设计计划实施,确保计划进度目标的实现。
(3) 实行设计工作经济责任制,设计人员承担设计的进度、质量、造价控制责任。
(4) 加强设计进度的检查、协调,进行必要的计划调整。
(5) 接受建设单位和监理机构的监督和检查。
(6) 建立服务观念,主动与施工单位搞好进度协调,确保施工进度。

2. 供应单位的进度控制措施

(1) 建立材料、设备供应保证体系,建立有效的供应网络和供应信息系统。
(2) 严格执行采购及运输合同提出的进度目标。
(3) 严格按供应计划实施,确保采购目标实现。
(4) 要求合同供货商提供制造进度计划,保证按合同进度供应。
(5) 编制材料设备的催交计划,做好催货工作。
(6) 根据采购合同约定的缴获条件制定设备、材料运输计划并实施。
(7) 对设计变更导致的材料设备供应的各种变化,要确立应急措施,确保按时间供应。

3. 施工项目进度控制措施

(1) 建立进度管理组织体系,抓好进度控制各环节。
(2) 编制施工准备工作计划,努力控制施工准备工作进度。
(3) 按施工总进度计划和作业计划实施,落实进度控制责任。
(4) 召开好各种进度协调会议,搞好进度组织协调。
(5) 严格履行合同中有关进度的约定,实现合同目标。
(6) 加强合同风险管理,在进度风险分析的基础上确立风险管理措施,减少进度失控的风险量。
(7) 重视信息技术在进度控制中的作用,促进信息快速交流,提高沟通效率。
(8) 加强进度记录和跟踪检查,不断纠正进度偏差。
(9) 适时对进度计划进行科学调整,动态提供进度控制新目标。
(10) 密切与建设单位、设计单位、监理单位、供应单位等各方保持联系,畅通沟通渠道,搞好协作,共同进行进度控制。

5.4.4 建设工程项目进度管理总结

在进度计划完成后，项目组织应及时进行进度管理总结。现代管理十分重视管理总结，其原因是它对实现管理循环和进行信息反馈起着重要作用，符合管理中的反馈原理和信息反馈原理。总结分析是对进度管理资料积累的重要途径，是对管理进行评价的前提，是提高管理水平的依据。进度管理总结应包括以下内容。

(1) 合同时间目标及计划时间目标的完成情况。
(2) 资源利用情况。
(3) 成本情况。
(4) 进度管理经验。
(5) 进度管理中存在的问题及分析。
(6) 科学的进度管理计划方法的应用情况。
(7) 进度管理改进意见。
(8) 其他。

特别提示

建设工程项目进度计划的调整方法有改变某些工作间的逻辑关系、缩短某些工作的持续时间、资源供应的调整、减少工作范围、提高劳动生产率、将部分任务转移、将一些工作包合并以及改变起止时间等。

【三峡工程案例介绍】

本章小结

本章对建设工程项目进度管理做了全面的讲述，包括项目进度管理概念和目标的确定，进度计划的表示方法，项目控制性进度计划的编制，项目进度计划的实施与检查，项目进度计划的控制等。建设工程项目进度管理任务主要包括进度目标的确定、进度计划的编制、进度计划的实施与检查、进度计划的控制与调整四个环节。

建设工程项目进度管理目标分解方法有很多种，一般可按项目实施过程、专业、阶段或实施周期进行分解。

编制建设工程项目进度计划的表示方法可使用工作量表、里程碑表、横道图计划、网络计划等方法。其中横道图计划和网络计划是必须掌握的进度计划的编制方法，是施工组织课程学习的重点。

进度计划的比较方法主要包括横道图比较法、S形曲线比较法、香蕉曲线比较法、前锋线比较法和列表比较法等。学习时可以有所侧重，重点是运用横道图和前锋线进行实际进度与计划进度的比较。

进度计划的控制与调整涉及网络计划的工期优化的相关知识。

习 题

一、单项选择题

1. 采用非匀速进展横道图比较法比较工作实际进度与计划进度时，涂黑粗线的长度表示该工作的_____。
   A. 计划完成任务量   B. 实际完成任务量
   C. 实际进度偏差   D. 实际投入的时间

2. 在建设工程网络计划实施中，某项工作实际进度拖延的时间超过其总时差时，如果不改变工作之间的逻辑关系，则调整进度计划的方法是_____。
   A. 减小关键线路上该工作后续工作的自由时差
   B. 缩短关键线路上该工作后续工作的持续时间
   C. 对网络计划进行"资源有限、工期最短"的优化
   D. 减小关键线路上该工作后续工作的总时差

3. 某分项工程实物工程量为22000m³，该分项工程人工产量定额为55m³/工日，计划每天安排2班、每班10人完成该分项工程，则其持续时间为_____天。
   A. 10   B. 20   C. 40   D. 55

4. 当建设工程实际施工进度拖后而需要调整施工进度计划时，可采取的组织措施之一是_____。
   A. 改进施工工艺和施工技术   B. 采用更先进的施工机械
   C. 改善外部协作配合条件   D. 增加劳动力和施工机械的数量

5. 当利用S形曲线比较实际进度与计划进度时，如果检查日期实际进展点落在计划S形曲线的左侧，则该实际进展点与计划S形曲线在纵坐标方向的距离表示工程项目_____。
   A. 实际进度超前的时间   B. 实际进度拖后的时间
   C. 实际超额完成的任务量 D. 实际拖欠的任务量

二、多项选择题

某工程双代号时标网络计划执行到第3周末和第9周末时，检查其实际进度如图5.24前锋线所示，检查结果表明_____。

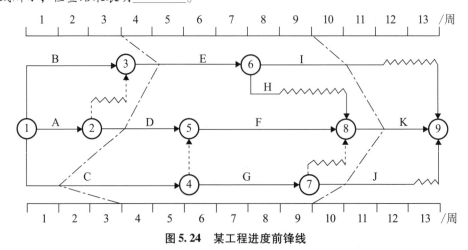

图5.24 某工程进度前锋线

A. 第3周末检查时，工作E拖后1周，但不影响工期
B. 第3周末检查时，工作C拖后2周，将影响工期2周
C. 第3周末检查时，工作D进度正常，不影响工期
D. 第9周末检查时，工作J拖后1周，但不影响工期
E. 第9周末检查时，工作K提前1周，不影响工期

三、简答题

1. 建设工程实际进度与计划进度的比较方法有哪些？各有何特点？
2. 利用S形曲线比较法可以获得哪些信息？
3. 香蕉曲线是如何形成的？其作用有哪些？
4. 实际进度前锋线如何绘制？
5. 如何分析进度偏差对后续工作及总工期的影响？
6. 进度计划的调整方法有哪些？如何进行调整？
7. 检查实际施工进度的方式有哪些？
8. 施工进度计划的调整方法有哪些？
9. 施工项目进度控制措施有哪些？
10. 建设工程项目进度计划检查的主要工作有哪些？
11. 调度工作主要有哪些内容？
12. 编制建设工程项目进度计划的步骤有哪些？
13. 建设工程项目进度计划的表示方法有哪些？

四、案例分析题

【背景】

某项目的网络计划如图5.25所示，在第5天检查时发现工作A已完成，工作B进行了1天，工作C进行了2天，工作D还未开始。

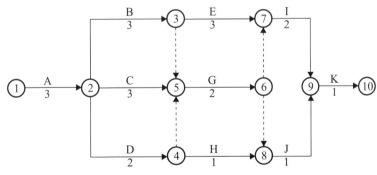

图5.25 某工程网络图

【问题】

试用前锋线法和列表比较法分析实际进度与计划进度的关系。

【第5章在线测试习题】

第6章 建设工程项目质量管理

思维导图

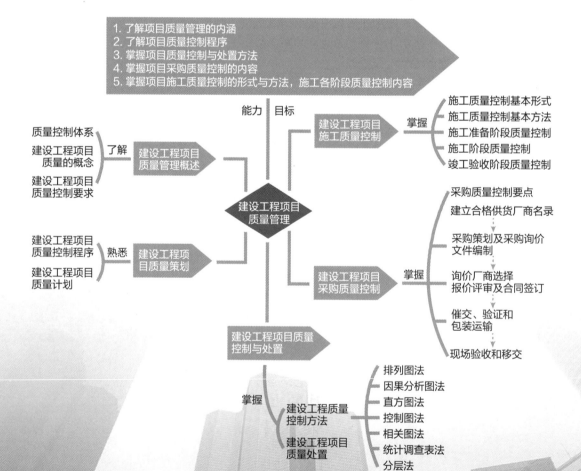

第 6 章 建设工程项目质量管理

导入案例

在修建某国际商品展销中心工程的基础施工中,由于施工班组的违章作业,使经过监理人员检验合格的基础钢筋出现位移质量事故,在混凝土浇筑不久后,监理方发现该情况及时口头指示并书面通知承包方立即停工处理和整改。承包方按监理方指令执行,提出质量事故报告及处理方案,经监理工程师审查批准后实施。整改完成后,经监理方重新检验确认合格后,指令复工继续基础混凝土施工。由此造成的经济损失由承包方承担,工期拖延不予延长,监理方还将此事故及处理情况向业主作了报告。而业主代表书面提出:出现质量事故,监理公司也应负一定责任,要求扣除1%的监理费作为罚金。

在学习本章的过程中,思考应如何对建设工程项目进行质量控制,出现质量事故时应如何处理。

【事故演示动画】

6.1 建设工程项目质量管理概述

6.1.1 质量控制体系

1. 质量控制体系的含义

质量控制体系是为控制质量使其满足用户对质量的要求而建立的有机整体。该组织机构应具备控制质量的人力和物力,还要明确各部门、人员的职责和权力,以及控制质量而必须遵循的程序和活动。

2. 建立质量体系的原则

(1) 坚持质量第一。

工程质量是建筑产品使用价值的集中体现,用户最关心的就是工程质量的优劣,或者说用户的最大利益在于工程质量。在项目施工中必须树立"百年大计,质量第一"的思想。

(2) 坚持以人为控制核心。

人是质量的创造者,质量控制必须"以人为核心",把人作为质量控制的动力,发挥人的积极性、创造性,增强人的责任感,树立"质量第一"的思想。提高人的素质,避免人的失误,以人的工作质量保工序质量、保工程质量。

(3) 坚持预防为主。

预防为主是指事先分析影响产品质量的各种因素,找出主导因素,采取措施加以重点控制,使质量问题消灭在发生之前或萌芽状态,做到防患于未然。过去通过对产品或竣工工程进行质量检查,才能对工程的合格与否做出鉴定,这属于事后把关,不能预防质量事故的产生。提倡严格把关和积极预防相结合,并以预防为主,使工程质量在施工的全过程处于控制之中。

(4) 坚持质量标准。

质量标准是评价工程质量的尺度,数据是质量控制的基础。工程质量是否符合质量要求,必须通过严格检查,以数据为依据。

(5) 坚持全面控制。

① 全过程的质量控制。全过程指的就是工程质量产生、形成和实现的过程。建筑安装工程质量是勘察设计质量、原材料与成品半成品质量、施工质量、使用维护质量的综合反映。为了保证和提高工程质量,质量控制不能仅限于施工过程,必须贯穿于从勘察设计到使用维护的全过程,要把所有影响工程质量的环节和因素控制起来。

② 全员的质量控制。工程质量是项目各方面、各部门、各环节工作质量的集中反映。提高工程项目质量依赖于上自项目经理、下至一般员工的共同努力。所以,质量控制必须把项目所有人员的积极性和创造性充分调动起来,做到人人关心质量控制,人人做好质量控制工作。

3. 质量保证体系的运行

施工质量保证体系的运行,应以质量计划为主线,以过程管理为重心,按照PDCA循环的原理,即计划、实施、检查和处理的方式展开控制。同时,质量保证体系的运行状态和结果的信息应及时反馈,以便进行质量保证体系的能力评价。

(1) 计划(Plan)。计划是质量管理的首要环节,通过计划确定质量管理的方针、目标,以及实现方针、目标的措施和行动计划。计划包括质量管理目标的确定和质量保证工作计划。其中质量管理目标的确定,就是根据项目自身存在的质量问题、质量通病及先进质量标准对比的差距,或者用户提出的更新、更高的质量要求所确定的项目在计划期应达到的质量标准。质量保证工作计划,就是为实现上述质量管理目标所采用的具体措施的计划。质量保证工作计划应做到材料、技术、组织三落实。

(2) 实施(Do)。实施包含两个环节,即计划行动方案的交底和按计划规定的方法及要求展开的施工作业技术活动。首先,要做好计划的交底和落实,落实包括组织落实、技术和物资材料的落实。有关人员还要经过培训、实习并经过考核合格再执行。其次,计划的执行要依靠质量保证工作体系,也就是要依靠思想工作体系,做好教育工作;依靠组织体系,完善组织结构、责任制、规章制度等工作;依靠产品形成过程的质量控制体系,做好质量控制工作,以保证质量计划的执行。

(3) 检查(Check)。检查就是对照计划,检查执行的情况和效果,及时发现计划执行过程中的问题。检查一般包括两个方面:一是检查是否严格执行了计划的行动方案,检查实际条件是否发生了变化,查明没按计划执行的原因;二是检查计划执行的结果,即施工质量是否达到标准的要求,并对此进行评价和确认。

(4) 处理(Action)。处理是在检查的基础上,把成功的经验加以总结,形成标准,以便在今后的工作中以此为处理依据,巩固成果、克服缺点、吸取教训、避免重犯错误,对于尚未解决的问题,则下一次循环再加以解决。

质量管理的全过程是按照 PDCA 的循环周而复始地运转，每运转一次，工程质量就提高一步。PDCA 循环具有大环套小环、相互衔接、相互促进、螺旋式上升、完整的循环和推动 PDCA 循环等特点，如图 6.1 所示。

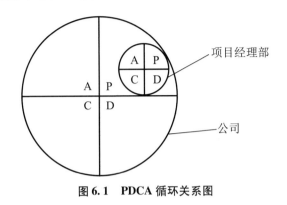

图 6.1　PDCA 循环关系图

6.1.2　建设工程项目质量的概念

建设工程项目质量是国家现行的有关法律、法规、技术标准、设计文件及工程合同中对工程的安全、使用、经济、美观等特性的综合要求。建设工程项目一般都是按照合同条件承包建设的，因此，建设工程项目质量是在"合同环境"下形成的。合同条件中对建设工程项目的功能、实用价值及设计、施工质量等的明确规定都是业主的"需求"，因此这些都是质量的内容。

从功能和使用价值来看，建设工程项目质量又体现在适用性、可靠性、经济性、外观质量与环境协调等方面。由于建设工程项目是根据业主的要求而兴建的，不同的业主就有不同的功能要求，所以，建设工程项目的功能与使用价值的质量是相对于业主的需求而言，并无固定和统一的标准。

任何建设工程项目都是由分项工程、分部工程和单位工程组成的，而建设工程项目的建设，则是通过一道道工序来完成的，是在工序中创造的。所以，建设工程项目质量包括工序质量、分项工程质量、分部工程质量和单位工程质量。

建设工程项目质量不仅包括活动或过程的结果，还包括活动或过程本身，即还要包括生产产品的全过程。因此，建设工程项目质量应包括以下工程建设各阶段的质量及其相应的工作质量。

（1）建设工程项目决策质量。
（2）建设工程项目设计质量。
（3）建设工程项目施工质量。
（4）建设工程项目回访保修质量。

建设工程项目质量也包含工作质量。工作质量是指参与工程建设者，为了保证建设工程项目质量所从事工作的水平和完善程度。工作质量包括社会工作质量和生产过程工作质量。工程项目质量的好坏是决策、计划、勘察、设计、施工等单位各方面、各环节工作质量的综合反映，而不是单纯靠质量检验检查出来的。要保证建设工程项目的质量，就要求有关部门和人员细心工作，对决定和影响工程质量的所有因素严加控制，即通过提高工作质量来保证和提高建设工程项目的质量。

6.1.3 建设工程项目质量控制要求

（1）按企业质量体系的要求运行，在全过程中贯彻企业的质量方针和目标，坚持"质量第一，预防为主"。

（2）坚持"计划、实施、检查、处理"的 PDCA 循环工作方法，不断改进过程控制。

（3）满足工程施工及验收规范、工程质量检验评定标准和顾客的要求。

（4）项目质量控制包括人、材料、机械、方法和环境等因素。

（5）所有施工过程都应按规定进行自检、互检、交接检。隐蔽工程、指定部位和分项工程未经检验或已经检验评为不合格的，严禁转入下道工序。

（6）项目经理部建立项目质量责任制和考核评价体系，项目经理对项目质量控制负责。过程质量控制由每一道工序和岗位的责任人负责。

（7）承包人应对项目质量和质量保修工作向发包人负责；分包工程质量由分包人向承包人负责；承包人对分包人的工程质量问题承担连带责任。

6.2 建设工程项目质量策划

建设工程项目质量策划包括建设工程项目质量控制程序和建设工程项目质量计划。

6.2.1 建设工程项目质量控制程序

无论是承包人还是分包人，进行质量管理均应依次完成下列工作内容。

1. 确定建设工程项目质量计划

建设工程项目质量计划应在项目管理策划过程中编制。建设工程项目质量计划作为对外质量保证和对内质量控制的依据，体现全过程的质量管理要求。项目质量计划是规定项目由谁及何时使用哪些程序和相关资源的文件，这些程序一般包括所涉及的质量过程和工程实现过程。

2. 实施建设工程项目质量控制

建设工程项目质量控制实施通常是按阶段进行的，包括施工准备阶段的质量控制、施工阶段的质量控制和竣工验收阶段的质量控制。建设工程项目管理机构应在质量控制过程中，跟踪、收集、整理实际数据，与质量要求进行比较，分析偏差，采取措施予以纠正和处置，并对处置效果复查。

3. 建设工程项目质量检查与处置

建设工程项目管理机构应根据项目管理策划要求实施检验和监测，并按照规定配备检验和检测设备，对不合格品的处理应符合规范规定。

4. 建设工程项目质量持续改进的落实

建设工程项目质量持续改进指提高建设工程项目质量至满足要求的循环活动。该循环活动通过不断制定改进目标和寻求改进机会来实现。该过程使用审核发现、审核结论、数据分析、管理评审或其他方法，其结果通常为纠正措施或预防措施。通过项目检查和验证，对项目质量计划的执行情况进行检查、内部审核和考核评价，并验证实际效果。如考核中出现问题、缺陷或其他不合格的情况，应召集有关专业人员召开质量分析会，并制定整改措施。

6.2.2 建设工程项目质量计划

1. 建设工程项目质量计划的作用和内容

建设工程项目质量计划的第一项作用是为质量控制提供依据，使工程的特殊质量要求能通过有效的措施得以满足；第二项作用是在合同情况下，供方用质量计划向顾客证明其如何满足特定合同的特殊质量要求，并作为顾客实施质量监督的依据。

根据以上作用的要求，建设工程项目质量计划应包括如下内容：编制依据；项目概况；质量目标；组织结构；质量控制及管理组织协调的系统描述；必要的质量控制手段，施工过程、服务、检验和试验程序等；确定关键程序和特殊过程及作业指导书；与施工阶段相适应的检验、试验、测量、验证要求；更改和完善质量计划的程序。

2. 建设工程项目质量计划的编制

编制建设工程项目质量计划应注意以下几点要求。

（1）由于建设工程项目质量计划的重要作用，作为最高领导者的项目经理应亲自主持编制。

（2）建设工程项目质量计划应集体编制，编制者应具有丰富的知识、实践经验、较强的沟通能力和创新精神。

（3）始终以业主为关注焦点，准确无误地找出关键质量问题，反复征询对质量计划草案的意见以修改完善。

（4）质量计划应体现从工序、分项工程、分部工程、单位工程的过程控制，且应体现从资源投入到完成工程质量最终检验和试验的全过程控制，使质量计划成为对外质量保证和对内质量控制的依据。

3. 建设工程项目质量计划的实施与验证

建设工程项目质量计划实施时，质量管理人员应按照分工进行控制，按规定保存质量控制记录。当发生质量缺陷或事故时，必须分析原因、分清责任，进行整改。项目负责人应定期组织具有资质的质量检查人员和内部质量审查员验证质量计划的实施效果。发现质量控制中的问题或隐患时，应提出措施予以解决。对重复出现质量问题的责任人应按规定承担责任，并依据验证评价的结果进行处罚。

《建设工程项目管理规范》第十章 质量计划

第一条 施工单项目质量计划应在项目管理策划过程中编制。项目质量计划作为对外质量保证和对内质量控制的依据，体现全过程的质量管理要求。

第二条 项目质量计划编制依据应包括下列内容。

(1) 合同中有关产品质量要求；
(2) 项目管理规划大纲；
(3) 项目设计文件；
(4) 相关法律法规和标准规范；
(5) 质量管理其他要求。

第三条 项目质量计划应包括下列内容。

(1) 质量目标和质量要求；
(2) 质量管理体系和管理职责；
(3) 质量管理与协调的程序；
(4) 法律法规和标准规范；
(5) 质量控制点的设置与管理；
(6) 项目生产要素的质量控制；
(7) 实施质量目标和质量要求所采取的措施；
(8) 项目质量文件管理。

第四条 项目质量计划应报组织批准。项目质量计划需修改时，应按原批准程序报批。

6.3 建设工程项目质量控制与处置

6.3.1 建设工程项目质量控制方法

建设工程项目质量控制用数理统计方法可以科学地掌握质量状态，分析存在的质量问题，了解影响质量的各种因素，达到提高工程质量和经济效益的目的。

建设工程上常用的统计方法有排列图法、因果分析图法、直方图法、控制图法、相关图法、统计调查表法和分层法。

1. 排列图法

排列图又称主次因素排列图，它是根据意大利经济学家帕累托（Pareto）提出的"关键的少数和次要的多数"原理，由美国质量管理专家朱兰（Juran）运用于质量管理中而发明的一种质量管理图形。其作用是寻找主要质量问题或影响质量的主要原因以便抓住提高质量的关键因素,以取得好的效果。

排列图由两个纵坐标、一个横坐标、几个长方形和一条曲线组成。左侧的纵坐标是频数或件数,右侧的纵坐标是累计频率,横轴则是项目(或影响因素),按项目频数大小顺序在横轴上自左而右画长方形,其高度为频数,并根据右侧纵坐标,画出累计频率曲线,又称帕累托曲线。根据累计频率把影响因素分成三类:A类因素,对应于累计频率0～80%,是影响产品质量的主要因素;B类因素,对应于累计频率80%～90%,为次要因素;C类因素,对应于累计频率90%～100%,为一般因素。运用排列图便于找出主要矛盾,以利于采取措施加以改进。

应用案例6-1

某砌砖工程因质量问题被调查,调查结果统计如下。

(1) 收集寻找问题的数据。某瓦工班组在一幢砖混结构的住宅工程中共砌筑400m³的砖墙,为了提高砌筑质量,对其允许偏差项目进行检测,检测数据见表6-1。

表6-1 砖墙砌体允许偏差检测数据表

项次	项目	允许偏差/mm	检查点数	不合格点数
1	轴线位移偏差	10	30	0
2	墙体顶面标高	±10	30	0
3	垂直度(每层)	5	30	3
4	表面平整度	5	30	15
5	水平灰缝	7	30	9
6	清水墙游丁走缝	15	30	6
7	水平灰缝厚度(10皮砖)	±8	30	5

(2) 分析整理数据"列表",即作不合格点数统计表。把各个项目的不合格点数按由多到少的顺序填入表中,见表6-2,并计算每个项目的频率和累计频率。

表6-2 砌墙工程不合格项目及频率

序号	项目	不合格点数/频数	频率(%)	累计频率(%)
1	表面平整度	15	39.5	39.5
2	水平灰缝	9	23.7	63.2
3	清水墙游丁走缝	6	15.8	79
4	水平灰缝厚度(10皮砖)	5	13.2	92.2
5	垂直度(每层)	3	7.8	100
合计		38	100	

（3）绘制排列图，如图 6.2 所示。

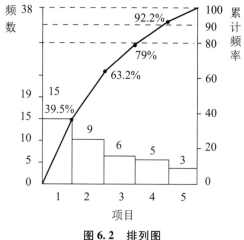

图 6.2　排列图

（4）确定影响质量的主要因素。由图 6.2 可知，影响砌筑质量的主要因素是 1、2、3 项，即表面平整度、水平灰缝和清水墙游丁走缝，应对这些主要因素采取措施以确保工程质量。

2. 因果分析图法

因果分析图又称特性要因图，因其形状像鱼骨或树枝，故又称鱼骨图、鱼刺图或树枝图。

通过排列图，找到了影响质量的主要问题（或主要因素），但找到问题不是质量控制的最终目的，质量控制的最终目的是搞清楚产生质量问题的各种原因，以便采取措施加以纠正，因果分析图法就是分析质量问题产生原因的有效工具。

因果分析图的作法是将要分析的问题放在图形的右侧，用一条带箭头的主杆指向要解决的质量问题，一般从人、机械、材料、方法、环境五个方面进行分析，这就是所谓的大原因。对具体问题来讲，这五个方面的原因不一定同时存在，要找到解决问题的方法，还需要对上述五个方面进一步分解，这就是中原因、小原因或更小原因，它们之间的关系也用带箭头的线段表示，如图 6.3 所示。

【影响施工项目质量的因素】

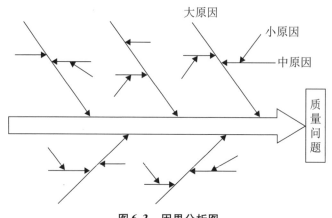

图 6.3　因果分析图

应用案例 6-2

某工程中混凝土强度不足,现用因果分析图法进行分析,如图 6.4 所示。

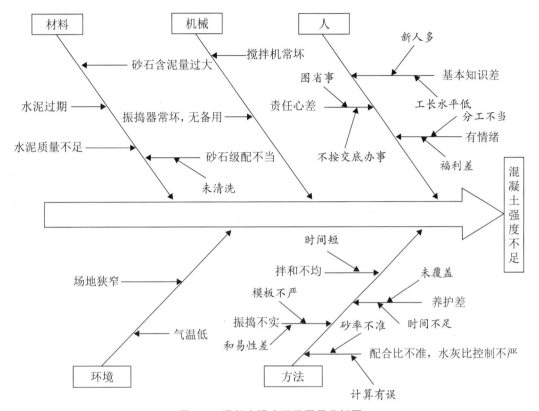

图 6.4 混凝土强度不足因果分析图

3. 直方图法

直方图又称质量分布图或矩形图,它是对数据加工整理、观察分析和掌握质量分布规律、判断生产过程是否正常的有效方法,除此以外,直方图还可以用来估计工序不合格品率的高低、制定质量标准、确定公差范围、评价施工管理水平等。

直方图由一个纵坐标、一个横坐标和若干个长方形组成。横坐标为质量特性,纵坐标为频数时,直方图为频数直方图;纵坐标为频率时,直方图为频率直方图。为了确定各种因素对产品质量的影响情况,在现场随机地实测一批产品的有关数据,将实测得来的这批数据进行分组整理,统计每组数据出现的频数,然后,在直角坐标的横坐标轴上从小至大标出各分组点,在纵坐标上标出对应的频数,画出其高度值为其频数值的一系列长方形,即为频数分布直方图。

 应用案例 6-3

根据表 6-3 的数据,绘制频数分布直方图,如图 6.5 所示。

表 6-3　数据　　　　　　　　　　　　　　　　　　　　单位：MPa

压　强										最大值	最小值
29.4	27.3	28.2	27.1	28.3	28.5	28.9	28.3	29.9	28.0	29.9	27.1
28.9	27.9	28.1	28.3	28.9	28.3	27.8	27.5	28.4	27.9	28.9	27.5
28.8	27.1	27.1	27.9	28.0	28.5	28.6	28.3	28.9	28.8	28.9	27.1
28.5	29.1	28.1	29.0	28.6	28.9	27.9	27.8	28.6	28.4	29.1	27.8
28.7	29.2	29.0	29.1	28.0	28.5	28.9	27.7	27.9	27.7	29.2	27.7
29.1	29.0	28.7	27.6	28.3	28.3	28.6	28.0	28.3	28.5	29.1	27.6
28.5	28.7	28.3	28.3	28.7	28.3	29.1	28.5	27.7	29.3	29.3	27.7
28.8	28.3	27.8	28.1	28.4	28.9	28.1	27.3	27.5	28.4	28.9	27.3
28.4	29.0	28.9	28.3	28.6	27.7	28.7	27.7	29.0	29.4	29.4	27.7
29.3	28.1	29.7	28.5	28.9	29.0	28.8	28.1	29.4	27.9	29.7	27.9

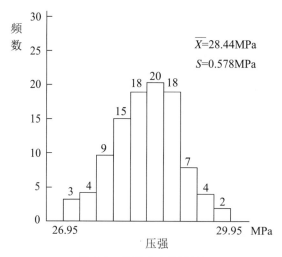

图 6.5　频数分布直方图

4. 控制图法

控制图又称管理图，是能够表达施工过程中质量波动状态的一种图形。1924 年美国人休哈特（Shewhart）发明了这种图形，此后控制图在质量控制中便得到了日益广泛的应用。使用控制图，能够及时地提供施工中质量状态偏离控制目标的信息，提醒人们不失时机地采取措施，使质量始终处于控制状态。同时，使用控制图，还能将工序质量的控制由事后检查转变为以预防为主，使质量控制产生飞跃。

控制图与前述各统计方法的根本区别在于，前述各种方法提供的数据是静态的，而控制图提供的质量数据是动态的，使人们有可能控制异常状态的产生和蔓延。

第6章 建设工程项目质量管理

质量的特性使其总是有波动，波动的原因主要有人、机械、材料、方法、环境五个方面。控制图就是通过分析不同状态下统计数据的变化，来判断五个系统因素是否有异常而影响质量，也就是要及时发现异常因素而加以控制，以保证工序处于正常状态。它通过子样数据来判断总体状态，以预防不良产品的产生。

 应用案例6-4

某工程中混凝土构件强度数据见表6-4，根据抽样数据来绘制控制图，如图6.6所示。

表6-4 混凝土构件强度数据　　　　　　　　　　　　单位：MPa

组号	测定日期	X_1	X_2	X_3	X_4	X_5	$\bar{X}$	R
1	10-10	21.0	19.0	19.0	22.0	20.0	20.2	3.0
2	11	23.0	17.0	18.0	19.0	21.0	19.6	6.0
3	12	21.0	21.0	22.0	21.0	22.0	21.4	1.0
4	13	20.0	19.0	19.0	23.0	20.0	20.8	4.0
5	14	21.0	22.0	20.0	20.0	21.0	20.8	2.0
6	15	21.0	17.0	18.0	17.0	22.0	19.0	5.0
7	16	18.0	18.0	20.0	19.0	20.0	19.0	2.0
8	17	22.0	22.0	19.0	20.0	19.0	20.4	3.0
9	18	20.0	18.0	20.0	19.0	20.0	19.4	2.0
10	19	18.0	17.0	20.0	20.0	17.0	18.4	3.0
11	20	18.0	19.0	19.0	24.0	21.0	20.2	6.0
12	21	19.0	22.0	20.0	20.0	20.0	20.2	3.0
13	22	22.0	19.0	16.0	19.0	18.0	18.8	6.0
14	23	20.0	22.0	21.0	21.0	18.8	20.0	3.0
15	24	19.0	18.0	21.0	21.0	20.0	19.8	3.0
16	25	16.0	18.0	19.0	20.0	20.0	18.6	4.0
17	26	21.0	22.0	21.0	20.0	18.0	20.4	4.0
18	27	18.0	18.0	16.0	21.0	22.0	19.0	6.0
19	28	21.0	21.0	21.0	21.0	20.0	21.4	4.0
20	29	21.0	19.0	19.0	19.0	19.0	19.4	2.0
21	30	20.0	19.0	19.0	20.0	22.0	20.0	3.0
22	31	20.0	20.0	23.0	22.0	18.0	20.6	5.0
23	11-1	22.0	22.0	20.0	18.0	22.0	20.8	4.0
24	2	19.0	19.0	20.0	24.0	22.0	20.4	5.0
25	3	17.0	21.0	21.0	18.0	19.0	19.2	4.0
合计							497.2	93.0

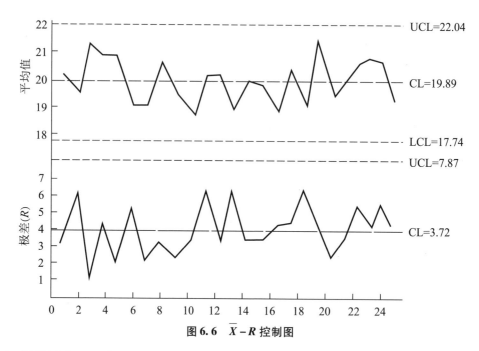

图 6.6 $\bar{X}-R$ 控制图

5. 相关图法

相关图又称散布图，它与前述各种方法有所不同，它不是对一种数据进行处理和分析，而是对两种测定数据之间的相关关系进行处理、分析和判断，是一种动态的分析方法。在工程施工中，工程质量的相关关系有三种类型：第一种是质量特性和影响因素之间的关系，如混凝土强度与温度的关系；第二种是质量特性与质量特性之间的关系；第三种是影响因素与影响因素之间的关系，如混凝土密度与抗渗能力之间的关系、沥青的黏结力与沥青的延伸率之间的关系等。

通过对相关关系的分析、判断，可以提供对质量目标进行控制的信息。

分析质量结果与产生原因之间的相关关系，有时从数据上比较容易看清楚，但有时从数据上很难看清，这就必须借助相关图进行相关分析。

使用相关图，就是通过绘图、计算与观察，判断两种数据之间究竟是什么关系，建立相关方程，通过控制一种数据达到控制另一种数据的目的。正如掌握了在弹性阶段内钢材的应力和应变的正相关关系（直线关系），可以通过控制拉伸长度（应变）从而达到提高钢材强度的目的一样（冷拉的原理）。

 应用案例 6-5

根据表 6-5 的混凝土密度与抗渗能力的关系，绘制其相关图，如图 6.7 所示。

表 6-5 混凝土密度与抗渗能力的关系

抗渗能力/ (kN/m²)	密度/ (kg/m³)	抗渗能力/ (kN/m²)	密度/ (kg/m³)	抗渗能力/ (kN/m²)	密度/ (kg/m³)	抗渗能力/ (kN/m²)	密度/ (kg/m³)	抗渗能力/ (kN/m²)	密度/ (kg/m³)
780	2290	650	2080	480	1850	580	2040	550	1940
500	1919	700	2150	730	2200	590	2050	680	2140

续表

抗渗能力/(kN/m²)	密度/(kg/m³)	抗渗能力/(kN/m²)	密度/(kg/m³)	抗渗能力/(kN/m²)	密度/(kg/m³)	抗渗能力/(kN/m²)	密度/(kg/m³)	抗渗能力/(kN/m²)	密度/(kg/m³)
550	1960	840	2520	750	2240	640	2060	620	2110
810	2400	520	1900	810	2440	780	2350	630	2120
800	2350	750	2250	690	2170	350	2300	700	2200

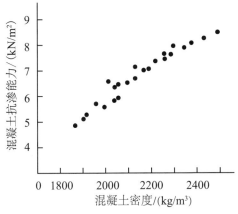

图 6.7 混凝土密度与抗渗能力相关图

6. 统计调查表法

统计调查表又称检查表、核对表或统计分析表,它可以用来记录、收集和累计数据,并对数据进行整理和粗略分析。

7. 分层法

分层指将收集来的数据按一定的标准分类、分组和整理。每组叫作一层,故分层法又称分类法或分组法。

数据分层是调查分析的关键,在使用时,同一层内的数据波动幅度应尽可能小,各层之间差别应尽可能大。

 特别提示

建设工程项目质量控制中,需根据具体质量问题选择合适的质量控制方法,对质量问题进行分析。

6.3.2 建设工程项目质量处置

1. 对不合格情况控制的预防措施

(1)项目经理部应定期召开质量分析会,对影响工程质量的潜在原因采取预防措施。
(2)对可能出现的不合格情况,应制定防止再发生的措施并组织实施。
(3)对质量通病应采取预防措施。
(4)对潜在的严重不合格,应实施预防措施控制程序。

(5）项目经理部应定期评价预防措施的有效性。

2. 对不合格情况控制应符合的规定

为防止不合格产品的非预期使用或交付，必须对不合格情况进行控制。

（1）应按企业的不合格控制程序，严禁不合格物资进入项目施工现场，严禁不合格工序未经处置而转入下道工序。

（2）对检验中发现的不合格产品和工序，应按规定进行鉴别、标识、记录、评价、隔离和处置。

（3）应进行不合格评审。

（4）不合格处置应根据不合格严重程度，按返工、返修或让步接收、降级使用、拒收或报废等情况进行处理。构成等级质量事故的不合格情况，应按国家法律、行政法规进行处理。

（5）对返修或返工后的产品，应按规定重新进行检验和试验，并应保存记录。

（6）进行不合格让步接收时，项目经理部应向发包人提出书面让步申请，记录不合格程度和返修的情况，双方签字确认让步接收协议和接收标准。

（7）对影响建筑主体结构安全和使用功能的不合格情况，应邀请发包人代表或监理工程师、设计人员共同确定处理方案，报建设主管部门批准。

（8）检验人员必须按规定保存不合格情况控制的记录。

3. 对不合格情况的纠正措施

纠正措施是针对不合格产品或采取内审、外审、监测发现的不合格情况，采取防止不合格情况再发生的措施。

（1）对发包人或监理工程师、设计人、质量监督部门提出的质量问题，应分析原因，制定纠正措施。

（2）对已发生或潜在的不合格信息，应分析并记录结果。

（3）对检查发现的工程质量问题或不合格报告提及的问题应由项目技术负责人组织有关人员判定不合格程度，制定纠正措施。

（4）对严重不合格或重大质量事故，必须实施纠正措施。

（5）实施纠正措施的结果应由项目技术负责人验证并记录；对严重不合格或等级质量事故的纠正措施和实施效果应验证，并应报企业管理层。

（6）项目经理部或责任单位应定期评价纠正措施的有效性。

应用案例 6-6

【案例背景】

某单位工程为单层钢筋混凝土排架结构，共有60根柱子，32m空腹屋架。在施工过程中监理工程师发现刚拆模的钢筋混凝土柱子中有10根存在工程质量问题，其中，6根柱子蜂窝、露筋较严重，4根柱子蜂窝、麻面较轻，且截面尺寸小于设计要求。截面尺寸小于设计要求的4根柱子经设计单位验算，可以满足结构安全和使用功能要求，可不加固补强。在监理工程师组织的质量事故分析处理会议上，承包方提出了如下几个处理方案。

方案一：6根柱子加固补强，补强后不改变外形尺寸，不造成永久性缺陷；另4根柱子不加固补强。

方案二：10根柱子全部砸掉重做。

方案三：6根柱子砸掉重做，另4根柱子不加固补强。

工程竣工后，承包方组织了该单位工程的预验收，在组织正式竣工验收前，业主已提前使用该工程。业主使用中发现房屋屋面漏水，要求承包方修理。

【问题】

（1）承包方要保证主结构分部工程质量达到优良标准，以上对柱子工程质量问题的三种处理方案中，哪种处理方案能满足要求，为什么？

（2）在工程未正式验收前，业主提前使用是否可认为该单位工程已验收？对出现的质量问题，承包方是否承担保修责任？

【案例解析】

（1）方案二可满足要求，应选择方案二。因为合同要求质量目标为优良，主体分部工程必须优良。采取方案二，所在分部工程可评为优良，此方案可行。

（2）工程未经验收，业主提前使用，由此发生的质量问题及其他问题，由业主承担责任。

6.4 建设工程项目采购质量控制

6.4.1 建设工程项目采购质量控制要点

建设工程项目采购质量控制包括对采购产品及其供货厂商和中间商的控制，主要对采购策划、采购询价文件的编制、询价厂商的选择、报价评审、采购合同的签订、催交、验证、包装运输、现场验收和移交等过程进行质量控制。

应建立项目采购管理及采购质量控制文件、合格供货厂商及中间商名录，并定期对合格供货厂商及中间商名录进行评审，还应根据施工现场的需求建立合格供货厂商或中间商的评价和再评价的准则。

6.4.2 建立合格供货厂商及中间商名录

应对拟供货厂商进行考察评估，评定合格的供货厂商列入合格供货厂商名录。在建设项目完成后，采购工程师应对供货厂商的产品质量、交货期、售后服务情况进行评价，并保持记录。组织根据记录定期对供货厂商进行履约评定，凡评定不合格的供货厂商，将其从合格供货厂商名录中删除。若从中间商采购产品时，还应对其进行评价，并建立合格中间商名录。只有同时满足合格中间商的条件才能进行相应的采购。

6.4.3 采购策划及采购询价文件的编制

建设项目的采购策划工作应由采购经理负责，主要任务是编制采购实施计划。采购经理应组织采购工程师实施建设项目的采购实施计划。在采购实施过程中，采购经理可根据项目实施的具体情况，对采购实施计划进行修订或补充。用户对采购的特殊要求也应列入采购实施计划。

询价文件包括询价技术文件和询价商务文件两部分。询价技术文件由设计经理组织相关专业设计工程师编制，询价商务文件由采购经理组织采购工程师编制。

6.4.4 询价厂商的选择、报价评审和采购合同的签订

采购工程师应根据采购产品的特点，从企业合格供货厂商及中间商名录和用户询价厂商名单中选择两家或两家以上厂商（或中间商）作为推荐的询价厂商，编制"项目询价厂商（或中间商）名单"，经审批后，向询价厂商发出询价文件。

报价的评审包括技术报价评审、商务报价评审和报价综合评审三个部分。设计工程师负责技术评审，采购工程师负责商务评审，采购经理根据技术评审和商务评审的结果，进行报价综合评审，确定询价厂商（或中间商）排序，报项目经理审批。

在采购合同中，要明确规定项目对供货厂商（或中间商）的质量管理、环境、职业健康安全管理的要求，包括用户的要求、质量管理体系、人员、交货期、价格、质量等级等要求。

6.4.5 催交、验证和包装运输

采购经理负责组织采购工程师对采购产品及其技术文件进行催交，以满足设计和施工的需要。

采购产品的验证方式包括供货厂商车间或中间商的货源处验证、到货现场验证和第三方检验。采购产品的验证方法包括检验、测量、查看、查验文件资料和记录等。

通常情况下，采购产品由供货厂商或中间商负责包装和运输，并在采购合同中明确规定包装和运输要求。运输超限和有危险性的设备材料时，应要求运输单位提交初步运输方案，按规定程序审批后才能实施。

6.4.6 现场验收和移交

采购经理应负责组织采购工程师在到货现场验收采购产品。采购产品由采购经理和施工经理组织有关人员在现场进行移交。

应用案例 6-7

【案例背景】

某工程项目的业主与监理签订了施工阶段监理合同,与承包方签订了工程施工合同。工程施工合同规定,设备由业主供应,其他建筑材料由承包方采购。

施工过程中,承包方未经监理工程师事先同意,订购了一批钢材,钢材运抵施工现场后,监理工程师进行了检验,检验中监理工程师发现承包方未能提交该材料的产品合格证、质量保证书和材质化验单,且这批材料外观质量不好。

业主经与设计单位商定,对主要装饰石料指定了材质、颜色和样品,并向承包方推荐厂家,承包方与生产厂家签订了购货合同。厂家将石料按合同采购量送达现场,进场时经检查,该批材料颜色有部分不符合要求,监理工程师通知承包方该批材料不得使用。承包方要求厂家将不符合要求的石料退换,厂家要求承包方支付退货运费,承包方不同意支付,厂家要求业主在应付给承包方工程款中扣除上述费用。

【问题】

(1) 业主指定石料材质、颜色和样品是否合理?

(2) 监理工程师进行现场检查,对不符合要求的石料通知承包方不允许使用是否合理?为什么?

(3) 承包方要求退换不符合要求的石料是否合理,为什么?

(4) 厂家要求承包方支付退货运费,业主代扣退货运费款是否合理?为什么?

(5) 石料退货的经济损失应由谁担负?为什么?

【案例解析】

(1) 业主指定材质、颜色和样品是合理的。

(2) 监理工程师对不符合要求的石料通知承包方不允许使用是合理的,这是监理工程师的职责与职权。

(3) 承包方要求厂家退换是合理的,因厂家供货不符合购货合同质量要求。

(4) 厂家要求承包方支付退货费不合理,退货是因厂家违约,故厂家应承担责任;业主代扣退货运费款不合理,因购货合同关系与业主无关。

(5) 石料退货的经济损失应由供货厂家承担,因为责任在厂家。

6.5 建设工程项目施工质量控制

6.5.1 建设工程项目施工质量控制的基本形式和基本方法

1. 建设工程项目施工质量控制的基本形式

根据工程质量形成的时间阶段,建设工程项目施工质量控制可分为质量的事前控制、事中控制和事后控制，其中，工作的重点应是质量的事前控制。

(1) 事前质量控制。

事前质量控制即在正式施工前进行的质量控制。事前质量控制的目的是强调质量目标的计划预控及按质量计划进行质量活动前的准备工作的控制。事前质量控制的重点是做好准备工作。对各项准备工作及影响质量的各因素进行控制，是确保施工质量的先决条件。

(2) 事中质量控制。

事中质量控制是指施工质量形成过程中，应对影响施工质量的各种因素进行全面的控制。事中质量控制首先是对质量活动的行为约束，其次是对质量活动过程和结果的监督控制。事中质量控制的关键是坚持质量标准，重点是工序质量、工作质量和质量控制点的控制。

(3) 事后质量控制。

事后质量控制是指对通过施工过程所完成的具有独立功能和施工价值的最终产品（单位工程或整个工程项目）及有关方面（如质量文档）的质量进行的质量控制。事后质量控制包括对质量活动的评价认定和对质量偏差的纠正。事后质量控制的重点是发现施工质量方面的缺陷，并通过分析提出施工质量改进的措施，保持质量处于受控状态。

2. 建设工程项目施工质量控制的基本方法

(1) 审核有关技术文件、报告或报表。

审核是项目经理对工程质量进行全面管理的重要手段，其具体审核内容包括有关技术资质证明文件、开工报告、施工单位质量保证体系文件、施工方案和施工组织设计及技术措施、有关文件和半成品机构配件的质量检验报告、反映工序质量动态的统计资料或控制图表、设计变更和修改图纸及技术措施、有关工程质量事故的处理方案、有关应用"新技术、新工艺、新材料"现场试验报告和鉴定报告、签署的现场有关技术签证和文件等。

(2) 现场质量检查。

① 现场质量检查的内容包括：开工前的检查，主要检查是否具备开工条件，开工后是否能够保持连续正常施工，能否保证工程质量；工序交接检查，对于重要的工序或对工程质量有重大影响的工序，应严格执行"三检"制度，即自检、互检、交接检；未经监理工程师（建设单位技术负责人）检查认可，不得进行下道工序施工；隐蔽工程的检查，施工中凡是隐蔽工程必须检查认证后方可进行隐蔽掩盖；停工后复工的检查，因客观因素停工或处理质量事故等停工复工时，经检查认可后方能复工；分项分部工程完工后，应经检查认可，并签署验收记录后，才能进行下一工程项目的施工；成品保护的检查，检查成品有无保护措施及保护措施是否有效可靠。

② 现场质量检查的方法主要有目测法、实测法和试验法等。

目测法即凭借感官进行检查，也称观感质量检验。其手段可概括为"看、摸、敲、照"四个字。看，就是根据质量标准要求进行外观检查。例如，清水墙面是否洁净，喷涂的密实度和颜色是否良好、均匀，工人的操作是否正常，内墙抹灰的大面及口角是否平直，混凝土振捣是否符合要求等。摸，就是通过触摸手感进行检查、鉴别。例如，油漆的光滑度，浆活是否牢固、不掉粉等。敲，就是运用敲击工具进行音感检查。例如，对地面工程、装饰工程中的水磨石、面砖、石材饰面等，均应进行敲击检查。照，就是通过人工光源

【现场质量检查的方法】

或反射光照射，检查难以看到或光线较暗的部位。例如，管道井、电梯井等内的管线、设备安装质量，装饰吊顶内连接及设备安装质量等。

实测法就是通过实测数据与施工规范、质量标准的要求及允许偏差值进行对照，以此判断质量是否符合要求。其手段可概括为"靠、量、吊、套"四个字。靠，就是用直尺、塞尺检查诸如墙面、地面、路面等的平整度。量，就是指用测量工具和计量仪表等检查断面尺寸、轴线、标高、湿度、温度等的偏差。例如，大理石板拼缝尺寸与超差数量，摊铺沥青拌合料的温度，混凝土坍落度的检测等。吊，就是利用托线板及线锤吊线检查垂直度。例如，砌体垂直度检查、门窗的安装等。套，是以方尺套方，辅以塞尺检查。例如，对阴阳角的方正、踢脚线的垂直度、预制构件的方正、门窗口及构件的对角线检查等。

试验法是指通过必要的试验手段对质量进行判断的检查方法，主要有理化试验和无损检测。工程中常用的理化试验包括物理力学性能方面的检验和化学成分及含量的测定两个方面。物理力学性能的检验如各种力学指标的测定，包括抗拉强度、抗压强度、抗弯强度、凝结时间、安定性、抗渗、耐磨、耐热等。化学成分及含量的测定如钢筋中的磷、硫含量，混凝土中粗骨料的活性氧化硅成分，以及耐酸、耐碱、抗腐蚀性等。此外，根据规定有时还需进行现场试验，例如，对桩或地基的静载试验、下水管道的通水试验、供热管道的压力试验、防水层的蓄水或淋水试验等。

【建筑质量实测操作指导】

利用专门的仪器仪表探测结构物、材料、设备的内部组织结构或损伤情况时，常用的无损检测方法有超声波探伤、X射线探伤和γ射线探伤等。

6.5.2 建设工程项目施工准备阶段的质量控制

1. 技术准备的质量控制

技术准备是指各项施工准备工作在正式开展作业技术活动前，按预先计划的安排落实到位，包括配置的人员、材料机具、场所环境、通风、照明、安全设施等。技术准备控制主要内容：熟悉和审查施工图纸，做好设计交底和图纸会审；对建设项目地点的自然条件、技术经济条件进行调查分析；编制施工项目管理的实施规划并进行审查；制订施工质量控制计划，设置质量控制点，明确关键部位的质量管理点。

2. 现场施工准备的质量控制

（1）工程定位和标高基准的质量控制。

工程测量放线是建设工程产品由设计转化为实物的第一步。施工测量质量的好坏，直接影响工程的质量，并且制约施工过程的有关工序的质量。因此，施工单位必须对建设单位提供的原始基准点、基准线和标高等测量控制点进行复核，并将复测结果上报监理工程师审核，批准后施工单位才能建立施工测量控制网，进行工程定位和标高基准的控制。

（2）施工平面布置的质量控制。

建设单位应按照合同约定并考虑施工单位施工的需要，事先划定并提供施工占用和使用现场的用地范围。施工单位要合理科学地使用规划好的施工场地，保证施工现场的道路畅通、材料合理堆放、防洪排水能力良好、给水通畅，以及供电设施和机械设备的正确安装布置。施工单位应制定施工现场质量管理制度，并做好施工现场的质量检查记录。

（3）材料、构配件的质量控制。

首先，应做好采购订货的质量控制。施工单位应制订合理科学的材料、加工、运输的组织计划，掌握相应的材料信息，优选供货厂商，建立严密的计划、调度、管理体系，确保材料的周转速率，减少材料的占用时间，确保工程的质量。其次，应做好对进场材料的质量控制。工程材料的质量是工程质量的基础，是提高工程质量的重要保证，也是创造正常施工条件的前提。凡运到施工现场的材料、半成品或构配件都应出具产品合格证及技术说明书，并按规定进行试验和检验，经抽查合格后，方能允许进入施工现场。同时，应加强材料的存储和使用的质量控制，加强材料进场后的存储和使用管理，避免材料变质或使用规格、性能不符合要求的材料而造成工程质量事故，如水泥受潮结块、钢筋锈蚀等。因此，施工单位既要做好材料的合理调度，避免现场材料的大量堆积，又要做好材料的合理堆放，并正确使用材料，同时还要在使用材料时及时检查和监督。施工单位还应认真做好现场材料的存储管理，重视材料的使用认证，防止错用或使用不合格的材料的工作。

混凝土工程中使用的水泥应检验其细度、强度、凝结时间、体积安定性等理化指标，如果达不到标准，就是不合格产品。因保管不妥，放置时间过久，水泥受潮结块就会失效。不合格或失效的劣质水泥会危害工程质量。某住宅楼工程中使用了未经检验的安定性不合格的水泥，导致现浇混凝土楼板拆模后出现了严重的裂缝。施工单位随即对混凝土强度进行检验，结果发现该住宅工程的结构强度达不到设计要求，需要返工。

在混凝土工程中，水泥品种的选择不当或外加剂的质量低劣及用量不准同样会引起质量事故。例如某学校的教学综合楼工程，在冬期进行基础混凝土施工时，采用火山灰硅酸盐水泥配制混凝土，因工期要求较紧又使用了未经复试的不合格早强防冻剂，结果导致混凝土结构的强度不能满足设计要求，不得不返工重做。

材料质量检验的具体内容如下。

① 材料质量的检验方法。材料质量的检验方法有书面检验、外观检验、理化检验和无损检验四种。其中书面检验是通过对提供的材料质量保证资料、试验报告进行审核，取得确认后方能使用。外观检验是指对材料从品种、规格、标志、外形尺寸等进行直观检查，看其有无质量问题。理化检验是借助试验设备和仪器对材料样品的化学成分、机械性能等进行科学检测。

② 材料质量检验的程度。根据材料信息和保证资料的具体情况，质量检验的程度分免检、抽检和全检三种。免检就是免去质量检验的过程。对有足够质量保证的一般材料，以及实践证明质量长期稳定且质量保证资料齐全的材料，可予免检。抽检就是按随机抽样的方法对材料进行抽样检验。当对材料的性能不清楚，或对质量保证资料有怀疑，或对批量生产的构配件，均应按一定比例进行抽样检验。全检就是对进口材料、设备和重要工程部位的材料，以及贵重的材料，进行全部检验，以确保材料和工程的质量。

③ 材料质量检验的取样。材料质量检验的取样必须有代表性，即所采取样品的质量能代表该批材料的质量。因此，必须采取正确的取样方法，在取样（见证取样）时，按固定的部位、数量及采选的操作要求进行。

特别提示

免检就是免去质量检验过程,当供货单位的质量长期稳定,并有足够质量保证的一般材料时,只检查其质量保证资料是否齐全并符合要求即可,不再检验实物。

(4) 机械设备的质量控制。

机械设备的质量控制包括工程项目设备和施工机械设备的质量控制。根据工程特点和施工要求,对机械设备进行质量控制,是保证工程质量和施工正常进行、防止因机械设备事故导致重大质量和安全事故的重要措施。

① 工程项目设备的质量控制,主要包括设备的检查验收、设备的安装质量验收、设备的调试和试车运转。在设备的检查验收时,必须按设计要求进行设备的选型购置,优选设备供货厂商和专业供方,设备进场后,要对设备的名称、型号、规格、数量等清单逐一进行检查验收,确保工程项目设备的质量符合设计要求。在设备的安装时,要保证符合有关设备的技术要求和质量标准,安装过程中要控制好土建工程和设备安装工程的交叉流水作业,认真做好安装过程中的资料检查验收工作,保证设备的安装质量。在设备的调试和试车运转时,要按照设计要求和程序进行,对调试的结果进行分析以判断前期工作的效果。试车运转是保证设备配套投产正常运转的重要环节,通过试车运转检验设备是否达到设计要求的安全运行能力,满足工程项目的设计生产要求。

② 施工机械设备的质量控制,就是使施工机械设备的类型、性能、参数等与施工现场的实际条件、施工工艺、技术要求等因素相匹配,符合施工生产的实际要求。施工机械设备的质量控制主要从机械设备的选型、主要性能参数指标的确定和使用操作要求等方面进行。

a. 机械设备的选型。机械设备的选择应按照技术上先进、生产上适用、经济上合理、使用上安全、操作上方便的原则进行。选配的施工机械应具有工程的适用性,具有保证工程质量的可靠性,具有使用操作的方便性和安全性。

b. 主要性能参数指标的确定。主要性能参数是选择机械设备的依据,其参数指标的确定必须满足施工的需要和保证工程质量的要求。只有正确地确定主要的性能参数,才能保证正常的施工,不致引起质量安全事故。

c. 使用操作要求。合理使用机械设备,正确地进行操作,是保证项目施工质量的重要环节。使用机械设备应贯彻"人机固定"原则,实行定机、定人、定岗位职责的使用管理制度,严格遵守操作规程和机械设备的技术规定,做好机械设备的例行保养工作,使机械设备保持良好的技术状态,防止出现质量安全事故,确保工程施工的生产质量。

6.5.3 建设工程项目施工阶段的质量控制

1. 技术交底

做好技术交底是确保施工质量的重要措施之一。为此,每一分项工程开工前均应进行技术交底。技术交底应由项目技术人员编制,并经项目技术负责人批准实施。作业前应由项目技术负责人向承担施工的负责人或分包人进行书面技术交底,技术交底资料应办理签字手续并归档保存。

技术交底的内容主要包括施工方法、质量标准和验收标准,施工中应注意的问题,可能出现意外的措施及应急方案,文明施工和安全措施要求及成品保护等。技术交底应围绕具体施工的材料、机具、工艺、工法、施工环境、具体的管理措施等方面进行,应明确具体的步骤、方法、要求和完成的时间等。

交底的形式有书面、口头、会议、挂牌、样板和示范操作等。

2. 测量控制

项目开工前编制测量控制方案,经项目技术负责人批准后实施。对相关部门提供的测量控制点应做好复核工作,经审批后进行施工测量放线,并保存测量记录。在施工过程中应对设置的测量控制点线妥善保护,不准擅自移动。同时,在施工过程中必须认真进行施工测量复核工作,这是施工单位应履行的技术工作职责,其复核结果应报送监理工程师复验确认后,方能进行后续相关工序的施工。常见的施工测量复核如下。

(1) 工业建筑测量复核。厂方控制网测量、桩基施工测量、柱模轴线与高程检测、厂方结构安装定位检测、动力设备及预埋螺栓检测。

(2) 民用建筑的测量复核。建筑物定位测量、基础施工测量、墙体皮数杆检测、楼层轴线检测及楼层间高程传递检测等。

(3) 高层建筑测量复核。建筑场地控制测量、基础以上的平面与高程检测、建筑物中垂准检测及建筑物施工过程中沉降变形观测等。

(4) 管线工程测量复核。管网或输配电线路定位测量、地下管线施工检测、架空管线施工检测及多管线交汇点高程检测等。

3. 计量控制

计量控制是保证工程项目质量的重要手段和方法,是施工项目开展质量管理的一项重要基础工作。施工过程中的计量工作,包括施工生产时的投料计量、施工测量、监测计量,以及对项目、产品或过程的测试、检验、分析计量等。计量控制的主要任务是统一计量单位制度,组织量值传递,保证量值统一。计量控制的工作重点是建立计量管理部门和配置计量人员,建立健全和完善计量管理的规章制度,严格按规定有效控制计量器具的使用、保管、维修和检验,监督计量过程的实施,保证计量的准确。

4. 工序施工质量控制

施工过程是由一系列相互联系与制约的工序构成,工序是人、材料、机械设备、施工方法和环境因素对工程质量综合起作用的过程,所以对施工过程的质量控制,必须以工序质量控制为基础和核心。工序的质量控制是施工阶段质量控制的重点,只有严格控制工序质量,才能确保施工项目的实体质量。工序施工质量控制主要包括工序施工条件质量控制和工序施工效果质量控制。

5. 特殊过程的控制

特殊过程是指该施工过程或工序施工质量不易或不能通过其后的检验和试验而得到充分的验证,或者万一发生质量事故则难以挽救的施工对象。特殊过程的质量控制是施工阶段质量控制的重点,对在项目质量计划中界定的特殊过程,应设置工序质量控制点,抓住影响工序施工质量的主要因素进行强化控制。

6. 工程变更的控制

(1) 工程变更的范围。

工程变更主要包括设计变更、工程量的变动、施工时间的变更、施工合同文件的变更等。设计变更的主要原因是投资者对投资规模的扩大或压缩,从而需要重新设计,或是对已交付的设计图纸提出新的设计要求,需对原设计进行修改。工程量的变动是指对于工程量清单中数量的增加或减少。施工时间的变更是指对已批准的承包单位施工计划中安排的施工时间或完成时间的变动。施工合同文件的变更包括:施工图纸的变更,以及承包单位提出修改设计的合理化建议及其节约价值的分配导致的合同变更,以及由于不可抗力或双方事先未能预料以致无法防止的事件发生,而允许进行的合同变更。

(2) 工程变更的程序。

提出工程变更的申请—监理工程师审查工程变更—监理与业主、承包商协商—监理审批工程变更—编制变更文件—监理工程师发布变更指令。

(3) 工程变更的控制。

工程变更可能导致项目的工期、成本或质量的改变,因此,必须加强对工程变更的控制和管理。在工程变更实施控制中,一是要分析和确认各方面提出的工程变更的因素和条件;二是做好管理和控制那些能够引起工程变更的因素和条件;三是当工程变更发生时,应对其进行管理和控制;四是分析工程变更而引起的风险。

7. 成品的保护控制

成品保护一般是指在项目施工过程中,某些部位已经完成,而其他部位还在施工,在这种情况下,施工单位必须负责对已完成部分采取妥善的措施予以保护,以免因成品缺乏保护或保护不善而造成损伤或污染,影响工程的实体质量。加强成品保护,首先要加强教育,提高全体员工的成品保护意识,同时要合理安排施工顺序,采取有效的保护措施。

【成品保护的方法】

成品保护的措施一般有防护(提前保护,针对被保护对象的特点采取各种保护的措施,防止对成品的污染及损坏)、包裹(将被保护物包裹起来,以防损伤或污染)、覆盖(用表面覆盖的方法,防止堵塞或损伤)和封闭(采取局部封闭的办法进行保护)等几种方法。

6.5.4 建设工程项目竣工验收阶段的质量控制

施工后的质量控制是指各分部分项工程都全部施工完毕后的质量控制。它是建设投资成果转入生产或使用的标志,是全面考核投资效益、检验设计和施工质量的重要环节。

质量控制的主要工作有收尾工作、竣工资料的准备、竣工验收、施工质量事故的处理、工程质量回访及保修。

1. 收尾工作

收尾工作的特点是零星、分散、工程量小、分布面广,如不及时完成将会直接影响项目的验收及投产使用。因此,应编制项目收尾工作计划并限期完成。项目经理和技术员应对竣工验收计划执行情况进行检查,重要部位要做好记录。

2. 竣工资料的准备

竣工资料是竣工验收的重要依据,承包人应按竣工验收条件的规定,认真整理工程竣工资料。竣工资料包括以下内容。

(1) 工程项目开工报告。
(2) 工程项目竣工报告。
(3) 图纸审核设计交底记录。
(4) 设计变更通知单。
(5) 技术变更核定单。
(6) 工程质量事故发生后调查和处理资料。
(7) 水准点位置、定位测量记录、沉降及位移观测记录。
(8) 材料、设备、构件的质量合格证明资料。
(9) 试验、检验报告。
(10) 隐蔽工程验收记录及施工日志。
(11) 竣工图。
(12) 质量验收评定资料。
(13) 工程竣工验收资料。

3. 竣工验收

工程项目竣工验收工作，通常可分为三个阶段，即准备阶段、初步验收（预验收）和正式验收。

(1) 准备阶段。

参与工程建设的各方均应做好竣工验收的准备工作。其中，建设单位应完成组织竣工验收组，审查竣工验收条件，准备验收资料、建立建设项目档案、并在竣工验收后及时向建设行政主管部门或其他有关部门移交建设项目档案、清理工程款项、办理工程结算手续等准备工作。监理工程师应协助建设单位做好竣工验收的准备工作，督促施工单位做好竣工验收的准备。施工单位应及时完成收尾工程，做好竣工验收资料的准备（包括整理各项交工文件、技术资料并提出交工报告），组织准备工程预验收等。设计单位应做好资料的整理、工程项目的清单等工作。

(2) 初步验收（预验收）。

当工程项目达到竣工验收条件后，施工单位在自检合格的基础上，填写工程竣工报验单，并将全部资料报送监理单位，申请竣工验收。监理单位根据施工单位报送的工程竣工报验申请，由总监理工程师组织专业监理工程师，对竣工资料进行审查，并对工程质量进行全面检查，对审查中发现的问题督促施工单位及时整改。工程项目经监理单位检查验收合格后，由总监理工程师签署工程竣工报验单，并向建设单位提出质量评估报告。

(3) 正式验收。

项目主管部门或建设单位在接到监理单位的质量评估和竣工报验单后，经审查，确认符合竣工验收条件和标准，即可组织正式验收。

竣工验收由建设单位组织，验收组由建设、勘察、设计、施工、监理和其他有关方面的专家组成，验收组可下设若干个专业组。建设单位应当在工程竣工验收 7 个工作日前将验收的时间、地点及验收组名单书面通知监督站。竣工验收会议的程序如下。

① 建设、勘察、设计、承包、监理单位分别汇报工程合同履行情况和在工程建设各个环节执行法律、法规和工程建设强制性标准的情况。

② 审阅建设、勘察、设计、施工、监理单位的工程档案资料。

③ 实地查验工程质量。

④ 对工程勘察、设计、施工、设备安装质量合格管理环节等方面做出全面评价，形成经验收组人员签署的工程竣工验收意见。参与工程竣工验收的建设、勘察、设计、施工、监理等各方不能形成一致意见时，应当协商提出解决方法，待意见一致后，重新组织工程竣工验收，必要时可提请建设行政主管部门或质量监督站调解。正式验收完成后，验收委员会应形成《竣工验收鉴定证书》，对验收做出结论，并确定交工日期及办理承发包双方工程价款的结算手续等。

(4) 施工质量事故的处理。

① 修补处理。

当工程某些部分的质量虽未达到规定的规范、标准或设计的要求，存在一定的缺陷，但经过修补后可以达到要求的质量标准，又不影响使用功能或外观的要求，可采取修补处理的方法。

例如，某些混凝土结构表面出现蜂窝、麻面，经调查分析，该部位经修补处理后，不会影响其使用及外观；对混凝土结构局部出现的损伤，如结构受撞击、局部未振实、冻害、火灾、酸类腐蚀、碱骨料反应等，当这些损伤仅仅在结构的表面或局部，不影响其使用和外观，可进行修补处理。再如，对混凝土结构出现的裂缝，经分析研究后如果不影响结构的安全和使用时，也可采取修补处理。具体方法是当裂缝宽度不大于 0.2mm 时，采用表面密封法；当裂缝宽度大于 0.3mm 时，采用嵌缝密闭法；当裂缝较深时，则应采取灌浆修补的方法。

② 加固处理。

加固处理主要针对危及承载力的缺陷质量事故的处理。通过对缺陷的加固处理，使建筑结构恢复或提高承载力，重新满足结构安全性及可靠性的要求，使结构能继续使用或改作其他用途。

例如，对混凝土结构常用的加固方法主要有增大截面加固法、外包角钢加固法、粘钢加固法、增设支点加固法、增设剪力墙加固法和预应力加固法等。

③ 返工处理。

当工程质量缺陷经过补修处理后不能满足规定的质量标准要求，或不具备补救可能性，则必须采取返工处理。

例如，某防洪堤坝填筑压实后，其压实土的干密度未达到规定值，经核算将影响土体的稳定且不满足抗渗能力的要求，需挖除不合格土，重新填筑，进行返工处理；某公路桥梁工程预应力按规定张拉系数为 1.3，而实际仅为 0.8，属严重的质量缺陷，也无法修补，只能返工处理。再如，某工程设备基础的混凝土浇筑时掺入木质素磺酸钙减水剂，因施工管理不善，掺量多于规定的 7 倍，导致混凝土坍落度大于 180mm，石子下沉，混凝土结构不均匀，浇筑后 5 天仍然不凝固硬化，28 天的混凝土实际强度不到规定强度的 32%，不得不返工重浇。

④ 限制使用。

当工程质量缺陷按修补方法处理后无法保证达到规定的使用要求和安全要求，而又无法返工处理的情况下，不得已时可做出诸如结构卸荷或减荷及限制使用的决定。

⑤ 不做处理。

某些工程质量问题虽然达不到规定的要求或标准，但其情况不严重，对工程或结构的使用及安全影响很小，经过分析、论证、法定检测单位鉴定和设计单位等认可后可不做处理。一般可不做处理的情况有以下几种。

a. 不影响结构安全、生产工艺和使用要求的。例如，有的工业建筑物出现放线定位的偏差，且严重超过规范标准规定，若要纠正会造成重大经济损失，但经过分析、论证，其偏差不影响生产工艺和正常使用，在外观上也无明显影响，可不做处理。又如，某些部位的混凝土表面的裂缝，经检查分析，属于表面养护不够的干缩微缝，不影响使用和外观，也可不做处理。

b. 可通过后道工序弥补的质量缺陷。例如，混凝土结构表面的轻微麻面，可通过后续的抹灰、刮涂、喷涂等弥补，也可不做处理。再例如，混凝土现浇楼面的平整度偏差达到10mm，但由于后续垫层和面层的施工可以弥补，所以也可不做处理。

c. 法定检测单位鉴定合格的。例如，检验某批混凝土试块强度值不满足规范要求，强度不足，但经法定检测单位对混凝土实体强度进行实际检测后，其实际强度达到规范允许和设计要求值时，可不做处理。经检测未达到要求值，但相差不多，经分析论证，只要使用前经再次检测达到设计强度，也可不做处理，但应严格控制施工荷载。

d. 出现的质量缺陷，经检测鉴定达不到设计要求，但经原设计单位核算，仍能满足结构安全和使用功能的。例如，某一结构构件截面尺寸不足，或材料强度不足，影响结构承载力，但按实际情况进行复核验算后仍能满足设计要求的承载力，可不进行专门处理。这种做法实际上是挖掘设计潜力或降低设计的安全系数，应谨慎处理。

⑥ 报废处理。

通过分析或实践，采取上述处理方法后仍不能满足规定的要求或标注，则必须予以报废处理。

（5）工程质量回访及保修。

① 回访。回访是承包人为工程项目正常发挥功能而制订在工作计划、程序和质量体系中的项目。通过回访，了解工程竣工交付使用后用户对工程质量的意见，以促进承包人改进工程质量管理，为顾客提供优质服务。

根据回访工作计划的安排，每次回访结束，执行单位或项目经理部应填写"回访工作记录"，撰写回访纪要，执行负责人应在回访记录上签字确认。

撰写回访工作纪要的主要内容一般应包括：存在哪些质量问题；使用人有什么意见；事后应采取什么措施处理；公正客观记录正反两方面的评价意见。

全部回访工作结束，应提出"回访服务报告"，收集用户对工程质量的评价，分析质量缺陷的原因，总结正反两方面的经验和教训，采取相应的对策措施，加强施工过程质量控制，改进施工项目管理。

② 保修。保修期为自竣工验收合格之日起计算，在正常使用条件下的最低保修期限。《建设工程质量管理条例》第40条规定，在正常使用条件下，建设工程的最低保修期限如下。

a. 基础设施工程、房屋建筑的地基基础工程和主体结构工程，为设计文件规定的该工程的合理使用年限。

b. 屋面防水工程、有防水要求的卫生间、房间和外墙面的防渗漏，为5年。

c. 供热与供冷系统，为2个采暖期、供冷期。

d. 电气管线、给排水管道、设备安装和装修工程，为2年。

其他项目的保修期限由发包方与承包方约定。

《房屋建筑工程质量保修办法》
(中华人民共和国建设部令第80号) (节选)

第七条　在正常使用条件下，房屋建筑工程的最低保修期限为：

（一）地基基础工程和主体结构工程，为设计文件规定的该工程的合理使用年限；

（二）屋面防水工程、有防水要求的卫生间、房间和外墙面的防渗漏，为5年；

（三）供热与供冷系统，为2个采暖期、供冷期；

（四）电气管线、给排水管道、设备安装为2年；

（五）装修工程为2年。

其他项目的保修期限由建设单位和施工单位约定。

第八条　房屋建筑工程保修期从工程竣工验收合格之日起计算。

第九条　房屋建筑工程在保修期限内出现质量缺陷，建设单位或者房屋建筑所有人应当向施工单位发出保修通知。施工单位接到保修通知后，应当到现场核查情况，在保修书约定的时间内予以保修。发生涉及结构安全或者严重影响使用功能的紧急抢修事故，施工单位接到保修通知后，应当立即到达现场抢修。

本章小结

本章介绍了建设工程项目质量控制体系的概念及质量控制要求，质量控制程序和质量计划，质量控制方法和质量处置，以及项目采购质量控制，详细阐述了建设工程项目施工准备阶段、施工阶段和竣工验收阶段的质量控制。

建立质量控制体系，根据建设工程项目质量控制的要求，制订质量控制程序及质量计划。注重施工前的准备阶段质量控制，施工阶段的质量控制及竣工验收阶段的质量控制，对施工中出现的质量事故采取处理措施。

同时，应注意对建设工程项目的材料、设备采购进行质量控制。

习 题

一、单项选择题

1. 工程项目质量控制的基本原则是_____。

A. 精心施工，质量第一　　　　　　B. 质量第一，预防为主

C. 以预防为主，防患于未然　　　　D. 坚持质量标准，严格检查

2. 工程项目质量控制中"以人为核心"的原则，这里的人是指_____。

A. 现场操作者　　　　　　　　　　B. 技术人员

C. 管理人员　　　　　　　　　　　D. 参与工程建设的所有人员

3. 质量控制是指_____。

A. 产品的质量符合规范、标准和图纸的要求

B. 为达到质量要求所采取的作业技术和活动

C. 为提供证据表明实体满足质量要求而进行的有计划和有系统的活动

D. 确定产品质量的目标和要求的活动

4. 过期、受潮的水泥_____。

A. 应降级使用

B. 必须报废

C. 重新检定其标号后可用于一般工程

D. 重新检定其标号后仍可用于重要工程

5. 对材料的免检的含义是_____。

A. 对实物和质量保证资料都不再检查

B. 只检查实物，不再检查质量保证资料

C. 不再检查实物，只检查质量保证资料

D. 只对实物的数量进行核对

6. 根据材料信息和保证资料的具体情况，_____应采用全检进行材料的检（试）验。

A. 当材料的性能不能清楚时　　　　B. 对材料质量保证资料有怀疑时

C. 对重要部位的材料　　　　　　　D. 对成批生产的构配件

7. 目测检查法的手段可归纳为看、摸、敲、_____4个字。

A. 听　　　　B. 套　　　　C. 照　　　　D. 感

8. 在成品保护中，对进口台阶应垫砖或方木搭脚手板过人，属于_____的保护措施。

A. 防护　　　　B. 包裹　　　　C. 覆盖　　　　D. 封闭

9. 检查施工现场的测量标桩、建筑物的定位放线及高程水准点是属于_____质量控制。

A. 工序　　　　B. 事前　　　　C. 事中　　　　D. 事后

10. 施工过程中质量控制的主要工作是：以_____为核心，设质量控制点严格质量检查，加强成品保护。

A. 人的控制　　B. 投入品的控制　　C. 工序质量控制　　D. 工序交接检查

二、多项选择题

1. 工程项目质量保证体系的主要内容有_____。

A. 项目质量目标　　　B. 项目施工质量计划　　C. 程序文件

D. 质量记录　　　　　E. 思想、组织和工作保证体系

2. 下列各项中，属于质量管理体系八项原则的有_____。

A. 以顾客为关注焦点　　B. 员工作用　　　　C. 全员参与

D. 过程方法　　　　　　E. 与需方互利的关系

3. 在施工现场的质量检查中，通常采用实测法进行检查的内容有_____。
   A. 喷涂的密实度和颜色是否良好　　　B. 墙面抹灰是否有空鼓现象
   C. 构件截面尺寸的检查　　　　　　　D. 阴阳角方正
   E. 砌体的垂直度检查
4. 在施工准备的质量控制工作中，属于技术准备控制工作内容的有_____。
   A. 做好设计交底和图纸会审
   B. 对建设地点自然条件进行调查分析
   C. 制订施工质量控制计划
   D. 做好工程定位和标高基准的控制工作
   E. 设置质量控制点
5. 在质量检验中，可以根据实际情况确定材料的检验程度。通常需要进行全检验的有_____。
   A. 进口材料　　　　　　　　　　　　B. 重要工程部位的材料
   C. 对质量保证资料有怀疑的材料　　　D. 性能不清楚的材料
   E. 贵重的材料
6. 在施工测量控制中，民用建筑的测量复核通常包括_____。
   A. 建筑物定位测量　　　　　　　　　B. 墙体皮数杆检测
   C. 架空管线施工检测　　　　　　　　D. 楼层间高程传递检测
   E. 动力设备基础与预埋螺栓检测
7. 施工生产中计量控制的主要工作包括_____。
   A. 投料计量　　　B. 施工测量　　　C. 施工机械设备数量计算
   D. 监测计量　　　E. 施工人员数量计算
8. 施工成品保护的措施一般包括_____。
   A. 遮挡　　　　　B. 覆盖　　　　　C. 包裹
   D. 封闭　　　　　E. 防护
9. 因果分析图可以帮助人们_____，从而有助于达到质量控制的目的。
   A. 找出影响质量的主、次因素
   B. 寻求可能影响某一质量问题的因素
   C. 整理有关质量数据
   D. 统计分析质量数据
   E. 制定质量控制对策
10. 判断生产过程是否正常，可采用_____法。
    A. 因果分析图　　B. 直方图　　　　C. 相关图
    D. 控制图　　　　E. 排列图

三、简答题
1. 施工质量事故的处理措施有哪些？
2. 简述建立质量体系的原则。
3. 简述建设工程项目施工阶段质量控制的主要内容。
4. 在某工程建设项目施工阶段，施工单位对现场制作的钢筋混凝土预制板进行质量检查,抽查了500块预制板,发现其中存在以下问题,见表6-6。

表6-6 预制板存在的问题

序号	存在问题	数量
1	蜂窝麻面	23
2	局部露筋	10
3	强度不足	4
4	横向裂缝	2
5	纵向裂缝	1
合计		40

试用排列图分析预制板中存在的问题,并找出主要质量问题,采取措施进行处理。

四、案例分析题

【背景】

某大型基础设施项目,除土建工程、安装工程外,尚有一段地基需设置护坡桩加固边坡。业主委托监理单位组织施工招标及承担施工阶段监理任务。业主采纳了监理单位的建议,确定土建、安装、护坡桩3个合同分别招标,土建施工采用公开招标,设备安装和护坡桩工程选择另外方式招标,分别选定了3个承包单位。其中,基础工程公司承包护坡桩工程。

护坡桩工程开工前,总监批准了基础工程公司上报的施工组织设计。开工后,在第一次工地会议上,总监特别强调了质量控制的两个途径和主要手段。护坡桩的混凝土设计强度为C30。在混凝土护坡桩开始浇筑后,基础工程公司按规定预留了40组混凝土试块,根据其抗压强度试验结果绘制出频数分布表6-7。

表6-7 频数分布表

组号	分组区间	频数	频率
1	25.15~26.95	2	0.05
2	26.95~28.75	4	0.10
3	28.75~30.55	8	0.20
4	30.55~32.35	11	0.275
5	32.35~34.15	7	0.175
6	34.15~35.95	5	0.125
7	35.95~37.75	3	0.075

【问题】

1. 根据频数分布表绘制频数分布直方图。

2. 若 C30 混凝土强度质量控制范围取值：上限 $T_u = 38.2\text{MPa}$，下限 $T_L = 24.8\text{MPa}$，请在直方图上绘出上限、下限，并对混凝土浇筑质量给予全面评价。

【第6章在线测试习题】

第7章 建设工程项目职业健康安全管理

思维导图

1. 了解职业健康安全的概念、目的，了解职业健康安全问题及其解决途径
2. 掌握建设工程项目职业健康安全管理的方针和原则
3. 了解安全生产的管理体制
4. 熟悉安全生产的法律法规和管理制度

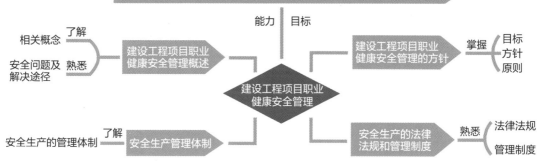

第 7 章 建设工程项目职业健康安全管理

> **导入案例**
>
> 中国的建筑工人是世界上最大的行业劳动群体，但他们的劳动环境和安全水平还不尽如人意。经过多年的探索，世界其他各国，尤其是英国、美国、日本等在职业安全与健康方面已经取得了较大的进展，积累了大量经验，建筑业的伤亡率持续下降。我国经过多年的不懈努力，建筑业的因工死亡率也在不断下降。然而，建筑业仍然是事故率较高的行业之一，在美国每天有 2 名建筑工人死亡，在英国建筑业安全事故造成的损失已达到建设项目总成本的 3%～6%。建筑安全与健康水平在管理上、技术上的提高，可使数十万甚至上百万建筑工人的健康甚至生命得到更好的保障，使建筑业避免数十亿甚至上百亿元的经济损失，使成千上万个家庭乃至整个社会少遭受一些伤害和痛苦。本章主要对建设工程项目职业健康安全管理的相关知识进行介绍。

【安全事故报道】

7.1 建设工程项目职业健康安全管理概述

7.1.1 建设工程项目职业健康安全的相关概念

1. 建设工程项目职业健康安全与劳动保护

职业健康安全（OHS）是国际上通用的词语，通常是指影响作业场所内的员工、临时工作人员、合同工作人员、合同方人员、访问者和其他人员健康安全的条件和因素。

劳动保护通常是指保护劳动者在劳动生产过程中的健康和安全，包括改善劳动条件，预防工伤事故及职业病，实现劳逸结合以及对女工、未成年工的特殊保护等方面采取的各种管理和技术措施。

职业健康安全和劳动保护在名称上虽然不同，但其含义大致相同，可以认为是同一概念的两种不同命名。

2. 建设工程项目职业健康安全管理体系

职业健康安全管理体系（OHSMS）是组织管理体系的一部分，用于制定和实施组织的职业健康安全方针，并管理其职业健康安全风险。

安全生产管理就是针对人们在安全生产过程中的安全问题，运用有效的资源，发挥人们的智慧，通过人们的努力，进行有关决策、计划、组织和控制等活动，实现生产过程中人与机器设备、物料环境的和谐，达到安全生产的目标。实现该过程的体系就是安全生产管理体系。

在我国，通常把职业健康安全管理称为安全生产管理。

3. 建设工程项目职业健康安全管理的目的

建设工程项目职业健康安全管理的目的是防止和减少生产安全事故发生、保护产品生产者的健康与安全、保护人民群众的生命和财产免受损失。控制影响工作场所内员工、临时工作人员、合同方人员、访问者和其他有关部门人员健康和安全的条件和因素，考虑和避免因管理不当对员工健康和安全造成的危害，是职业健康安全管理的有效手段和措施。

7.1.2 建设工程项目职业健康安全及其解决的途径

【工程施工现场的安全常识】

建设工程项目职业健康安全可归纳为以下三个问题，并根据其特点寻求其解决的途径。

1. 人的不安全行为

不安全行为是人表现出来的，与人的心理特征相违背的、非正常的行为，如不佩戴防护用品、不按规章操作等。人出现一次不安全行为，不一定会发生事故、造成伤害，但势必会成为日后事故发生的隐患。

【人的不安全行为】

由于每个人心理特征和心理状态不同，故而防止人的不安全行为极度复杂，必须从安全心理学、安全人机学和系统安全的知识中深入分析不安全行为的起因，从根本上"消灭"违章作业的根源，防止或减少人失误，保证安全生产。同时有技术、教育和管理方面的原因，也应当采取工程技术（Engineering）对策、教育（Education）对策和法治（Enforcement）对策，即3E对策。

2. 物的不安全状态

人机系统中把生产过程中发挥一定作用的机械、物料、生产对象以及其他生产要素统称为物。物都具有不同形式、性质的能量，有出现能量意外释放、引发事故的可能性。由于物的能量可能释放引起事故的状态，称为物的不安全状态。从发生事故的角度而言，能引起或可能引起事故的物的状态，即物的不安全状态。常见的物的不安全状态表现形式如下。

（1）设备和装置结构不良，材料强度不够，部件损坏。

（2）存在危险有害物质。

（3）安全防护装置失灵。

（4）工艺过程不合理。

在生产过程中，物的不安全状态极易出现。所有的物的不安全状态，都与人的不安全行为或人的操作、管理失误有关。往往在物的不安全状态背后，隐藏着人的不安全行为或人的失误。物的不安全状态既反映了物的自身特性，又反映了人的素质和人的决策水平。针对生产中物的不安全状态的形成与发展，在进行施工设计、工艺安排、施工组织与具体操作时，采取有效的控制措施，把物的不安全状态消除在生产活动进行之前或引发事故之前，是安全管理的重要任务之一。

3. 组织管理不力

组织管理不力主要体现在管理制度的缺失、管理措施的不当、管理体系的不健全等组织层面上。

单位应当根据相应的法律法规、条文规定及自己的实际情况，制定和完善自己的相关安全管理体系，切实做好安全管理和监管职责，对人的不安全行为、物的不安全状态及组织管理不力等隐患进行管理和整改。

7.2 建设工程项目职业健康安全管理的目标、方针和原则

1. 建设工程项目职业健康安全管理的目标

建设工程项目职业健康安全管理的目标是保护劳动者的安全与健康不因工作而受到损害，同时减少因建筑安全事故而导致的全社会包括个人家庭、企业行业及社会的损失。该目标充分体现了"以人为本"的原则，应该成为安全立法、行政管理、企业管理乃至全行业的共识。

2. 建设工程项目职业健康安全管理的方针

我国建设工程项目职业健康安全管理的方针是"安全第一、预防为主、综合治理"。安全第一毋庸置疑，但应有更具体的含义，如当安全与工期、安全与费用产生矛盾时，应先确保安全。预防为主是明智之见，绝大部分管理和安全措施都是为了预防事故的发生。同时，对事故发生后的控制、救援、处理也应从制度和管理上予以加强，一方面可以减少事故造成的损失，另一方面完善的救援措施也可使工人更有安全感。综合治理是指从遵循和适应安全生产的规律出发，综合运用多种手段，充分发挥社会、职工、舆论的监督作用，形成"标本兼治、齐抓共管"的格局。"安全第一"是基本原则，"预防为主"是手段，"综合治理"是方法，三者是一个完整的体系，是相辅相成、辩证统一的整体。

3. 建设工程项目职业健康安全管理的原则

长期以来，世界各国不断加强对建筑安全的管理，取得了显著的效果。但是，当事故率、死亡率下降到一定水平后，再用同样的方法，即使投入更多的资源获得的效果也不明显。因此，借鉴发达国家的经验、结合我国的实际情况和建筑业生产的特点，安全管理应该遵循以下原则。

（1）管理与自律并重。严格的管理大大遏制了安全事故的发生，但也会使得被管理者产生依赖心理，主动防范的意识逐渐淡化。因此，在加强管理的同时强调劳动者保护自己和他人安全的意识非常重要。

（2）强制与引导并重。现行的法律法规和技术规范都是必须遵守的，强制执行和必要的惩罚也必不可少。通过一系列的激励措施，使劳动者主动参与到提高安全水平的活动中也会收到更好的效果。

（3）治标与治本并重。目前的安全检查重点是法律法规和技术规范的执行情况，一般情况下事故调查的结论也停留在较浅的层次上。应研究对管理方面的检查评价更科学有效的方法，加强对事故机制方面的研究与治理。

【人的不安全行为案例】

【物的不安全状态类型】

根据国际劳工组织（ILO）的统计，全球每年发生各类生产事故和劳动疾病约为 2.5 亿起，平均每天有 68.5 万起，每分钟就发生 476 起，其中，每年死于职业安全事故和劳动疾病的人数多达 110 万人，远多于一般交通事故、暴力死亡、局部战争及艾滋病死亡的人数。党的二十大报告中提到，要推进安全生产风险专项整治，加强重点行业、重点领域安全监管。在我国安全生产问题最突出的有五大领域，包括住房和城乡建设领域，矿山领域，化工和危险化学品领域，交通运输领域，工贸领域中的冶金、机械、钢铁、电力等企业。对这些行业和领域要加强制度化常态化安全监管，健全风险隐患排查整治机制，落实安全生产责任制，坚决遏制重特大事故发生。

特别提示

市场竞争日益加剧是造成生产事故和劳动疾病有增无减的原因之一。

7.3 安全生产管理体制

完善安全生产管理体制，建立健全安全管理制度、安全管理机构和安全生产责任制是安全管理的重要内容，是实现安全生产目标管理的组织保证。

安全生产管理体制的内涵是"企业负责、行业管理、国家监察、群众监督、劳动者遵章守纪"，这样的安全生产管理体制符合社会主义市场经济条件下安全生产工作的要求。

1. 企业负责

企业负责明确了企业作为市场经济的主体必须承担的安全生产责任，即必须认真贯彻执行安全生产和劳动保护方面的政策、法规及规章制度，要对本企业的安全生产工作负责。"企业法定代表人是安全生产的第一责任者，要对本企业的安全生产全面负责"。

2. 行业管理

各行业的管理部门（包括政府主管部门、受政府委托的管理机构及行业协会等）根据"管生产必须管安全"的原则，在各自的工作职责范围内，行使行业管理的职能，贯彻执行国家、行业及地方的安全生产方针政策、法律法规及规范规章，对行业安全生产工作进行计划、组织和监督检查及考核等。

3. 国家监察

国家监察是指由国家安全生产监察机构实施安全生产监察。国家监察是一种执法监察，是以国家名义并运用国家权力对有关单位执行安全生产、劳动保护工作的情况，依法进行监察、纠正和惩戒。

4. 群众监督

群众监督有两层含义,一是由工会对安全生产实施监督,工会组织作为职工团体根本利益的代表,对危害职工安全健康的现象有抵制、纠正甚至控告的权力,这是一种自下而上的群众监督。中华全国总工会于 1985 年 4 月 8 日颁发了《工会劳动保护监督检查员暂行条例》《基层(车间)工会劳动保护监督检查委员会工作条例》《工会小组劳动保护检查员工作条例》,并根据实际情况对三个条例作了修改,于 2001 年 12 月 31 日颁布,这三个条例作的相关具体规定是工会进行群众监督工作的主要依据。二是《中华人民共和国劳动法》赋予劳动者监督权,在第五十六条中规定"劳动者对用人单位管理人员违章指挥、强令冒险作业,有权拒绝执行;对危害生命安全和身体健康的行为,有权提出批评、检举和控告",这是劳动者的一种直接监督形式。

5. 劳动者遵章守纪

安全生产意识淡薄是一个普遍性的问题,现在有 60% 以上的安全生产事故是由于缺乏安全意识、违章指挥、违章操作、违反劳动纪律造成的。因此,劳动者的遵章守纪与安全生产有着直接的关系,遵章守纪是实现安全生产的前提和重要保证。劳动者应当在生产过程中自觉遵守安全生产规章制度和劳动纪律,严格执行安全技术操作规程,做到不违章操作并制止他人的违章操作,从而实现全员的安全生产。

7.4 安全生产的法律法规和管理制度

7.4.1 安全生产的法律法规

1. 国家有关安全生产内容的法律

(1)《中华人民共和国宪法》。

【图解施工安全隐患】

第四十二条 中华人民共和国公民有劳动的权利和义务。

国家通过各种途径,创造劳动就业条件,加强劳动保护,改善劳动条件,并在发展生产的基础上,提高劳动报酬和福利待遇。

劳动是一切有劳动能力的公民的光荣职责。国有企业和城乡集体经济组织的劳动者都应当以国家主人翁的态度对待自己的劳动。国家提倡社会主义劳动竞赛,奖励劳动模范和先进工作者。国家提倡公民从事义务劳动。

国家对就业前的公民进行必要的就业训练。

第四十三条 中华人民共和国劳动者有休息的权利。

国家发展劳动者休息和休养的设施,规定职工的工作时间和休假制度。

(2)《中华人民共和国刑法》。

第一百三十三条 违反交通运输法规,因而发生重大事故,致人重伤、死亡或者使公私财产遭受重大损失的,处三年以下有期徒刑或者拘役;交通运输肇事后逃逸或者有其他特别恶劣情节的，处三年以上七年以下有期徒刑；因逃逸致人死亡的，处七年以上有期徒刑。

第一百三十四条 在生产、作业中违反有关安全管理规定，因而发生重大伤亡事故或者造成其他严重后果的，处三年以下有期徒刑或者拘役；情节特别恶劣的，处以三年以上七年以下有期徒刑。

第一百三十五条 安全生产设施或者安全生产条件不符合国家规定，因而发生重大伤亡事故或者造成其他严重后果的，对直接负责的主管人员和其他直接责任人员，处三年以下有期徒刑或者拘役；情节特别恶劣的，处三年以上七年以下有期徒刑。

第一百三十六条 违反爆炸性、易燃性、放射性、毒害性、腐蚀性物品的管理规定，在生产、储存、运输、使用中发生重大事故，造成严重后果的，处三年以下有期徒刑或者拘役；后果特别严重的，处三年以上七年以下有期徒刑。

第一百三十七条 建设单位、设计单位、施工单位、工程监理违反国家规定，降低工程质量标准，造成重大安全事故的，对直接责任人员，处五年以下有期徒刑或拘役，并处罚金；后果特别严重的，处五年以上十年以下有期徒刑，并处罚金。

第一百三十九条 违反消防管理法规，经消防监督机构通知采取改正措施而拒绝执行，造成严重后果的，对直接责任人员，处三年以下有期徒刑或者拘役；后果特别严重的，处三年以上七年以下有期徒刑。

第一百四十六条 生产不符合保障人身、财产安全的国家标准、行业标准的电器、压力容器、易燃易爆产品或者其他不符合保障人身、财产安全的国家标准、行业标准的产品，或者销售明知是以上不符合保障人身、财产安全的国家标准、行业标准的产品，造成严重后果的，处五年以下有期徒刑，并处销售金额百分之五十以上二倍以下罚金；后果特别严重的，处五年以上有期徒刑，并处销售金额百分之五十以上二倍以下罚金。

(3)《中华人民共和国建筑法》。

第三十六条 建筑工程安全生产管理必须坚持安全第一、预防为主的方针，建立健全安全生产的责任制度和群防群治制度。

第三十七条 建筑工程设计应当符合按照国家规定制定的建筑安全规程和技术规范，保证工程的安全性能。

第三十八条 建筑施工企业在编制施工组织设计时，应当根据建筑工程的特点制定相应的安全技术措施；对专业性较强的工程项目，应当编制专项安全施工组织设计，并采取安全技术措施。

第三十九条 建筑施工企业应当在施工现场采取维护安全、防范危险、预防火灾等措施；有条件的，应当对施工现场实行封闭管理。

施工现场对毗邻的建筑物、构筑物和特殊作业环境可能造成损害的，建筑施工企业应当采取安全防护措施。

第四十条 建设单位应当向建筑施工企业提供与施工现场相关的地下管线资料，建筑施工企业应当采取措施加以保护。

第四十一条 建筑施工企业应当遵守有关环境保护和安全生产方面的法律、法规的规定，采取控制和处理施工现场的各种粉尘、废气、废水、固体废物以及噪声、振动对环境的污染和危害的措施。

第四十二条 有下列情形之一的,建设单位应当按照国家有关规定办理申请批准手续:
(一) 需要临时占用规划批准范围以外场地的;
(二) 可能损坏道路、管线、电力、邮电通讯等公共设施的;
(三) 需要临时停水、停电、中断道路交通的;
(四) 需要进行爆破作业的;
(五) 法律、法规规定需要办理报批手续的其他情形。

【施工现场安全生产挂图】

第四十三条 建设行政主管部门负责建筑安全生产的管理,并依法接受劳动行政主管部门对建筑安全生产的指导和监督。

第四十四条 建筑施工企业必须依法加强对建筑安全生产的管理,执行安全生产责任制度,采取有效措施,防止伤亡和其他安全生产事故的发生。

建筑施工企业的法定代表人对本企业的安全生产负责。

第四十五条 施工现场安全由建筑施工企业负责。实行施工总承包的,由总承包单位负责。分包单位向总承包单位负责,服从总承包单位对施工现场的安全生产管理。

第四十六条 建筑施工企业应当建立健全劳动安全生产教育培训制度,加强对职工安全性的教育培训;未经安全生产教育培训的人员,不得上岗作业。

第四十七条 建筑施工企业和作业人员在施工过程中,应当遵守有关安全生产的法律、法规和建筑行业安全规章、规程,不得违章指挥或者违章作业。作业人员有权对影响人身健康的作业程序和作业条件提出改进意见,有权获得安全生产所需的防护用品。作业人员对危及生命安全和人身健康的行为有权提出批评、检举和控告。

第四十八条 建筑施工企业应当依法为职工参加保险缴纳工伤保险费。鼓励企业为从事危险作业的职工办理意外伤害保险,支付保险费。

第四十九条 涉及建筑主体和承重结构变动的装修工程,建设单位应当在施工前委托原设计单位或者具有相应资质条件的设计单位提出设计方案;没有设计方案的,不得施工。

第五十条 房屋拆除应当由具备保证安全条件的建筑施工单位承担,由建筑施工单位负责人对安全负责。

第五十一条 施工中发生事故时,建筑施工企业应当采取紧急措施减少人员伤亡和事故损失,并按照国家有关规定及时向有关部门报告。

(4)《中华人民共和国安全生产法》。

2. 国务院行政法规及文件

(1)《建设工程安全生产管理条例》。

(2) "三大规程"(也称"三大法规")。它包括《工厂安全卫生规程》《建筑安装工程安全技术规程》《工人职员伤亡事故报告规程》。这三个规程都是1956年在由周恩来同志主持的国务院全体会议讨论通过,并由国务院颁布实施的。

【中华人民共和国安全生产法】

①《工厂安全卫生规程》主要对工厂企业从厂院、通道、设备布置、安全装置、材料和成品堆放到生活设施等有关工厂的安全卫生,作出了一系列的规定。

【建设工程安全生产管理条例】

②《建筑安装工程安全技术规程》共分9章112条。分为总则、施工的一般安全要求、施工现场、脚手架、土石方工程、机电设备和安装、拆除工程、防护用

品、附则。对建筑安装工程施工安全管理、主要安全技术措施、施工现场安全要求等作出一系列规定。由于科学技术的发展，新的施工方法不断出现，对于这些新施工方法，目前规程中还没有及时地提出相应的安全要求，有待进一步总结和补充。

③《工人职员伤亡事故报告规程》是关于伤亡事故的统计、上报、调查、处理的详细规定。此规程沿用至1991年5月1日，后由《企业职工伤亡事故报告和处理规定》（国务院令第75号）替代。而从2007年6月1日，施行《生产安全事故报告和调查处理条例》（国务院令第473号）。

（3）"五项规定"，即《关于加强企业生产中安全工作的几项规定》，是国务院1963年3月30日发布的，"五项规定"是其习惯称法。"五项规定"的主要内容有安全生产责任制、安全技术措施计划、安全生产教育、安全生产检查和伤亡事故调查处理，明确提出了"管生产必须管安全"的原则和做到"五同时"，即在计划、布置、检查、总结、评比生产的同时要计划、布置、检查、总结、评比安全工作。

（4）《国务院关于进一步加强企业安全生产工作的通知》（国发〔2010〕23号）（以下简称《通知》）。

《通知》是继2004年《国务院关于进一步加强安全生产工作的决定》之后，国务院在加强安全生产工作方面的又一重大举措，充分体现了党中央、国务院对安全生产工作的高度重视。《通知》进一步明确了现阶段安全生产工作的总体要求和目标任务，提出了新形势下加强安全生产工作的一系列政策措施，涵盖企业安全管理、技术保障、产业升级、应急救援、安全监管、安全准入、指导协调、考核监督和责任追究等多个方面，是指导全国安全生产工作的纲领性文件。

（5）《国务院关于加强防尘防毒工作的决定》（国发〔1984〕97号）（以下简称《决定》）。

《决定》指出：继续贯彻执行国务院批转原国家劳动总局、卫生部关于加强厂矿企业防尘防毒工作的报告（国发〔1979〕100号）的精神，每年在企业提取的固定资产更新改造资金中要根据实际情况拿出一部分资金，用于改善工人的劳动条件。如资金仍不敷需要，企业可从税后留利或利润留成等自筹资金中补充一部分。

3. 住房和城乡建设部印发的有关安全生产行业标准、文件

（1）原国家建筑工程总局颁发的《建筑安装工人安全技术操作规程》（建工劳字〔80〕第24号）（以下简称《规程》）。

《规程》分土木建筑、设备安装、机械施工三大部分，共40章832条。主要内容包括4个方面，一是安全技术设施标准；二是安全技术操作标准；三是设备安全装置标准；四是施工组织管理及安全技术的一般要求。

（2）原国家建筑工程总局于1981年4月9日发布的《关于加强劳动保护工作的决定》（建工劳字〔81〕第208号）（以下简称《决定》）。

《决定》中提出了施工安全的"十项措施"。

① 按规定使用"三宝"。

② 机械设备的防护装置一定要齐全有效。

③ 塔式起重机等起重设备必须有限位保险装置。不准"带病"运转，不准超负荷作业，不准在运转中维修保养。

④ 架设电线线路必须符合当地电业局的规定，电气设备必须全部接零、接地。

⑤ 电动机械或电动手持工具要设置漏电跳闸装置。

⑥ 脚手架材料或脚手架的搭设必须符合规程要求。
⑦ 各种缆风绳及其设置必须符合规程要求。
⑧ 在建工程的楼梯口、电梯井口、预留洞口、通道口，必须有防护措施。
⑨ 严禁赤脚或穿高跟鞋、拖鞋进入施工现场，高处作业不准穿硬底和带钉易滑的鞋靴。
⑩ 施工现场的悬崖、陡坎等危险地区应有警戒标志，夜间要设红灯示警。

(3) 原建设部部颁标准《施工现场临时用电安全技术规范》（JGJ 46—2005）。

该规范明确规定了施工现场临时用电、施工组织设计的编制、专业人员、技术档案管理要求；接地与防雷、实行 TN-S 三相五线制接零保护系统的要求；外电路防护和配电线路、配电箱及开关箱、电动建筑机械及手持电动工具、照明等方面的安全管理及安全技术措施的要求。

(4) 原建设部部颁标准《建筑施工高处作业安全技术规范》（JGJ 80—2016）。

该规范对高处作业的安全技术措施及其所需料具，施工前的安全技术教育及交底，人身防护用品的落实，上岗人员的专业培训考试持证上岗和体格检查，作业环境和气象条件，临边、洞口、攀登、悬空作业，操作平台与交叉作业的安全防护设施的搭拆（包括临时移动），以及主要受力杆件的计算、安全防护设施的验收都作出了规定。

(5) 原建设部部颁标准《龙门架及井架物料提升机安全技术规范》（JGJ 88—2010）。

该规范自 2011 年 2 月 1 日起实施，规定：安装提升机驾驶人员，应按照高处作业人员的要求，经培训持证上岗；使用单位应根据提升机的类型制定操作规程，建立管理制度及检修制度，应配备经正式考试合格持有操作证的专职司机；提升机应具有相应的安全防护装置并满足其要求。

该规范相对于《龙门架及井架物料提升机安全技术规范》（JGJ 88—1992），修订的主要内容如下：①规定物料提升机额定起重量不宜超过 1600kN，安装高度不宜超过 30m，安装高度超过 30m 的物料提升机增加限制条件；②增加对曳引轮直径与钢丝绳直径的比值、钢丝绳的曳引轮上的包角及曳引力自动平衡装置的规定；③增加对起重量限制器和防坠安全器的规定；④对防护围栏、停层平台及平台门的强度、安装高度和安装位置提出具体的规定；⑤附录中增加物料提升机安装验收表。

(6) 原建设部部颁标准《建筑施工门式钢管脚手架安全技术规范》（JGJ 128—2010）。

(7) 原建设部部颁标准《建筑施工扣件式钢管脚手架安全技术规范》（JGJ 130—2011）。

(8) 原建设部部颁标准《建筑施工安全检查标准》（JGJ 59—2011）。

该规范自 2012 年 7 月 1 日实施，相对于《建筑施工安全检查标准》（JGJ 59—1999），修订的主要技术内容如下：将"建筑施工安全检查评分汇总表"中的项目名称及分值进行了调整；删除"挂脚手架检查评分表""吊篮脚手架检查评分表"；将"'三宝''四口'防护检查评分表"改成"高处作业检查评分表"，并新增移动式操作平台和悬挑式钢平台的检查内容；新增"碗扣式钢管脚手架检查评分表""承插型盘扣式钢管脚手架检查评分表""满堂脚手架检查评分表""高处作业吊篮检查评分表"；依据现行法规和标准对检查评分表的内容进行了调整。

(9) 原建设部令第 13 号《建筑安全生产监督管理规定》（2007 年 9 月 21 日实施）。

该规定指出，建筑安全生产监督管理应当根据"管生产必须管安全"的原则，贯彻"预防为主"的方针，依靠科学管理和技术进步，推动建筑安全生产工作的开展，控制人身伤亡事故的发生。

该规定明确了各级建设行政主管部门安全生产监督管理工作的内容和职责。

（10）住房和城乡建设部令第22号《建筑业企业资质管理规定》（2015年3月1日实施）。

该规定明确指出：由于企业经营管理不善造成三级或两起以上（含两起）四级工程建设重大事故的，要缩小其相关的承包工程范围；情节严重的，可降低一个资质等级。

该规定还在企业年度资质检查条款中指出：企业的资质条件与所定资质差距较大，或者过去一年内发生过三级以上工程建设重大事故，或者发生过两起以上四级工程建设重大事故，或者发生过重大违法行为的，均为"不合格"。把安全工作纳入企业资质的动态管理工作中。

（11）原建设部印发的《关于开展施工多发性伤亡事故专项治理工作的通知》（建监〔1995〕525号）。

该通知要求对高处坠落、坍塌、触电和中毒等多发性事故开展有针对性地专项治理工作。明确了安全生产的"三个第一责任人"，即各级建设行政主管部门的行政一把手是本地区施工安全生产的第一责任人，对所辖区域施工安全生产的行业管理负全面责任；企业法定代表人是本企业安全生产的第一责任人，对本企业的施工安全生产负全面责任；项目经理是本项目的安全生产第一责任人，对项目施工中贯彻落实安全生产的法规、标准负全面责任。

该通知对深入开展遵章守纪安全教育，切实加强监督检查及推广使用合格的安全防护用品提出要求。

该通知还有以下5个附件。

① 重申防止高处坠落事故的若干规定。

② 重申防止坍塌事故的若干规定。

③ 重申防止触电事故的若干规定。

④ 重申防止中毒事故的若干规定。

⑤ 1992年至1995年上半年部分伤亡事故的原因分析。

这些附件分析了当时四类事故发生的主要原因，国家对此制定过一系列法规、规程和标准名称，为预防这类事故提出了重申要求。

（12）原建设部印发的《全国建筑安全第一个五年达标活动的总结和开展第二个五年达标工作的若干意见》（建监〔1995〕688号）。

在关于"九五"期间开展第二个五年安全达标工作的若干意见中提出，实行施工现场安全员资格认证制度。所有新开工的项目都必须配备专职安全员，一般配备的人数比例：3万平方米以下的，专职安全员1人；3万～5万平方米的，专职安全员2人；5万～10万平方米的，专职安全员4人。在开工前，建设行政主管部门或建筑安全监督站须对项目安全员的配备人数、技术素质进行审查，不经审查或审查达不到要求的，不得开工。在合理增加安全投入时提出，各地建设行政主管部门应根据工程建设的发展与特点，及时调整本地区定额和安全措费的取费标准，确保安全防护措施的落实。各企业和项目班子都必须严格按照建设施工安全技术规范和标准的要求设置安全设施。实行新会计制度后，各企业必须保证安全技术措施费的提取额度不低于原来从固定资产更新改造费提取10%～20%的标准。安全措施费必须专款专用，不得挪作他用。

（13）原建设部建设监理司《关于防止建筑施工模板倒塌事故的通知》（建建安字〔93〕41号）。

该通知通报了有关事故情况，提出了加强模板工程施工安全的十项措施。

① 各地区要对本地区模板支撑系统安全状况作一次调查，针对存在的问题，认真研究，采取有效措施，防止模板支撑失稳造成倒塌事故。各施工企业要加强模板工程施工的管理，建立健全相应的安全技术管理制度及责任制，并将模板工程施工纳入安全工作的范围加强检查，确保模板工程施工安全。

② 在模板工程施工前，要进行模板设计，并编制施工技术方案。模板设计及施工技术方案的编制应由专业技术人员承担，并经上一级技术部门批准。

③ 模板设计主要应包括支撑系统自身及支撑模板的楼、地面承受能力的强度计算，构造措施，材料类别及规格的选择等，使模板支撑系统具有足够的强度、刚度和稳定性，能可靠地承受新浇筑混凝土的重量和施工过程中所产生的荷载。模板设计不仅要有计算书，而且还要对细部构造绘制大样图，如对支撑材料的选用及规格尺寸、接头方法、纵横水平拉杆的间距、剪刀撑设置的要求等均应在模板设计中详细注明。

④ 模板施工技术方案，应包括模板的制作、安装、拆除等的施工程序、方法及安全措施。

⑤ 要特别加强竹支撑的管理和安全技术措施。模板支撑的空间高度大于 $4m$ 的不宜采用竹立柱，采用竹立柱时不得有接头。

⑥ 模板制作、安装、拆除前，工地技术负责人应按模板设计及施工技术方案的要求对操作人员进行详细的安全技术交底。

⑦ 在安装模板支撑的过程中，操作人员应严格按模板设计及施工技术方案进行施工，不得随意更改模板设计的要求。如发现模板支撑设计中存有问题或实施有困难时，需向工地技术负责人提出，并经上一级技术负责人同意后方可更改。

⑧ 模板工程安装完成后，必须按照设计要求，由工地技术负责人与安全检查员共同检查验收，确认安全可靠后，才能浇筑混凝土。

⑨ 在浇筑混凝土过程中，应指定专人对模板支撑的受力状况进行监视。

⑩ 模板支撑的拆除，必须在确认混凝土强度达到设计要求后才能进行，且拆除的顺序也应严格遵照模板施工技术方案的要求，严禁野蛮拆模。

(14) 原建设部建设监理司《关于防止拆除工程中发生伤亡事故的通知》（建建安字〔94〕15号）。

该通知中对拆除工程的管理、施工要求同时也做出了明确的规定。

7.4.2 安全生产管理制度

安全生产管理制度是一系列为了保障安全生产而制定的条文。其目的主要是控制风险，将危害降到最小，安全生产管理制度也可以依据风险制定。

现阶段已经比较成熟的安全生产管理制度有安全生产责任制度、安全教育培训制度、安全检查制度、安全措施计划制度、安全监察制度、伤亡事故和职业病统计报告处理制度、"三同时"制度以及安全预评价制度。

1. 安全生产责任制度

安全生产责任制度是按照安全生产管理方针和"管生产必须管安全"的原则，将各级负责人员、各职能部门及其工作人员和各岗位生产工人在安全生产方面应做的事情及应负的责任加以明确规定的一种制度。

企业实行安全生产责任制必须做到在计划、布置、检查、总结、评比生产时，同时计划、布置、检查、总结、评比安全工作。其内容大体分为两个方面：纵向方面是各级人员的安全生产责任制，即各类人员（从最高管理者、管理者代表到项目经理）的安全生产责任制；横向方面是各个部门的安全生产责任制，即各职能部门（如安全环保、设备、技术、生产、财务等部门）的安全生产责任制。只有这样，才能建立健全安全生产责任制，做到群防群治。

安全生产责任制度是最基本的制度，是所有安全生产管理制度的核心。

2. 安全教育培训制度

根据原劳动部《企业职工劳动安全卫生教育管理规定》（劳部发〔1995〕405号）和原建设部《建筑业企业职工安全培训教育暂行规定》（建教〔1997〕83号）的有关规定，企业安全教育一般包括对管理人员、特种作业人员和企业员工的安全教育。按级别分为新入厂职员、工人的厂级安全教育、车间级安全教育和岗位（工段、班组）安全教育，即所谓的三级安全教育。

3. 安全检查制度

安全检查制度是清除隐患、防止事故、改善劳动条件的重要手段，是企业安全生产管理工作的一项重要内容。通过安全检查可以发现企业及生产过程中的危险因素，以便有计划地采取措施，保证安全生产。安全检查的内容有查领导思想、查制度、查管理、查隐患、查整改。对查出的安全隐患应做到定人员、定时间、定措施及时整改，安全生产检查要边检查边整改。

安全检查要深入生产的现场，主要针对生产过程中的劳动条件、生产设备以及相应的安全卫生设施和员工的操作行为是否符合安全生产的要求进行检查。为保证检查的效果，应根据检查的目的和内容成立一个满足安全生产检查工作需要的检查组，配备适当的力量，绝不能敷衍走过场。

4. 安全措施计划制度

安全措施计划制度是指企业进行生产活动时，必须编制安全措施计划，它是企业有计划地改善劳动条件和安全卫生设施、防止工伤事故和职业病的重要措施之一，对企业加强劳动保护、改善劳动条件、保障职工的安全和健康以及促进企业生产经营的发展起到积极的作用。

5. 安全监察制度

安全监察制度是指国家法律、法规授权的行政部门，代表政府对企业的生产过程实施职业安全卫生监察，以政府的名义，运用国家权力对生产单位在履行职业安全卫生职责和执行职业安全卫生政策、法律、法规和标准的情况依法进行监督、检举和惩戒制度。

安全监察具有特殊的法律地位。执行机构设在行政部门，设置原则、管理体制、职责、权限、监察人员任免均依据国家法律法规确定。职业安全卫生监察机构与被监察对象没有上下级关系，只有行政执法机构和法人之间的法律关系。

6. 伤亡事故和职业病统计报告处理制度

伤亡事故和职业病统计报告处理制度是我国职业健康安全的一项重要制度，具体内容如下。

（1）依照国家法规的规定进行事故的报告。
（2）依照国家法规的规定进行事故的统计。
（3）依照国家法规的规定进行事故的调查和处理。

7. "三同时"制度

"三同时"制度是指凡是我国境内新建、改建、扩建的基本建设项目（工程），技术改建项目（工程）和引进的建设项目，其安全生产设施必须符合国家规定的标准，必须与主体工程同时设计、同时施工、同时投入生产和使用。安全生产设施主要是指安全技术方面的设施、职业卫生方面的设施和生产辅助性设施。

8. 安全预评价制度

安全预评价制度是在建设工程项目前期，应用安全评价的原理和方法对工程项目的危险性和危害性进行预测性评价。

开展安全预评价工作，是贯彻落实"安全第一，预防为主"方针的重要手段，是企业实施科学化、规范化安全管理的工作基础。科学、系统地开展安全预评价工作，可直接起到消除有害因素、减少事故发生的作用，不仅有利于全面提高企业的安全管理水平，而且有利于系统地、有针对性地加强对不安全状况的治理、改造，最大限度降低安全生产风险。

职业健康安全管理体系的相关知识

职业健康安全管理体系是用系统论的理论和方法来解决依靠人的可靠性和安全技术可靠性所不能解决的生产事故和劳动疾病的问题，即从组织管理上来解决职业健康安全问题。我国于2011年发布了《职业健康安全管理体系要求》（GB/T 28001—2011），该标准覆盖了《职业健康安全管理体系规范》（OHSAS 18001:2007）的所有技术内容，并考虑了国际上有关职业健康安全管理体系的现有文件的技术内容。职业健康安全管理体系模式图（PDCA循环图）如图7.1所示。

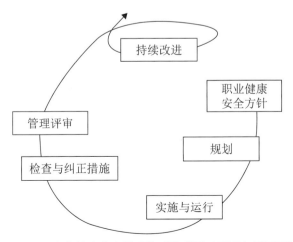

【PDCA循环】

图7.1 职业健康安全管理体系模式图（PDCA循环图）

【建筑工程项目职业健康与安全漫画案例】

特别提示

应遵照《职业健康安全管理体系要求》（GB/T 28001—2011）标准，坚持"安全第一、预防为主"和"防治结合"的方针，建立并持续改进职业健康安全管理体系。

本章小结

职业健康安全通常是指影响作业场所内的员工、临时工作人员、合同工作人员、合同方人员、访问者和其他人员健康安全的条件和因素。建设工程项目职业健康安全管理的目的是防止和减少生产安全事故、保护产品生产者的健康与安全、保障人民群众的生命和财产免受损失。职业健康安全可归纳为三个问题：人的不安全行为、物的不安全状态和组织管理不力。

建设工程项目职业健康安全管理的目标是保护劳动者的安全与健康不因工作而受到损害，同时减少因建筑安全事故导致的全社会，包括个人家庭、企业行业以及社会的损失。我国建设工程项目职业健康安全管理的方针是"安全第一、预防为主、综合治理"。职业健康安全管理的原则是管理与自律并重、强制与引导并重、治标与治本并重。

安全生产管理体制是"企业负责、行业管理、国家监察、群众监督、劳动者遵章守纪"。

现阶段已经比较成熟的安全生产管理制度有安全生产责任制度、安全教育培训制度、安全检查制度、安全措施计划制度、安全监察制度、伤亡事故和职业病统计报告处理制度、"三同时"制度、安全预评价制度。其中，安全生产责任制是最基本的安全管理制度，是所有安全生产管理制度的核心。

习 题

一、填空题

1. 我国建设工程项目职业健康安全管理的方针是_____。
2. 安全生产管理体制的内涵是_____。
3. 安全生产管理制度中的"三同时"制度是指_____。

二、单项选择题

1. 职业健康安全问题包括_____。
   A. 人的不安全行为、物的不安全状态、组织管理不力
   B. 人的不安全状态、物的不安全状态、环境的不安全状态
   C. 人的不安全行为、环境的不安全状态、组织管理不力
   D. 物的不安全状态、环境的不安全状态、组织管理不力

2. 我国于2011年发布的职业健康安全管理体系标准为_____。
   A. 《职业健康安全管理体系规范》（OHSAS 18001:2007）

B.《职业健康安全管理体系要求》(GB/T 28001—2011)

C.《职业健康安全管理体系要求》(GB/T 18001—2011)

D.《职业健康安生管理体系指南》(GB/T 28001—2011)

3. 职业健康安生管理体系强调通过_____管理职业健康安全及其相关事务。

A. 系统论理论　　　　B. 组织理论　　　C. 提高人的可靠性　D. 采用安全技术

三、简答题

1. 什么是OHS？

2. 建设工程项目职业健康安全管理的目的是什么？

3. 安全生产的管理制度包括哪些？

【第7章在线测试习题】

第 8 章 绿色建造与环境管理

思维导图

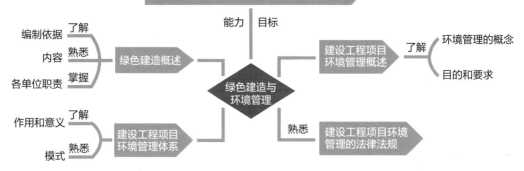

第8章 绿色建造与环境管理

导入案例

工程建设是一项劳动密集型的生产活动，施工场地狭小，施工人员众多，各工种交叉作业，机械施工与手工操作并进，高处作业多，而且施工现场多是在露天和野外，环境复杂，劳动条件差，不安全、不卫生的因素多，极易引发各种疾病，产生安全事故和造成环境问题。"保护环境，防止污染"已成为人们的共识。从绿色建造和环境保护的角度思考：工程建设如何采取必要措施改善施工条件，保障人们的身心健康？

8.1 绿色建造概述

8.1.1 绿色建造计划

1. 绿色建造计划的制订

项目管理机构应通过项目管理策划确定绿色建造计划并经批准后实施，编制绿色建造计划的依据应符合下列规定。

（1）项目环境条件和相关法律法规要求。

（2）项目管理范围和项目工作分解结构。

（3）项目管理策划的绿色建造要求。

2. 绿色建造计划的内容

绿色建造计划应包括下列内容。

（1）绿色建造范围和管理职责分工。

（2）绿色建造目标和控制指标。

（3）重要环境因素控制计划及响应方案。

（4）节能减排污染物控制的主要技术措施。

（5）绿色建造所需的资源和费用。

8.1.2 绿色建造各单位职责

在项目建造过程中会有设计单位、施工单位和建设单位等主体参与，绿色建造过程中各主体应履行各自职责。设计项目管理机构应根据组织确定的绿色建造目标进行绿色设计；施工项目管理机构应对施工图进行深化设计或优化，采用绿色施工技术，制定绿色施工措施，提高绿色施工效果；建设单位项目管理机构应协调设计与施工单位，落实绿色设计或绿色施工的相关标准和规定，对绿色建造实施情况进行检查，进行绿色建造设计或绿色施工评价。

其中，施工项目管理机构应实施下列绿色施工活动。

【绿色建筑应用实例】

（1）选用符合绿色建造要求的绿色技术、建材和机具，实施节能降耗措施。
（2）进行节约土地的施工平面布置。
（3）确定节约水资源的施工方法。
（4）确定降低材料消耗的施工措施。
（5）确定施工现场固体废弃物的回收利用和处置措施。
（6）确保施工产生的粉尘、废水、废气、噪声、光污染的控制效果。

8.2 建设工程项目环境管理概述

8.2.1 环境管理的相关概念

1. 环境的概念

环境是指组织运行活动的外部存在，包括空气、水、土地、自然资源、植物、动物、人及其之间的相互关系。

2. 环境管理体系的概念

环境管理体系是企业或其他组织的管理体系的一部分，用于管理环境因素、履行合规义务，并应对风险和机遇。

8.2.2 建设工程项目环境管理的目的

建设工程项目环境管理的目的是保护生态环境，使社会的经济发展与人类的生存环境相协调。控制作业现场的各种粉尘、废水、废气、固体废弃物以及噪声、振动对环境的污染和危害，考虑能源节约和避免资源的浪费。

8.2.3 建设工程项目环境管理的要求

项目管理机构在工程建设时应进行项目环境管理策划，确定施工现场环境管理目标和指标，编制项目环境管理计划，并根据环境管理计划进行环境管理交底，实施环境管理培训，落实环境管理手段、设施和设备。工程施工前，项目管理机构应调查下列内容。
（1）施工现场和周边环境条件。
（2）施工可能对环境带来的影响。
（3）制订环境管理计划的其他条件。
施工现场应符合下列环境管理要求。
（1）工程施工方案和专项措施应保证施工现场及周边环境安全、文明，减少噪声污染、光污染、水污染及大气污染，杜绝重大污染事件的发生。

(2)在施工过程中应进行垃圾分类,实现固体废弃物的循环利用,设专人按规定处置有毒有害物质,禁止将有毒、有害废弃物用于现场回填或混入建筑垃圾中外运处理。

(3)按照分区划块原则,规范施工污染排放和资源消耗管理,进行定期检查或测量。实施预控和纠偏措施,保持现场良好的作业环境和卫生条件。

(4)针对施工污染源或污染因素,进行环境风险分析,制定环境污染应急预案,预防可能出现的非预期损害;在发生环境事故时,进行应急响应以减少或消除污染,隔离污染源并采取相应措施防止二次污染。

保护环境最有效的方法是减少污染物排量和降低资源的消耗水平。

据有关专家预测,到 2050 年地球上的人口将由现在的 60 亿增加到 100 亿,人们需要更高的生活质量。从发达国家的发展速度来看,能源的生产和消耗每 5~10 年就要翻一番,按该速度计算,到 2050 年全球的石油储存量只够用 3 年,天然气只够用 4 年,煤炭只够用 15 年。由资源的开发和利用产生的废物严重威胁人们的健康,人们的生存环境将面临八大挑战。

(1)森林面积锐减。根据联合国粮农组织(FAO)发布的《2018 年世界森林状况》报告,从 1990 年到 2015 年,世界森林面积从占土地总面积的 31.6% 减少到 30.6%。

(2)土地严重沙化。全球荒漠化土地面积约为 3600 万平方千米,每年仍以 5 万~7 万平方千米的速度加剧沙化。

(3)自然灾害频发。仅 2017 年全球因为自然灾害造成的经济损失高达 3060 亿美元。

(4)淡水资源日益枯竭。据世界可持续发展峰会发布的资料,全球有 17 亿人生活在缺水地区,11 亿人得不到干净的水。

(5)"温室效应"造成气候严重失常,全球平均气温升高,海平面上升。

(6)臭氧层遭破坏,紫外线辐射增强。

(7)酸雨频繁,使土壤酸化,建筑和材料设备遭腐蚀,动植物生存受到危害。

【大气污染及危害】

(8)化学废物排量剧增,海洋、河流遭化学物质和放射性废物污染。

8.3 建设工程项目环境管理的法律法规

环境保护就是按照法律法规、各级主管部门和企业的要求,保护和改善作业现场的环境,控制现场的各种粉尘、废水、废气、固体废弃物、噪声和振动等对环境的污染和危害。

【环境保护法】

《中华人民共和国环境保护法》（以下简称《环境保护法》）于2015年1月1日起施行。依据《环境保护法》，我国相继颁布实施了一系列有关环境保护的单行法律。

（1）《中华人民共和国水污染防治法》（以下简称《水污染防治法》），于2017年修正，自2018年1月1日起施行。

（2）《中华人民共和国固体废物污染环境防治法》（以下简称《固体废物污染环境防治法》），自1996年4月1日施行，于2016年11月7日修正。

（3）《中华人民共和国环境噪声污染防治法》（以下简称《环境噪声污染防治法》），于2018年修正。

（4）《中华人民共和国大气污染防治法》（以下简称《大气污染防治法》），于2018年第二次修正。

（5）《中华人民共和国环境影响评价法》（以下简称《环境影响评价法》），于2018年第二次修正。

1. 建设工程项目环境影响评价制度

环境影响评价制度是指对规划和建设项目实施后可能造成的环境影响进行分析、预测和评估，提出预防或者减轻不良环境影响的对策和措施，进行跟踪监测的方法与制度。

根据《环境影响评价法》第十六条规定，国家根据建设项目对环境的影响程度，对建设项目的环境影响评价实行分类管理。建设单位应当依法组织编制环境影响报告书、环境影响报告表或者填报环境影响登记表，统称环境影响评价文件。对可能造成重大环境影响的，应当编制环境影响报告书，对产生的环境影响进行全面评价。

【环境影响评价法】

根据《环境影响评价法》第十七条规定，建设项目的环境影响报告书应当包括下列内容。

（1）建设项目概况。

（2）建设项目周围环境现状。

（3）建设项目对环境可能造成影响的分析、预测和评估。

（4）建设项目环境保护措施及其技术、经济论证。

（5）建设项目对环境影响的经济损益分析。

（6）对建设项目实施环境监测的建议。

（7）环境影响评价的结论。

涉及水土保持的建设项目，还必须有经水行政主管部门审查同意的水土保持方案。

2. 环境保护"三同时"制度

所谓环境保护"三同时"制度，是指建设项目需要配套建设的环境保护设施，必须与主体工程同时设计、同时施工、同时投产使用。

3. 水、大气、噪声和固体废物的环境污染防治

【大气污染防治法】

（1）防止大气污染的具体规定。

依据《大气污染防治法》，与工程建设相关的具体规定如下。

① 加强对建设施工和运输的管理，保持道路清洁，控制料堆和渣土堆放，扩大绿地、水面、湿地和地面铺装面积，防治扬尘污染。

② 确定职责做好扬尘污染防治工作。

③ 制定具体的施工扬尘污染防治实施方案。

④ 在施工工地设置硬质围挡，并采取覆盖、分段作业、择时施工、洒水抑尘、冲洗地面和车辆等有效防尘降尘措施。建筑土方、工程渣土、建筑垃圾应当及时清运；在场地内堆存的，应当采用密闭式防尘网遮盖。工程渣土、建筑垃圾应当进行资源化处理。

⑤ 运输煤炭、垃圾、渣土、砂石、土方、灰浆等散装、流体物料的车辆应当采取密闭或者其他措施防止物料遗撒造成扬尘污染，并按照规定路线行驶。装卸物料应当采取密闭或者喷淋等方式防治扬尘污染。

（2）防止水污染的具体规定。

依据《水污染防治法》，与工程建设相关的防止地表水污染的具体规定如下。

① 在风景名胜区水体、重要渔业水体和其他具有特殊经济文化价值的水体的保护区内，不得新建排污口。在保护区附近新建排污口，应当保证保护区水体不受污染。

【水污染防治法】

② 企业事业单位发生事故或者其他突发性事件，造成或者可能造成水污染事故的，应当立即启动本单位的应急方案，采取隔离等应急措施，防止水污染物进入水体，并向事故发生地的县级以上地方人民政府或者环境保护主管部门报告。环境保护主管部门接到报告后，应当及时向本级人民政府报告，并抄送有关部门。

③ 禁止向水体排放油类、酸液、碱液或者剧毒废液。禁止在水体清洗装贮过油类或者有毒污染物的车辆和容器。

④ 禁止将含有汞、镉、砷、铬、铅、氰化物、黄磷等的可溶性剧毒废渣向水体排放、倾倒或者直接埋入地下。存放可溶性剧毒废渣的场所，应当采取防水、防渗漏、防流失的措施。

⑤ 禁止向水体排放、倾倒工业废渣、城市垃圾和其他废弃物。

⑥ 禁止在江河、湖泊、运河、渠道、水库最高水位线以下的滩地和岸坡堆放、存贮固体废弃物和其他污染物。

⑦ 禁止向水体排放、倾倒放射性固体废弃物或者含有高放射性和中放射性物质的废水。向水体排放含低放射性物质的废水，应当符合国家有关放射性污染防治的规定和标准。

⑧ 向水体排放含热废水，应当采取措施，保证水体的水温符合水环境质量标准。

⑨ 含病原体的污水应当经过消毒处理；符合国家有关标准后，方可排放。

依据《水污染防治法》，与工程建设相关的防止地下水污染的具体规定如下。

① 禁止利用渗井、渗坑、裂隙、溶洞，私设暗管，篡改、伪造监测数据，或者不正常运行水污染防治设施等逃避监管的方式排放水污染物。

② 禁止利用无防渗漏措施的沟渠、坑塘等输送或者存贮含有毒污染物的废水、含病原体的污水和其他废弃物。

③ 多层地下水的含水层水质差异大的，应当分层开采；对已受污染的潜水和承压水，不得混合开采。

④ 兴建地下工程设施或者进行地下勘探、采矿等活动，应当采取防护性措施，防止地下水污染。

⑤ 人工回灌补给地下水，不得恶化地下水质。

(3) 防治噪声污染的具体规定。

噪声控制技术可从声源、传播途径、接收者防护、严格控制人为噪声、控制强噪声作业的时间等方面来考虑。

特别提示

从声源上降低噪声是防止噪声污染的最根本的措施。

【环境噪声污染防治法】

《环境噪声污染防治法》中与工程建设相关的规定如下。

① 在城市市区范围内向周围生活环境排放建筑施工噪声的，应当符合国家规定的建筑施工场界环境噪声排放标准。

② 在城市市区范围内，建筑施工过程中使用机械设备，可能产生环境噪声污染的，施工单位必须在工程开工十五日以前向工程所在地县级以上地方人民政府生态环境主管部门申报该工程的项目名称、施工场所和期限、可能产生的环境噪声值以及所采取的环境噪声污染防治措施的情况。

③ 在城市市区噪声敏感建筑物集中区域内，禁止夜间进行产生环境噪声污染的建筑施工作业，但抢修、抢险作业和因生产工艺上要求或者特殊需要必须连续作业的除外。因特殊需要必须连续作业的，必须有县级以上人民政府或者其有关主管部门的证明。前款规定的夜间作业，必须公告附近居民。

④ 建设经过已有的噪声敏感建筑物集中区域的高速公路和城市高架、轻轨道路，有可能造成环境噪声污染的，应当设置声屏障或者采取其他有效的控制环境噪声污染的措施。

特别提示

"噪声敏感建筑物"是指医院、学校、机关、科研单位、住宅等需要保持安静的建筑物。"噪声敏感建筑物集中区域"是指医疗区、文教科研区和以机关或者居民住宅为主的区域。

⑤ 在已有的城市交通干线的两侧建设噪声敏感建筑物的，建设单位应当按照国家规定间隔一定距离，并采取减轻、避免交通噪声影响的措施。

(4) 固体废物污染环境的具体规定。

【固体废物污染环境防治法】

固体废物是指在生产建设、日常生活和其他活动中产生的污染环境的固态、半固态废弃物质。依据《固体废物污染环境防治法》，与工程建设有关的具体规定如下。

① 产生固体废物的单位和个人，应当采取措施，防止或者减少固体废物对环境的污染。

② 收集、贮存、运输、利用、处置固体废物的单位和个人，必须采取防扬散、防流失、防渗漏或者其他防止污染环境的措施；不得擅自倾倒、堆放、丢弃、遗撒固体废物。

③ 在国务院和国务院有关主管部门及省、自治区、直辖市人民政府划定的自然保护区、风景名胜区、饮用水水源保护区、基本农田保护区和其他需要特别保护的区域内，禁止建设工业固体废物集中贮存、处置设施、场所和生活垃圾填埋场。

④ 建设项目的环境影响评价文件确定需要配套建设的固体废物污染环境防治设施，必须与主体工程 同时设计、同时施工、同时投入使用。固体废物污染环境防治设施必须

经原审批环境影响评价文件的环境保护行政主管部门验收合格后,该建设项目方可投入生产或者使用。对固体废物污染环境防治设施的验收应当与对主体工程的验收同时进行。

⑤ 转移固体废物出省、自治区、直辖市行政区域贮存、处置的,应当向固体废物移出地的省、自治区、直辖市人民政府环境保护行政主管部门提出申请。移出地的省、自治区、直辖市人民政府环境保护行政主管部门应当商经接受地的省、自治区、直辖市人民政府环境保护行政主管部门同意后,方可批准转移该固体废物出省、自治区、直辖市行政区域。未经批准的,不得转移。

⑥ 工程施工单位应当及时清运工程施工过程中产生的固体废物,并按照环境卫生行政主管部门的规定进行利用或者处置。

【国内外垃圾处置措施及模式】

8.4 建设工程项目环境管理体系

1. 环境管理体系的作用和意义

国际标准化组织(ISO)从 1993 年 6 月正式成立环境管理标准化技术委员会(ISO/TC207)开始,就"通过制定和实施一套环境管理的国际标准,规范企业和社会团体等所有组织的环境表现,使之与社会经济发展相适应,改善生态环境质量,减少人类各项活动造成的环境污染,节约能源,促进经济的可持续发展"。经过 3 年的努力,1996 年推出了 ISO 14000 系列标准,2004 年又推出了 ISO 14000:2004 标准。同年,我国将其等同转换为国家标准 GB/T 24000 系列标准。贯彻实施该系列标准的作用和意义如下。

(1) 保护人类生存和国民经济可持续发展。通过环境管理体系标准的贯彻和实施,可以提高全民族的环保意识,树立科学发展观,有利于实现经济发展与人类生存环境相协调,保持经济的可持续发展。

(2) 促进市场经济体制和国内外贸易的发展。实行全球性的国际统一的环境管理体系标准,可以实现各国环境认证的双边和多边互认,有利于消除贸易壁垒,实现市场全球化和自由贸易。

(3) 提高企业管理水平,树立企业的良好形象。企业通过环境管理体系的认证,不仅可以促进内部实行科学管理、依法管理和系统管理,还可以向外部公布企业的环境方针和改善环境的承诺,达到树立良好形象、提高信誉和知名度的目的。

2.《环境管理体系要求及使用指南》(GB/T 24001—2016)的模式

《环境管理体系要求及使用指南》(GB/T 24001—2016)旨在为各组织提供框架,以保护环境,响应变化的环境状况,同时与社会经济需求保持平衡。该标准规定了环境管理体系的要求,使组织能够实现其设定的环境管理体系的预期结果。

【环境管理体系要求及使用指南】

环境管理体系的运行模式如图 8.1 所示,该模式为环境管理体系提供了一套系统化的方法,指导其合理有效地推行其环境管理工作。该模式的动态循环过程,与 PDCA 循环模式的"策划、实施、检查、改进"是一致的。

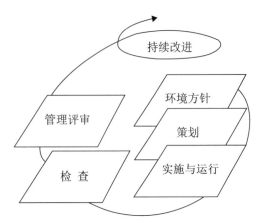

【世界十大绿色建筑】

【绿色施工之视频解读】

图8.1 环境管理体系的运行模式

特别提示

制定环境方针是最高管理者的责任。

应用案例

【案例背景】

施工某写字楼工程时,为赶在冬季到来前主体工程施工完成,项目组决定延长施工时间,每天仅在凌晨2点至4点停止施工,其余时间均正常施工。该工程工作时间的延长严重影响了附近居民的休息。不断有投诉电话打到有关管理单位。管理单位对该项目组进行了教育,并处以罚款。同时承包商在施工过程中产生的各种固体废弃物、粉尘等对周边环境造成了较大的污染和危害,有关管理单位要求该承包商建立职业健康安全与环境管理体系,并对有关人员进行培训。

【问题】

(1)《建设工程安全生产管理条例》对承包商在施工过程中的环境保护责任是如何规定的?施工噪声控制的要求有哪些?

(2)《环境噪声污染防治法》规定,新建、改建、扩建的建设项目可能产生环境噪声污染的,建设单位必须提出环境影响报告书,其包括哪些内容?

【案例解析】

(1) 根据《建设工程安全生产管理条例》的有关规定,承包商对因建设工程施工可能造成损害的毗邻建筑物、构筑物和地下管线等,应当采取专项防护措施;承包商应当遵守有关环境保护法律、法规的规定,在施工现场采取措施,防止或减少粉尘、废气、废水、固体废弃物(建筑垃圾、生活垃圾)、噪声、振动和施工照明对人和环境的污染和危害;在城市市区的建设工程,承包商应当对施工现场实行封闭围挡。

施工噪声控制要求内容如下:建成区内的新建项目,建设、设计、承包商应采用低噪声的工艺和施工方法;建筑施工作业的噪声可能超过建筑施工现场的噪声限值时,承包商应在开工前向建设行政主管部门和环保部门申报,核准后方能开工;在城市建成区内,禁止中午

第8章 绿色建造与环境管理

和夜间进行产生噪声的建筑施工作业（中午12时至下午2时，晚上11时至第二天早上7时）。

(2) 建设单位必须提出环境影响报告书，环境影响报告书的内容包括下列内容。

① 建设项目概况。
② 建设项目周围环境状况。
③ 建设项目对环境可能造成影响的分析和预测。
④ 建设项目环境保护措施及其经济、技术论证。
⑤ 建设项目对环境影响的经济损益分析。
⑥ 对建设项目实施环境监测的建议。
⑦ 环境影响评价的结论。

涉及水土保持的建设项目，还必须有经水行政主管部门审查同意的水土保持方案。

本章小结

本章主要学习了绿色建造与环境管理的有关知识。

介绍了绿色建造计划的制订依据及包含的内容，设计单位、施工单位及建设单位在绿色建造中的职责。施工项目管理机构应实施选用符合绿色建造要求的绿色技术、建材和机具，实施节能降耗措施；进行节约土地的施工平面布置；确定节约水资源的施工方法等绿色施工活动。

介绍了环境管理的相关概念，其中主要包括环境、环境管理体系的概念及建设工程项目环境管理的目的。环境是指组织运行活动的外部存在，包括空气、水、土地、自然资源、植物、动物、人及其之间的相互关系。环境管理体系是施工项目管理体系的一个组成部分，包括为制定、实施、实现、评审和保持环境方针所需的组织结构、计划活动、职责、惯例、程序、过程和资源。建设工程项目环境管理的目的是保护生态环境，使社会的经济发展与人类的生存环境相协调。

介绍了建设工程项目环境管理的法律法规。

介绍了建设工程项目环境管理体系的作用和意义，《环境管理体系要求及使用指南》（GB/T 24001—2016）的模式及建立的步骤。环境管理体系的运行模式的动态循环过程，与PDCA循环模式是一致的。

习 题

一、单项选择题

1. 建设工程项目环境管理的目的是_____。
   A. 保护自然环境　　　　　　　　　　B. 使社会发展与人类生存环境协调
   C. 减少资源浪费　　　　　　　　　　D. 保护生态环境

2. 建设工程项目环境管理在作业现场的工作是应控制各种_____及噪声、振动对环境的污染和危害。
   A. 粉尘、废气、废水、固体废弃物　　B. 粉尘、废气、废水、废渣
   C. 废气、废水、废渣、固体废弃物　　D. 粉尘、废气、废水、固体分子

3. 制定环境方针是_____的责任。

A. 管理者代表　　　B. 最高管理者　　　C. 总经理　　　D. 执行总裁

4. 下列说法错误的是_____。

A. 施工现场的管理人员在施工现场应当佩戴证明其身份的证件

B. 应当按施工总平面图设置各项临时设施

C. 现场堆放的大型材料、成品、半成品和机具设备在经批准的情况下可以占用场内道路及安全防护等设施

D. 在施工现场严禁任意拉线接电

二、多项选择题

1. 绿色建造计划应包括的内容有_____。

A. 绿色建造范围和管理职责分工　　　B. 绿色建造目标和控制指标

C. 重要环境因素控制计划及响应方案　　　D. 节能减排污染物控制的主要技术措施

E. 绿色建造所需的资源和费用

2. 施工项目管理机构应实施的绿色施工活动有_____。

A. 选用符合绿色建造要求的绿色技术、建材和机具，实施节能降耗措施

B. 进行节约土地的施工平面布置

C. 确定节约水资源的施工方法

D. 确定降低材料消耗的施工措施

E. 确定施工现场固体废弃物的回收利用和处置措施

3. 由于资源的开发和利用而产生的废物严重威胁人们的健康，人类的生存将面临的挑战有_____。

A. 土地严重沙化

B. 淡水资源日益枯竭

C. 臭氧层遭破坏，紫外线辐射增强

D. 世界局势动荡不定，战争可能导致的环境恶化威胁人类的生存

E. 化学废物排量剧增，海洋、河流遭化学物质和放射性废物污染

4. PDCA 循环模式是通过_____四个环节构成了一个动态循环并螺旋上升的系统化管理模式。

A. 策划　　　B. 设定目标　　　C. 实施

D. 检查　　　E. 改进

三、简答题

1. 绿色建造中各单位的职责是什么？
2. 什么是环境？
3. 建设工程项目对环境保护的基本要求是什么？

【第8章在线测试习题】

第 **9** 章 建设工程项目施工成本管理

思维导图

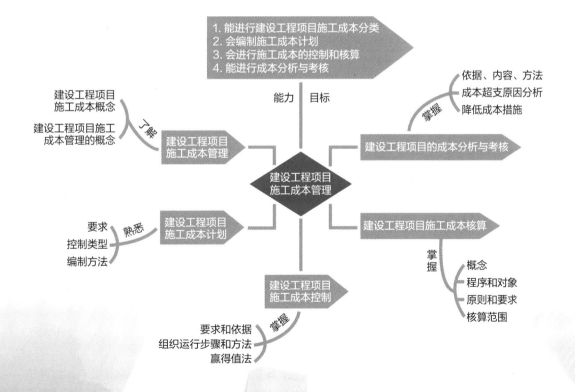

导入案例

某承包商与业主签订了一份建设工程施工合同,施工合同价为8500万元。该工程建筑面积为45000m^2,地下一层为地下车库,地上为四栋高层住宅。承包商制订了该工程的措施项目费用计划,其措施项目计划成本和工程施工过程中所发生的实际成本见表9-1。

表9-1 措施项目成本表

序号	项目名称	计划成本/万元	实际成本/万元
1	环境保护	5	5.2
2	文明施工	10	11
3	安全施工	5	5.5
4	临时施工	50	40
5	夜间施工	60	55
6	二次搬运	74	68
7	大型机械设备进出场及安拆	15	14.8
8	混凝土、钢筋混凝土模板及支架	175	168
9	脚手架	60	57
10	已完工程及设备保护	6	6.5
11	施工排水、降水	50	48
12	垂直运输机械	105	98
	合计	615	577

【思考】
(1)各措施项目成本降低额是多少?
(2)措施项目的总成本降低额和降低率是多少?

9.1 建设工程项目施工成本管理概述

9.1.1 建设工程项目施工成本

1. 建设工程项目施工成本的概念

建设工程项目施工成本是指承包单位在进行某建设工程项目的施工过程中所发生的生产经营费用支出的总和。

建设工程项目施工成本管理是在保证满足工程质量、工期等合同要求的前提下,对建设工程项目实施过程中所发生的费用,通过有效的计划、组织、控制和协调等活动实现预定的成本目标,并尽可能地降低成本费用、实现目标利润、创造良好经济效益的管理活动。

2. 建设工程项目施工成本的构成

按成本构成要素划分,建筑安装工程费用由人工费、材料(包含工程设备)费、施工机具使用费、企业管理费、利润、规费和税金组成。其中人工费、材料费、施工机具使用费、企业管理费和利润包含在分部分项工程费、措施项目费、其他项目费中，结合建标〔2013〕44号文及营改增政策，建筑安装工程费用组成如图9.1所示。

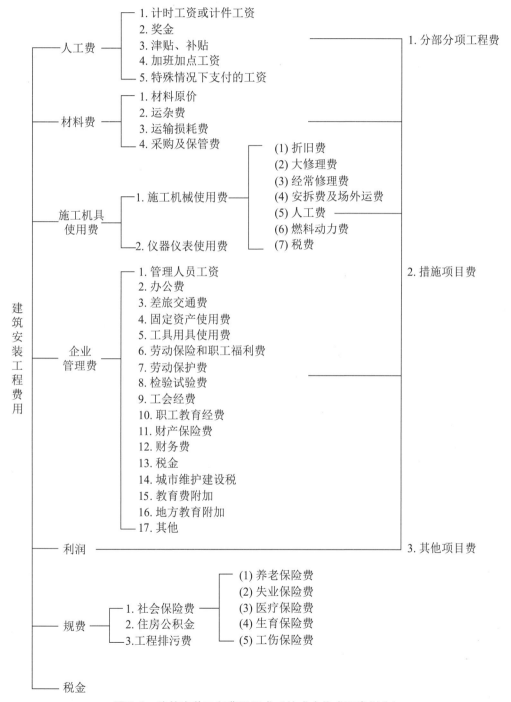

图9.1 建筑安装工程费用组成（按成本构成要素划分）

3. 建设工程项目施工成本的分类

（1）按照建设工程项目的特点和管理要求划分。

① 预算成本：施工企业根据施工图纸或工程量清单，利用工程量计算规则、预算定额及取费标准等计算出来的建设工程项目施工成本。预算成本以施工图预算为基础，反映了社会或企业的平均成本水平。

② 计划成本：建设工程项目经理部根据建设工程项目管理目标责任书的要求，结合建设工程项目的技术特征、自然地理环境、劳动力素质和设备情况等确定的建设工程项目施工成本。计划成本以施工预算为基础，反映了社会或企业的平均水平，是控制建设工程项目成本支出的标准和成本管理的目标。

③ 实际成本：在建设工程项目施工过程中实际发生的并可按一定的成本核算对象进行归集的各项支出费用的总和。实际成本受建设工程项目的技术水平、管理水平和组织措施等因素影响，是建设工程项目各种消耗的综合反映。

上述各项成本既有联系又有区别。将建设工程项目的实际成本与预算成本对比，可以反映建设工程项目的经济效益。将建设工程项目的实际成本与计划成本对比，可以反映成本计划的执行情况。

（2）按照成本与工程量的关系划分。

① 固定成本：总额在一定时期和工程量范围内，不受工程量增减的变动而变动的成本。

② 变动成本：总额随着工程量的增减变动而呈正比例变化的成本。

按照费用与工程量的关系划分成本，有利于建设工程项目成本的决策与管理。

4. 建设工程项目施工成本的影响因素

建设工程项目施工成本的影响因素有以下几个方面。

（1）施工方案。

施工方案与建设工程项目施工成本之间存在着相互依赖、相互制约的关系。具体地说，施工方法的正确选用可以反映施工技术水平，加快施工进度；施工机械的合理选择可以充分发挥机械的使用效率。合理的施工组织、施工顺序等也都可以达到降低成本的目的。

（2）施工进度。

一般来讲，在保证目标工期的前提下，应尽量降低建设工程项目施工成本；在建设工程项目目标成本控制下，应尽量加快施工进度。

（3）施工质量。

施工质量与建设工程项目施工成本的关系是符合鞍形曲线的，即质量标准过高或过低都将造成建设工程项目施工成本的上升。因此，建设工程项目经理部应当按照施工合同、建设工程项目管理目标责任书的要求，确定并实现适宜的质量水平。

（4）施工安全。

施工安全直接影响建设工程项目施工成本，即施工安全性越好，处理安全事故支出的费用就越少，施工所受干扰也越小。因此，建设工程项目经理部应当切实抓好施工安全工作。

(5) 施工现场管理。

科学合理的施工现场管理，可以实现施工过程互不干扰、有序实施，达到各项资源与服务设施间的高效组合和安全运行。通过减少二次搬运费用，可以提高劳动生产率，降低建设工程项目施工成本。同时，施工现场的场容、环境保护和卫生防疫等也对建设工程项目施工成本有着重大影响。

9.1.2 建设工程项目施工成本管理

1. 建设工程项目施工成本管理的任务

建设工程项目施工成本管理的任务主要有成本预测、成本计划、成本核算、成本分析和成本考核。

2. 建设工程项目施工成本管理应遵循的程序

（1）掌握生产要素的价格信息。

（2）确定项目合同价。

（3）编制成本计划，确定成本实施目标。

（4）进行成本控制。

（5）进行项目过程成本分析。

（6）进行项目过程成本考核。

（7）进行建设工程项目成本考核，编制项目成本报告。

特别提示

建设工程项目施工成本管理与建设工程项目投资管理是不同的。

9.2 建设工程项目施工成本计划

9.2.1 建设工程项目施工成本计划的要求

1. 建设工程项目施工成本计划的编制应有明确的依据

依据以下内容编制建设工程项目施工成本计划。

（1）建设工程承包合同文件。除合同文本外，招标文件、投标文件、设计文件等均是合同文件的组成内容。合同中的工程内容、数量、规格、质量、工期和支付条款都将对工程的成本计划产生重要的影响。因此，承包方除了在签订合同前进行详细的合同评审外，还需认真地研究与分析合同，以在正确履约的前提下降低工程成本。

（2）建设工程项目管理的实施规划。包括以建设工程项目施工组织设计文件为核心的建设工程项目实施技术方案与管理方案，它是在充分调查和研究现场条件及有关法规条件的基础上制定的，不同实施条件下的技术方案和管理方案，将导致工程成本的不同。

（3）可行性研究报告和相关设计文件。

（4）生产要素的价格信息，反映企业管理水平的消耗定额（企业施工定额）以及类似工程的成本资料等。

2. 建设工程项目施工成本计划的编制应有明确的责任部门和工作方法

建设工程项目施工成本计划由建设工程项目管理组织负责编制，采取自下而上分级编制并逐层汇总的做法。这里的建设工程项目管理组织即组织派出的建设工程项目经理部，应承担建设工程项目成本实施性计划的编制任务。当建设工程项目的构成有多个子项，分级进行建设工程项目管理时，应由各子项的建设工程项目管理组织分别编制子建设工程项目成本计划，而后进行自下而上的汇总。

9.2.2 建设工程项目施工成本计划的类型

对于一个建设工程项目而言，其成本计划是一个不断深化的过程。在这一过程的不同阶段形成深度和作用不同的成本计划，按其作用可分为三类。

1. 竞争性计划成本

竞争性计划成本即工程投标及合同阶段的估算成本计划。这类成本计划是以招标文件为依据、以投标竞争策略与决策为出发点，按照预测分析，采用估算或概算定额、指标等编制而成的。虽然此类成本计划编制时也考虑降低成本的途径和措施，甚至作为商业机密参与竞争，但总体上都较为粗略。

2. 指导性计划成本

指导性计划成本即选派建设工程项目经理阶段的预算成本计划。这是组织在总结建设工程项目投标过程合同评审、部署建设工程项目实施时，以合同标书为依据、以组织经营方针目标为出发点、按照设计预算标准提出建设工程项目经理的责任成本目标，且一般情况下只是确定责任总成本指标。

3. 实施性计划成本

实施性计划成本即建设工程项目施工准备阶段的施工预算成本计划。它以建设工程项目实施方案为依据、以落实建设工程项目经理责任目标为出发点，采用组织施工定额，通过施工预算的编制形成实施性建设工程项目成本计划。

以上三类计划成本互相衔接和不断深化，构成了整个建设工程项目施工成本的计划过程。

9.2.3 建设工程项目施工成本计划的编制方法

建设工程项目施工成本计划的编制方法主要有以下几种。

1. 按施工成本组成编制施工成本计划

施工成本可以按成本构成分解为人工费、材料（包含工程设备）费、施工机械使用费、措施费和间接费，如图9.2所示。

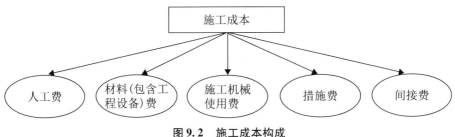

图 9.2 施工成本构成

2. 按建设工程项目组成编制施工成本计划

大中型的建设工程项目通常是由若干个单项工程构成，而每个单项工程包括多个单位工程，每个单位工程又是由若干个分部和分项工程组成，因此，要先将建设工程项目总施工成本分解到单项工程和单位工程中，再进一步分解为分部工程和分项工程。

3. 按工程进度编制施工成本计划

在建立网络图时，一方面确定完成各项工作所需花费的时间，另一方面同时确定完成这一工作的合适的施工成本支出计划。在编制网络计划时，应在充分考虑进度控制对建设工程项目划分要求的同时，还要考虑确定施工成本支出计划对建设工程项目划分的要求，做到二者兼顾。

以上三种编制施工成本计划的方法并不是各自独立的。在实践中，往往是将这几种方法结合起来使用，达到扬长避短的效果。

9.3 建设工程项目施工成本控制

9.3.1 建设工程项目施工成本控制的要求和依据

1. 建设工程项目施工成本控制的要求

（1）全过程建设工程项目施工成本控制，就是要求按照事前、事中和事后控制的方式展开控制。建设工程项目施工成本控制应依据合同文件、成本计划、进度报告、工程变更与索赔等资料进行。

（2）建设工程项目施工成本的动态控制。动态控制是事中控制或过程控制的基本方法，其程序包括收集实际成本数据、实际成本数据与成本计划目标进行比较、分析成本偏差及原因、采取措施纠正偏差以及必要时修改成本计划等。

（3）建设工程项目施工成本的科学控制。建设工程项目施工成本控制应采取科学的态度与方法，无论在建设工程项目施工成本计划阶段的预控过程还是在建设工程项目施工成本发生阶段的动态控制过程，一旦发现即便经过努力并采用了各种措施，仍然无法达成预期的成本目标时，应及时修改成本计划目标。建设工程项目施工成本控制宜运用价值工程法和挣得值法。

2. 建设工程项目施工成本控制的依据

（1）工程承包合同。工程成本控制要以工程承包合同为依据，围绕降低工程成本这个目标，从预算收入和实际成本两方面，努力挖掘增收节支潜力，以求获得最大的经济效益。

（2）施工成本计划。施工成本计划是根据施工建设工程项目的具体情况制定的施工成本控制方案。既包括预定的具体成本控制目标，又包括实现控制目标的措施和规划，是施工成本控制的指导文件。

（3）进度报告。进度报告提供了每一时刻工程实际完成量、工程施工成本实际支付情况等重要信息。施工成本控制工作正是通过实际情况与施工成本计划相比较，找出二者之间的差别，分析偏差产生的原因，从而采取措施改进以后的工作。

（4）工程变更。施工成本管理人员应通过对变更要求中各类数据的计算、分析，随时掌握变更情况，判断变更以及变更可能带来的索赔额度等。

（5）各种资源的市场信息。

除了上述依据之外，施工组织设计、分包合同文本等都是建设工程项目施工成本控制的依据。

9.3.2 建设工程项目成本控制的组织

1. 建设工程项目施工成本控制的对象

成本控制要以工程合同为依据，除了要根据业主要求时间、质量、结算方式和履（违）约奖罚等条款外，还必须强调将合同的工程量、单价、金额控制在预算收入以内。建设工程项目施工成本控制应在建设工程项目组织者所编制的建设工程项目工作分解结构WBS（Work Breakdown Structure）的基础上，根据合同任务所对应的建设工程项目单元，继续进行建设工程项目结构分解和相应的建设工程项目工作任务分解，形成建设工程项目进度计划、成本计划、资源计划和资金计划。

2. 建设工程项目施工成本控制的内容

建设工程项目施工成本控制主要包括施工前期、施工期间和竣工验收阶段的成本控制。

（1）施工前期的成本控制。

① 施工准备阶段，对施工方法、施工顺序、作业组织形式、机械设备的选型、技术组织措施等进行研究和分析，制定出科学先进、经济合理的施工方案。

② 根据企业的成本目标，以工作包或建设工程项目单元所包含的实际工程量或工作量为基础，根据消耗标准和技术措施等，在优化的施工方案指导下，编制成本计划，将各项单元或工作包的成本责任落实到各职能部门、施工队和班组。

③ 根据建设工程项目的特征和要求，以施工建设工程项目结构分解的建设工程项目单元或工作包为对象进行成本计划，编制成本预算，进行明细分解，落实到有关部门和责任人，为成本控制和绩效考评提供依据。

（2）施工期间的成本控制。

① 加强施工任务单和限额领料单的管理。施工任务单应与工作包结合起来，做好每

一个工作包及其工序的验收,审核实耗人工、实耗材料的数量,保证施工任务单与限额领料单的一致性、真实性和可靠性。

② 根据施工任务单进行实际与计划的对比,计算工作包的成本差异,分析差异产生的原因,采取有效措施调整成本计划。

③ 做好检查周期内成本信息的收集、整理和工作包实际成本的统计,分析该检查期内实际成本与计划成本的差异。

④ 实行责任成本核算。通过工作编码对责任部门或责任人的责任成本进行对比,分析责任部门或责任人的成本差异和产生差异的原因,采取有效措施,纠正差异。

⑤ 加强合同管理工作和索赔工作。力求对承包商自身以外原因造成的损失进行及时的索赔。

(3) 竣工验收阶段的成本控制。

① 及时办理建设工程项目的竣工验收,顺利交付使用。

② 及时办理结算,注意结算资料的完整,避免漏算。

③ 在工程保修期间,明确保修责任者,做好保修期间的费用控制。

3. 建设工程项目成本控制的组织

建设工程项目的成本控制,不仅是专业成员的责任,所有的建设工程项目管理人员特别是建设工程项目经理,都需要按照自己的业务分工各负其责。为了保证建设工程项目成本控制工作的顺利进行,需要把所有参加建设工程项目建设的人员组织起来,并按照各自的分工开展工作。

(1) 建立以建设工程项目经理为核心的建设工程项目成本控制体系。

建设工程项目经理责任制是建设工程项目管理的特征之一。实行建设工程项目经理责任制,就是要求建设工程项目经理对建设工程项目建设的进度、质量、成本、安全和现场管理标准化等全面负责,特别是要把成本控制放在首位,因为成本失控必然影响建设工程项目的经济效益,难以完成预期的成本目标,更无法向职工交代。

(2) 建立建设工程项目成本管理责任制。

建设工程项目管理人员的成本责任不同于工作责任。有时工作责任已经完成,甚至还完成得相当出色,但成本责任却没有完成。例如,建设工程项目工程师贯彻工程技术规范认真负责,对保证工程质量起了积极的作用,但往往强调了质量,忽视了节约,影响了成本。又如,材料员采购及时,供应到位,配合施工得力,值得赞扬,但在材料采购时就远不就近,就次不就好,就高不就低,既增加了采购成本,又不利于工程质量。因此,应该在原有职责分工的基础上,进一步明确成本管理责任,使每一个建设工程项目管理人员都有以下认识:在完成工作责任的同时要为降低成本精打细算、为节约成本开支严格把关。

9.3.3 建设工程项目成本控制的运行

施工阶段是控制建设工程项目成本发生的主要阶段,建设工程项目经理部应坚持"增收节支、全面控制、责权利相结合"的原则,用目标管理的方法对实际施工成本的发生过程进行有效控制。建设工程项目成本控制的途径有以下几种。

1. 人工费的控制

人工费的控制实行"量价分离",将作业用工及安全生产、文明施工及零星用工按定额工日的一定比例(一般为15%～25%)综合确定用工数量与单价,通过劳务合同管理进行控制。

2. 材料费的控制

建设工程项目的施工材料包括构成工程实体的主要材料和构件,以及有助于工程实体形成的周转使用材料和低值易耗品。从价值角度看,材料的价值约占工程总造价的70%以上,其重要程度自然是不言而喻的。由于材料的供应渠道和管理方式各不相同,控制的内容和采取的控制方法也有所不同。

(1)材料用量的控制。

在保证符合设计规格和质量标准的前提下,合理使用材料,通过定额管理、计量管理等手段以及施工质量控制,避免返工等,以有效控制材料物资的消耗。具体控制方法有定额控制、指标控制、计量控制、以钱代物和包干控制等。

(2)材料价格的控制。

材料价格主要由材料采购部门在采购中加以控制。由于材料价格是由原价、运杂费和运输中的合理损耗等组成,因此控制价格主要是通过市场信息询价,应用竞争机制和经济合同手段等控制材料、设备。工程用品的采购价格,包括原价、运费和耗损等。具体控制方法有买价控制、运费控制和损耗控制等。

(3)材料采购的控制。

① 企业材料部门供应给建设工程项目的材料集中采购,按申请计划供应到现场,并以企业内部统一价格结算。

② 经过核定授权建设工程项目经理部自行采购的部分材料,按项目核算管理的要求办理。

③ 装饰等特殊材料的采购,建设工程项目经理有审核价格、签订采购合同权。企业材料部门有责任协助建设工程项目经理部联系供货单位,组织洽谈,审核合同,安排进场。

④ 砂、石、砖等大宗材料的采购,原则上由材料部门牵头,联系供应单位,组织洽谈;必要时,建设工程项目经理有权参与采购价格的洽谈并直接签订合同。在材料质量标准满足且有计量保证的前提下,材料部门应选择市场最低价格进行洽谈和采购。

3. 机械使用费的控制

合理选择和使用施工机械设备对建设工程项目的施工及其成本控制具有十分重要的意义,尤其是高层建筑施工。根据部分工程实例统计,在高层建筑地面以上部分的总费用中,垂直运输机械费用占6%～10%,因此机械费主要从以下几个方面控制。

(1)合理安排施工生产,加强设备租赁计划管理,减少因安排不当引起的设备闲置。

(2)加强机械设备的调度工作,尽量避免窝工,提高现场设备利用率。

(3)加强现场设备的维修保养,避免因不当使用造成机械设备的停置。

(4)做好机上人员与辅助生产人员的协调与配合,提高施工机械台班产量。

4. 现场施工管理费的控制

现场施工管理费在建设工程项目成本中占有一定比例,控制与核算上都较难把握,建设工程项目在使用开支时弹性较大,可采取的主要控制措施如下。

（1）根据现场施工管理费占施工建设工程项目计划总成本的比重，确定施工建设工程项目经理部施工管理费总额。

（2）在施工建设工程项目经理的领导下，编制建设工程项目经理部施工管理费总额预算和各管理部门、条线的施工管理费预算，作为现场施工管理费的控制根据。

（3）制定施工建设工程项目管理开支标准和范围，落实各部门条线和岗位的控制责任。

（4）制定并严格执行施工建设工程项目经理部的施工管理费使用的审批、报销程序。

5. 临时设施费用的控制

施工现场临时设施费用是建设工程项目施工成本的构成部分。在施工建设工程项目管理中降低施工成本，有硬手段和软手段两个途径。硬手段主要是指优化施工技术方案，应用价值工程方法，结合施工方法对设计提出改进意见，以及合理配置施工现场临时设施，控制施工规模，降低固定施工成本的开支；软手段主要是指通过加强管理、克服浪费、提高效率等来降低单位建筑产品物化劳动和活劳动的消耗。通常应注意以下几点。

（1）施工临时道路的修筑、材料工器具放置场地硬地面的铺设等，在满足施工需要的前提下，尽可能数量最少，并尽可能先做永久道路路基，再修筑施工临时道路。

（2）施工临时供水、供电管网的铺设长度及容量应尽可能合理。

（3）施工材料堆场、仓库类型、面积的确定与配置，尽可能在满足合理储备和施工需要的前提下，力求数量合理、费用低。

（4）现场办公、生产及生活临时用房及设施的搭建数量、形式的确定，在满足施工基本需要的前提下，尽可能做到简洁适用，充分利用已有房屋和待拆除的房屋，节省施工费用。

6. 分包价格的控制

在建设工程项目施工中，一般会有部分工程内容需委托其他施工单位即分包单位完成。分包工程价格的高低，必然对建设工程项目经理部的建设工程项目施工成本产生一定的影响。因此，建设工程项目施工成本控制的重要工作之一是对分包价格的控制。

对分包费用的控制，主要是抓好建立稳定的分包商关系网络，做好分包询价，订立互利平等的分包合同、施工验收和分包结算工作等。

7. 工程变更的控制

工程变更是指在建设工程项目施工过程中，由于种种原因发生了事先没有预料到的情况，使得工程施工的实际条件与规划条件出现较大差异，需要采取一定措施作相应处理。工程变更常常涉及额外费用损失的责任承担问题，因此进行建设工程项目成本控制必须能够识别各种各样的工程变更情况，并且了解发生变更后的相应处理对策，最大限度地减少由工程变更带来的损失。工程变更主要有以下几种情况。

（1）施工条件变更。施工条件变更是指建设工程项目设计文件与现场不符或表达不清。

（2）工程内容变更或停工。通常由于建设单位要求，向设计单位提出修改设计而变更工程内容，致使承包单位暂时停止全部或部分工程。

（3）延长工期。由于天气等客观原因的影响使工程被迫暂时停工或作业效率降低，建设工程项目经理必须向建设单位提出延长工期的要求。

（4）缩短工期。由于发包人的某些原因而要求缩短工期，由此增加的建设工程项目费用应由业主承担。

（5）物价变动。在建设工程项目施工过程中，由于工资或物价发生较大变动引起承包费用发生较大偏差，建设工程项目经理可向发包人提出追加成本费用的要求。

（6）天灾或其他不可抗拒因素。暴风、大雨或洪水等恶劣气候，地震、火灾、滑坡或动乱等因素都会对已完工程、临时设施及现场的材料、机械和人员造成严重损害。

8. 施工索赔控制

施工索赔是指在合同的实施过程中，合同一方因对方不履行或未能正确履行合同所规定的义务而受到损失，向对方提出赔偿要求。对施工组织来说，一般只要不是组织自身责任，而是由于外界干扰造成工期延长和成本增加，都有可能提出索赔。施工索赔主要包括两种情况。

（1）业主违约，未履行合同责任。如业主未按合同规定及时交付设计图纸造成工程拖延，或未及时支付工程款，施工企业可就此提出赔偿要求。

（2）业主未违反合同，而由于其他原因而遭受损失。如业主行使合同赋予的权力指令变更工程；工程环境出现事先未能预料到的情况或变化，如恶劣的气候条件，与勘探报告不符的地质情况，国家法令的修改，物价上涨，汇率变化等。由此造成的损失，施工企业可提出补偿要求。

施工建设工程项目管理人员应十分熟悉该建设工程项目的工程范围以及施工成本的各个组成部分，对施工建设工程项目的各项主要开支要做到心中有数，对超出合同建设工程项目工作范围的工作，要及时发现，并及时提出索赔要求。在计算索赔款额时，也应准确地提出所发生的新增成本或额外成本，按照索赔程序提出索赔。

9.3.4 建设工程项目施工成本控制的步骤和方法

1. 建设工程项目施工成本控制的步骤

建设工程项目施工成本控制的步骤如图9.3所示。

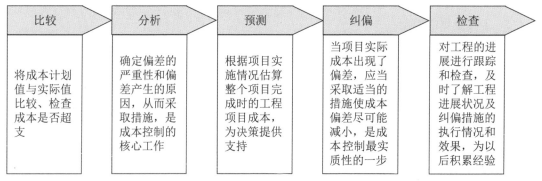

图9.3 建设工程项目施工成本控制的步骤

2. 建设工程项目施工成本控制的方法

（1）建设工程项目施工成本控制中的价值工程。

结合建设工程项目，研究设计的技术经济是否合理，从功能、成本两个方面探索有无改进的可能性，以提高建设工程项目的价值系数。价值工程将成本控制的工作范围扩大到了建设工程项目的寿命周期费用，并可通过发现、消除不必要功能以降低成本。

结合价值工程活动，制定技术先进适用、经济合理的最佳施工方案，为实现建设工程项目成本目标计划，提高经济效益奠定基础。例如，在满足功能要求的前提下，通过代用、改变配合比、使用外加剂等方法降低材料消耗费用，结合建设工程项目的施工组织设计及自然地理条件，通过优化材料采购及运输方案，改进材料仓库设置，降低材料的库存和运输成本等。

（2）偏差分析法。

偏差可以分为计划偏差、实际偏差和进度偏差。

① 计划偏差即计划成本与预算成本相比较的差额，反映了成本事前预控的状况。个别企业的建设工程项目计划成本与社会平均成本的差异，体现了该企业的技术与管理水平及赢利能力。计划偏差计算方法为

$$计划偏差 = 计划成本 - 预算成本$$

② 实际偏差即实际成本与计划成本相比较的差额，反映施工建设工程项目实际成本控制的效果和业绩，计算方法为

$$实际偏差 = 实际成本 - 计划成本$$

实际成本是指企业在完成建筑安装工程施工中实际发生的费用总和，是反映企业经济活动效果的综合性指标。

③ 进度偏差对施工成本偏差分析的结果有重要影响，如果不加考虑就不能正确反映施工成本偏差的实际情况。如某一阶段的施工成本超支，可能是由于进度超前导致的，也可能是由于物价上涨所致。所以，必须引入进度偏差的概念，计算方法为

$$进度偏差 = 已完工程实际时间 - 已完工程计划时间$$

$$成本偏差 = 拟完工程计划成本 - 已完工程计划成本$$

$$拟完工程计划成本 = 拟完工程量（计划工程量）\times 计划单位成本$$

偏差分析的方法有横道图法、表格法和赢得值法。

① 横道图法。用横道图法进行施工成本偏差分析，是用不同的横道标识已完工程计划施工成本、拟完工程计划施工成本和已完工程实际施工成本，横道的长度与其金额成正比，如图9.4所示。横道图法的优点是形象而直观，它能够准确表达出施工成本的绝对偏差，而且能一眼感受到偏差的严重性。但是，这种方法反映的信息量少，一般用于建设工程项目的决策分析层次。

② 表格法。表格法是进行偏差分析最常用的一种方法，它具有灵活、适用性强、信息量大、便于计算机辅助施工成本控制等特点，见表9-2。

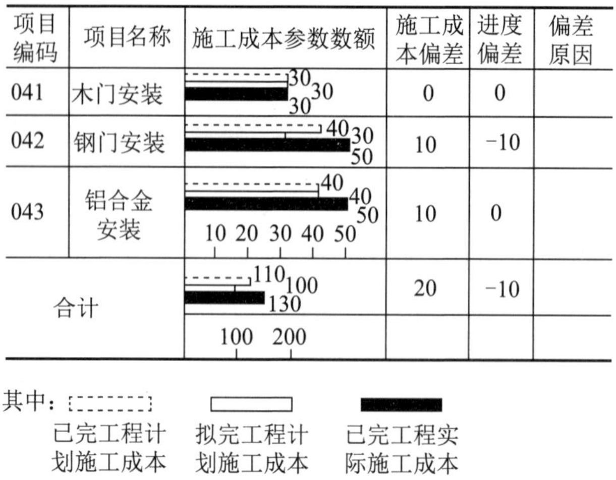

项目编码	项目名称	施工成本参数数额	施工成本偏差	进度偏差	偏差原因
041	木门安装	30/30/30	0	0	
042	钢门安装	40/30/50	10	-10	
043	铝合金安装	40/40/50	10	0	
	合计	110/100/130	20	-10	

其中：┈┈ 已完工程计划施工成本　□ 拟完工程计划施工成本　■ 已完工程实际施工成本

图 9.4　横道图法施工成本偏差分析图

表 9-2　表格法施工成本偏差分析

建设工程项目编码	1	041	042	043
建设工程项目名称	2	木门安装	钢门安装	铝合金安装
单位	3			
计划成本	4			
拟完工程量	5			
拟完工程计划成本	6 = 4×5	30	30	40
已完工程量	7			
已完工程计划成本	8 = 4×7	30	40	40
实际单位成本	9			
其他款项	10			
已完工程实际施工成本	11 = 7×9 + 10	30	50	50
施工成本局部偏差	12 = 11 - 8	0	10	10
施工成本局部偏差程度	13 = 11/8	1	1.25	1.25
施工成本累计偏差	14 = ∑12			
施工成本累计偏差程度	15 = ∑11/∑8			
进度局部偏差	16 = 6 - 8	0	-10	0
进度局部偏差程度	17 = 6/8	1	0.75	1
进度累计偏差	18 = ∑16			
进度累计偏差程度	19 = ∑16/∑8			

③赢得值法。赢得值法又叫曲线法（也称挣得值法），实际上是一种分析目标实施与目标期望之间差异的方法。赢得值法通过测量和计算已完成工作的预算费用与已完成工作

的实际费用和计划工作的预算费用得到有关计划实施的进度和费用偏差，从而达到判断建设工程项目预算费用和进度计划执行情况的目的。

9.3.5 赢得值法

赢得值法（Earned Value Management，EVM）作为一项先进的项目管理技术，是美国国防部于1967年首次确立的。国际上先进的工程公司已普遍采用赢得值法进行工程项目的费用、进度综合分析控制。用赢得值法进行费用、进度综合分析控制，基本参数有三项，即已完工作预算费用、计划工作预算费用和已完工作实际费用。赢得值评价曲线如图9.5所示。

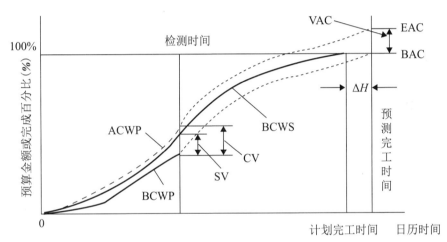

图 9.5 赢得值法评价曲线

1. 赢得值法的3个基本参数

（1）已完工作预算费用。

已完工作预算费用（Budgeted Cost for Work Performed，BCWP），即在某一时间已经完成的工作（或部分工作），以批准认可的预算为标准所需要的资金总额，由于业主正是根据这个值为承包人完成的工作量支付相应的费用，也就是承包人获得（挣得）的金额，故将之称为赢得值或挣值。

$$已完工作预算费用（BCWP）=已完成工作量 \times 预算单价$$

（2）计划工作预算费用。

计划工作预算费用（Budgeted Cost for Work Scheduled，BCWS），即根据进度计划，在某一时刻应当完成的工作（或部分工作），以预算为标准所需要的资金总额，一般来说，除非合同有变更，BCWS在工程实施过程中应保持不变。

$$计划工作预算费用（BCWS）=计划工作量 \times 预算单价$$

（3）已完工作实际费用。

已完工作实际费用（Actual Cost for Work Performed，ACWP），即到某一时刻为止，已完成的工作（或部分工作）所实际花费的总金额。

$$已完工作实际费用（ACWP）=已完成工作量 \times 实际单价$$

2. 赢得值法的 4 个评价指标

在这 3 个基本参数的基础上,可以确定赢得值法的 4 个评价指标,它们也都是时间的函数。

(1) 费用偏差(Cost Variance,CV)。

费用偏差(CV)= 已完工作预算费用(BCWP) - 已完工作实际费用(ACWP)

当费用偏差(CV)为负值时,即表示项目运行超出预算费用;当费用偏差(CV)为正值时,表示项目运行节支,实际费用没有超出预算费用。

(2) 进度偏差(Schedule Variance,SV)。

进度偏差(SV)= 已完工作预算费用(BCWP) - 计划工作预算费用(BCWS)

当进度偏差(SV)为负值时,表示进度延误,即实际进度落后于计划进度;当进度偏差(SV)为正值时,表示进度提前,即实际进度快于计划进度。

(3) 费用绩效指数(Cost Performance Index,CPI)。

费用绩效指数(CPI)= 已完工作预算费用(BCWP)/已完工作实际费用(ACWP)

当费用绩效指数(CPI)<1 时,表示超支,即实际费用高于预算费用;当费用绩效指数(CPI)>1 时,表示节支,即实际费用低于预算费用。

(4) 进度绩效指数(Sohedule Performance Index,SPI)。

进度绩效指数(SPI)= 已完工作预算费用(BCWP)/计划工作预算费用(BCWS)

当进度绩效指数(SPI)<1 时,表示进度延误,即实际进度比计划进度拖后;当进度绩效指数(SPI)>1 时,表示进度提前,即实际进度比计划进度快。

9.4 建设工程项目施工成本核算

9.4.1 建设工程项目施工成本核算的概念

建设工程项目施工成本核算就是定期确认、记录施工过程中发生的费用支出,以反映建设工程项目发生的实际成本。建立建设工程项目成本核算制,明确建设工程项目成本核算的原则、范围、程序、方法、内容、责任及要求,可以反映、监督建设工程项目成本计划的完成情况,为建设工程项目成本预测、施工与技术决策提供可靠的资料,并将促进建设工程项目改善管理、降低成本、提高经济效益。

9.4.2 建设工程项目施工成本核算的程序和对象

1. 建设工程项目施工成本核算的程序

(1) 人工、材料、机械台班消耗分析。各分项建设工程项目消耗的人工、材料、机械台班的数量及费用是成本分析与控制的基础。有些消耗是必须经过分摊才能进入工作包的，如在一段时间内几个工作包共用的原材料、劳务、设备，必须按照实际情况进行合理的分摊。

（2）建设工程项目完成状况的分析。已完成建设工程项目的成本分析一般比较简单。对于跨期的分项工程，即已开始但尚未结束分项工程的成本分析是困难的。为了解决已开始但尚未完成的工作包，对其完成成本及已完成程度进行客观分析时，可采用企业同类建设工程项目成本消耗标准，或者按以下几种模式进行定义。

① 0～100%，即工作任务开始后直到完成前其完成程度一直为0，完成后则为100%。

② 50%～100%，即工作任务开始后直到完成前其完成程度都认为是50%，完成后为100%。

③ 按实物工作量或成本消耗、人工消耗所占的比例计算，即按已完成的工作量占工作总量的比例计算。

④ 按已消耗工期与计划工期（持续时间）的比例计算。

⑤ 定义工作任务资源负荷分配。

（3）工程工地管理费及总部管理费开支的汇总、核算和分摊。

（4）各分项工程以及分部工程的各个费用建设工程项目核算及盈亏核算，提出工程成本核算报表。

2. 建设工程项目施工成本核算的对象

由于施工进度是按单位工程统计，预算成本是按单位工程编制的，故核算对象通常应按单位工程划分，并与施工项目管理责任目标成本的界定范围一致。但是，由于一个建设工程项目往往包含着若干个单位工程，而且各个单位工程之间可能存在交叉或搭接，因此成本核算对象的划分必须考虑建设工程项目的具体情况以及施工管理的要求。按照分批（订单）法原则，建设工程项目施工成本一般应以每一独立编制施工图预算的单位工程为成本核算对象，但也可以按照承包建设工程项目的规模、工期、结构类型、施工组织和施工现场等情况，结合成本管理要求，灵活划分成本核算对象。一般来说有以下几种划分方法。

（1）一个单位工程，如果有两个或两个以上的建设工程项目经理部共同施工，那么每个建设工程项目经理部均以同一个单位工程作为成本核算对象，分别核算各自完成的部分。

（2）对于规模大、工期长，或者采用新材料、新工艺的工程，可以根据需要，按工程部位划分成本核算对象。

（3）在同一建设工程项目中，如果各个单位工程结构类型、施工地点相同，开工、竣工时间接近，可以合并成一个成本核算对象；建筑群中如有创优工程，应以其作为成本核算对象，并严格划清工料费用。

（4）改建或扩建的零星工程，可以将开工、竣工时间接近的一批单位工程合并为一个成本核算对象。

（5）土石方工程、打桩工程，可以根据实际情况和管理需要，以一个单项工程为成本核算对象，或将同一施工地点的若干个工程量较少的单项工程合并，作为一个成本核算对象。

成本核算对象确定后，各种经济、技术资料归集必须与此统一，一般不要中途变更，以免造成项目成本核算不实、结算漏账和经济责任不清等问题。

9.4.3 建设工程项目施工成本核算的原则和要求

1. 建设工程项目施工成本核算的原则

为了发挥建设工程项目施工成本管理职能，提高建设工程项目管理水平，建设工程项目施工成本核算就必须讲求质量，才能提供对决策有用的成本信息。要提高成本核算质量，除了要建立合理、可行的建设工程项目施工成本管理系统外，很重要的一条就是遵循成本核算的原则，概括起来一般有下列几点。

（1）确认原则，指对各项经济业务中发生的成本，都必须按一定的标准和范围加以认定和记录。只要是为了经营目的所发生的或预期要发生的，并要求得以补偿的一切支出，都应作为成本来加以确认。

（2）分期核算原则，成本计算一般应当按月进行。

（3）相关性原则，也称"决策有用原则"。会计信息应当符合国家宏观经济管理的要求，满足有关方面了解企业财务状况和经营成果的需要，满足企业加强内部经营管理的需要。建设工程项目施工成本核算要为建设工程项目成本管理目的服务，成本核算不只是简单的计算问题，要与管理融为一体，才有意义。

（4）连贯性原则，指企业（建设工程项目）成本核算所采用的方法应前后一致。企业可以根据生产经营特点、生产经营组织类型和成本管理的要求自行确定成本计算方法，但一经确定，不得随意变动。只有这样，才能使企业各时期成本核算资料口径统一，前后连贯，相互可比。

（5）实际成本核算原则，指建设工程项目施工成本核算要采用实际成本计价，应当按实际发生额核算费用和成本。

（6）及时性原则，指建设工程项目成本的核算、结转和成本信息的提供应当在要求时期内完成。

（7）配比原则，指营业收入与其相对应的成本、费用应当相互配合。为取得本期收入而发生的成本和费用，应与本期实现的收入在同一时期内确认入账，不得脱节，也不得提前或延后，以便正确计算和考核建设工程项目经营成果。

（8）权责发生制原则，指当期已经实现的收入和已经发生或应负担的费用，不论款项是否收付，都应作为当期的收入和费用；凡是不属于当期的收入和费用，即使款项已经在当期收付，也不应作为当期的收入和费用。

2. 建设工程项目施工成本核算的要求

成本核算是一个复杂、细致而又联系广泛的过程。为了确保成本核算的质量，能够全面、及时、准确地反映建设工程项目的实际成本，实施建设工程项目成本核算的过程中必须遵循有关原则。根据建设工程项目施工成本核算的原则，结合建设工程项目的特点，在核算中一般应满足以下基本要求。

（1）划清资本性成本与收益性成本的界限。

购置固定资产的资本性支出，不能计入建设工程项目成本；收益性支出，即为取得本期收益而发生的工资、水电费等支出，不能计入固定资产成本，而应计入建设工程项目成本；属于非资本、非收益性的支出，如滞纳金、罚款等，不能计入建设工程项目成本。

（2）划清各种成本、费用的界限。

为了明确允许计入成本、费用开支范围的具体建设工程项目和内容，应当划清相互之间的界限。

① 本期费用与下期费用的界限。凡应由本期负担而尚未发生的费用，应作为预提费用计入本期成本；已经支出，但应由本期与以后各期负担的费用，应作为待摊费用，分期摊销。

② 不同成本核算对象之间的界限。凡是能够直接计入有关成本核算对象的成本费用，应直接计入；与几个成本核算对象相关的成本费用，必须选择合理的分配标准，在不同的成本核算对象之间正确分配。

③ 已结算建设工程项目成本和未结算建设工程项目成本的界限。尚未按照合同规定办理结算的工程，均应作为未完建设工程项目结算处理，不得计入已完结算建设工程项目；反之亦然。

3. 加强成本核算的基础工作

加强成本核算的基础工作包括建立各种物资的收发、领退、转移、报废、清查、盘点和索赔制度，健全与成本核算相关联的原始记录与统计工作，改进用工、材料等各种资源的消耗定额及内部结算指导价格，严格执行计量检验制度，完善检测计量设施等。

4. 成本核算必须有账有据

为了保证成本核算资料的真实、准确、及时和完整，原始凭证必须手续齐全、审核无误。同时，应按照成本核算对象、成本建设工程项目进行分类、归集，设置必要的生产费用账册以及成本辅助台账。

9.4.4 建设工程项目施工成本的核算范围

从一般意义上来说，成本核算是成本运行控制的一种手段，建设工程项目施工成本核算主要是在施工阶段，通过实际成本计算并和计划成本进行比较，从中发现是否存在偏差。因此，成本的核算职能不可避免地与成本的计划职能、控制职能、分析预测职能等产生有机的联系，有时强调施工建设工程项目的成本核算管理，实质上也就包含了全过程成本管理的概念。

建设工程项目施工成本的核算范围，原则上说，就是在施工合同所界定的施工任务范围内作为建设工程施工项目经理的责任目标成本。一般是以单位或单项工程作为核算对象，具体内容包括工程直接费和间接费范围内的各项成本费用。

特别提示

建设工程项目施工成本一般是以单位或单项工程作为核算对象。

9.5 建设工程项目施工成本分析

建设工程项目施工成本分析是根据统计核算、业务核算和会计核算提供的资料，对建设工程项目施工成本的形成过程和影响成本升降的因素进行分析，以寻求进一步降低成本的途径，包括建设工程项目施工成本中有利偏差的挖掘和不利偏差的纠正。建设工程项目施工成本分析，应该随着建设工程项目施工的进展，动态地、多形式地开展，而且要与生产诸要素的经营管理相结合。这是因为成本分析必须为生产经营服务，即通过成本分析，及时发现矛盾、解决矛盾，从而改善生产经营，又可从中找出降低成本的途径。

9.5.1 建设工程项目施工成本分析的依据

1. 会计核算

会计核算主要是价值核算。会计是对一定单位的经济业务进行计量、记录、分析和检查，做出预测，参与决策，实行监督，旨在实现最优经济效益的一种管理活动。它通过设置账户、复式记账、填制和审核凭证、登记账簿、成本计算、账产清查和编制会计报表等一系列有组织有系统的方法，来记录企业的一切生产经营活动，然后据此提出一些用货币来反映的有关各种综合经济指标的数据。资产、负债、所有者权益、营业收入、成本、利润会计六要素指标，主要是通过会计来核算。由于会计记录具有连续性、系统性和综合性等特点，所以它是施工成本分析的重要依据。

2. 业务核算

业务核算是各业务部门根据业务工作的需要而建立的核算制度，它包括原始记录和计算登记表，如单位工程及分部分项工程进度登记，质量登记，工效、定额计算登记，物资消耗定额记录，测试记录等。

3. 统计核算

统计核算是利用会计核算资料，把企业生产经营活动客观现状的大量数据，按统计方法加以系统整理，表明其规律性。它的计量尺度会比会计宽，可以用货币计算，也可以用实物或劳动量计量。它通过全面调查和抽样调查等特有的方法，不仅能提供绝对数指标，还能提供相对数和平均数指标，可以计算当前的实际水平，确定变动速度，可以预测发展趋势。

9.5.2 建设工程项目施工成本分析的内容

成本分析是成本核算的延续，其内容应与成本核算对象相对应，并在单位工程成本分析的基础上，进行建设工程项目施工成本的综合分析，以反映建设工程项目的施工活动及其成果。建设工程项目施工成本分析的主要内容一般包括以下三个方面。

1. 按建设工程项目施工进展进行的成本分析

(1) 分部分项工程成本分析。

分部分项工程成本分析是针对已完的分部分项工程，从开工到竣工进行系统的成本分析，是建设工程项目成本分析的基础。分析的方法如下：进行预算成本、目标成本和实际成本的"三算"对比，分别计算实际偏差和目标偏差，分析偏差产生的原因，为今后的分部分项工程成本寻求节约途径。

(2) 月（季）度成本分析。

月（季）度成本分析是定期的、经常性的过程（中间）成本分析，对于具有一次性特点的施工建设工程项目来说，有着特别重要的意义，因为可以通过月（季）度成本分析及时发现问题、解决问题，保证建设工程项目成本目标的实现。

(3) 年度成本分析。

年度成本分析的依据是年度成本报表。年度成本分析的内容除了月（季）度成本分析的以外，重点是针对下一年度的施工进展情况，提出切实可行的成本管理措施，以保证建设工程项目施工成本目标的实现。通过年度成本的综合分析，可以总结一年来成本管理的成绩和不足，为今后的成本管理提供经验和教训，从而对建设工程项目成本进行更有效的管理。

(4) 竣工成本分析。

竣工成本分析以建设工程项目施工的全过程作为结算期，汇总该建设工程项目所包含的各个单位工程，并应考虑建设工程项目经理部的经营效益。单位工程竣工成本分析应包括以下内容。

① 竣工成本分析。

② 主要资源节超对比分析。

③ 主要技术节约措施及经济效果分析。

2. 按建设工程项目成本构成进行的成本分析

(1) 人工费分析。

应在执行劳务承包合同的基础上，考虑因工程量增减、奖励等原因引起的其他人工费开支。

人工费偏差可分为计划偏差和实际偏差，正值为超支，负值为节约。

$$人工费计划偏差 = 计划人工费 - 预算定额人工费$$
$$人工费实际偏差 = 实际人工费 - 计划人工费$$

(2) 材料费分析。

着重分析主要材料与结构件费、采购保管费、材料储备资金等内容。

(3) 机械使用费分析。

影响机械使用费的因素主要是机械利用率。造成机械利用率不高的因素，则是机械调度不当和机械完好率不高。因此，在机械设备的使用过程中，必须充分发挥机械效用，加强机械设备的平衡调度，做好机械设备平时的维修保养工作，提高机械的完好率，严格设备的交接班制度，保证机械的正常运转。

(4) 措施费分析。

主要将实际发生数额与预算或计划目标进行比较。

（5）施工间接费偏差。

施工间接费就是施工建设工程项目经理部为管理施工而发生的现场经费。因此，进行施工间接费分析，需要应用计划与实际对比的方法。施工间接费实际发生数的资料来源为建设工程项目的施工间接费明细账。在具体核算中，如果是以单位工程作为成本核算对象的群体建设工程项目，应对所发生的施工间接费采取"先集合、后分配"的方法，合理分配给有关单位工程。

3. 按特定事项进行的成本分析

（1）成本盈亏异常分析。

按照施工形象进度、施工产值统计、实际成本归集"三同步"的原则，彻底查明造成建设工程项目成本异常的原因，并采取措施加以纠正。

（2）工期成本分析。

在求出固定费用的基础上，将计划工期内应消耗的计划成本与实际工期内所消耗的实际成本进行对比分析，并分析各种因素变动对工期成本的影响。

（3）资金成本分析。

一般通过成本支出率反映成本支出占工程（款）收入的比重，加强资金管理、控制成本支出，并联系储备金和结存资金的比重，分析资金使用的合理性。

（4）技术组织措施节约效果分析。

紧密结合建设工程项目特点，分析采取措施前后的成本变化，并对影响较大、效果较明显的措施进行专题分析。

（5）其他有利因素和不利因素对成本影响的分析。

其他有利因素和不利因素对成本影响的分析包括工程结构的复杂性和施工技术的难度、施工现场的自然地理环境、物资供应渠道和技术装备水平等。

针对上述成本分析的内容，形成建设工程项目的成本分析报告。成本分析报告通常由文字说明、报表和图表等部分组成。它可以为纠正与预防成本偏差、改进成本控制方法、制定降低成本措施、完善成本控制体系等提供依据。

9.5.3　建设工程项目施工成本分析的方法

建设工程项目施工成本分析一般可采用对比法、连环替代法和差额计算法等，分别计算出构成相应核算对象的工程量、消耗量和价格等各因素对成本的影响情况与大小。

1. 对比法

对比法又称比较法，通过对技术经济指标的对比，检查计划的完成情况，分析产生的差异及其原因，从而进一步挖掘建设工程项目内部潜力的方法。这种方法通俗易懂、简便易行、便于掌握，但必须注意各项技术经济指标之间的可比性。

应用对比法时，通常有以下几种形式。

（1）实际指标与计划指标对比。

此项对比主要包括实际工程量与预算工程量的对比分析、实际消耗量与计划消耗量的对比分析、实际采用价格与计划价格的对比分析、各种费用实际发生额与计划支出额的对比分析等。

（2）本期实际指标与上期实际指标对比。

此项对比可以研究相应指标发展的动态情况，反映建设工程项目管理的改善程度。

（3）与本行业平均水平、先进水平对比。

此项对比可以反映本建设工程项目管理水平与平均水平、先进水平的差距，以便采取措施，不断提高。

应用案例 9-1

某建设工程项目本期计划节约材料费 10000 元，实际节约 12000 元，上期实际节约 9500 元，本企业先进水平节约 13000 元。请将本期实际数与本期计划数、上期实际数、企业先进水平作对比。

分析见表 9-3。

表 9-3 分析表

指标	本期计划数	上期实际数	企业先进水平	本期实际数	对比差异		
					与计划比	与上期比	与先进比
节约数额	10000	9500	13000	12000	+2000	+2500	-1000

通过表 9-3 可以得出，实际数比计划数和上期实际数均有所增加，但是本企业比先进水平还少 1000 元，尚有潜力可挖。

2. 连环替代法

连环替代法又称因素分析法或连锁置换法，是将某建设工程项目成本分解为若干个相互联系的原始因素，并用来分析各个因素变动对成本形成的影响程度，进而针对主要因素，查明原因，提出改进措施，达到降低成本的目的。应用连环替代法进行分析时，每次只考虑单一因素变动，即首先假定众多因素中的一个因素发生了变化，其他因素则不变，然后逐个替换、比较结果，以确定各个因素的变化对成本的影响程度，其具体步骤如下。

（1）确定分析对象，并计算出实际数与计划数的差异。

（2）确定各个影响因素，并按其相互关系进行排序。

（3）以计划（预算）数为基础，将各个因素的计划（预算）数相乘，并作为分析代替的基数。将各个因素的实际数按照上述排序，逐一进行替换计算，并将替换后的实际数保留下来。

（4）将每次替换所得的结果与前一次的计算结果相比较，两者的差异作为该因素对分析对象的影响程度。

（5）各个因素的影响程度之和，应与分析对象的总差异相等。

在应用连环替代法时，各个因素的排序应固定不变；否则，将会得出不同的结论。而且，在找出主要因素后，还要利用其他方法进行深入具体的分析。

应用案例 9-2

某现浇混凝土分项工程，商品混凝土的计划成本与实际成本对比数据见表 9-4。试利用连环替代法分析其成本增加的原因。

【CCTV大楼案例赏析】

表 9 – 4　商品混凝土的计划成本与实际成本对比数据

建设工程项目	计量单位	计划数	实际数	差异
产量	m³	500	520	+ 20
单价	元	700	720	+ 20
损耗率	%	4	2.5	– 1.5
成本	元	364000	383760	+ 19760

商品混凝土成本变动因素分析结果见表 9 – 5。

表 9 – 5　商品混凝土成本变动因素分析结果

顺序	连环替代计算	差异/元	因素分析
计划数	500 × 700 × 1.04 = 364000		
第一次替代	520 × 700 × 1.04 = 378560	+ 14560	由于产量增加 20m³，成本增加 14560 元
第二次替代	520 × 720 × 1.04 = 389376	+ 10816	由于单价提高 20 元，成本增加 10816 元
第三次替代	520 × 720 × 1.025 = 383760	– 5616	由于损耗率下降 1.5，成本减少 5616 元
合　计		19760	

3. 差额计算法

差额计算法是因素分析法的一种简化形式，它利用各个因素实际数据与计划数的差额，来反映其对成本的影响程度。

应用案例 9 – 3

现以劳动生产率为例，并参考表 9 – 6 中有关数据。

表 9 – 6　劳动生产率实际数与计划数对比

建设工程项目	计量单位	计划数	实际数	差异
月平均工作时间	小时	208	182	– 26
工作效率	元/小时	10	12	+ 2
月劳动生产率	元	2080	2184	+ 104

从表 9 – 6 中可以发现，作为分析对象的劳动生产率提高了 104 元。其中，月平均工作时间的影响是 – 26 × 10 = – 260（元）；工作效率的影响是 2 × 182 = 364（元），于是 364 – 260 = 104（元），即两者相抵使得月劳动生产率提高了 104 元。

9.5.4　成本超支原因分析

经过对比分析，若发现某一方面已经出现成本超支，或预计最终将会出现成本超支，就应将它提出，做进一步的原因分析。成本超支的原因可以按照具体超支的成本对象（费用要素、工作包、工程分析等）进行分析。原因分析是成本责任分析和提出成本控制措施的基础，成本超支的原因是多方面的。

（1）原成本计划数据不准确、估价错误、预算太低、不适当地采用低价策略、承包商（或分包商）报价超出预期的最高价。

（2）外部原因：上级、业主的干扰，阴雨天气，物价上涨，不可抗力事件等。

（3）实施管理中的问题：①不适当的控制程序，费用控制存在问题，许多预算外开支，被罚款；②成本责任不明，实施者对成本没有承担义务，缺少成本（投资）方面限额的概念，同时又没有节约成本的奖励措施；③劳动效率低，工人频繁调动，施工组织混乱；④采购了劣质材料，工人培训不充分，材料消耗增加，浪费严重，发生事故，返工，周转资金占用量大，财务成本高；⑤合同不利，在合同执行中存在缺陷，承包商（分包商、供应商）的赔偿要求不能成立。

（4）工程范围的增加，设计的修改，功能和建设标准提高，工作量大幅度增加。

9.5.5 降低成本措施

通常，要压缩已经超支的成本而又不损害其他目标是十分困难的，降低成本的措施必须考虑到工期、质量、合同、功能等多个因素。一般只有当给出的措施比原定的措施更为有利，或使工程范围减少，或生产效率提高时，成本才能降低，具体有以下几种方法。

（1）寻找新的、更好的、更省的、效率更高的技术方案，采用符合规范而成本更低的原材料。

（2）购买部分产品，而不是采用完全由自己生产的产品。

（3）重新选择供应商，但会产生供应风险，而且重新选择需要时间。

（4）改变实施过程，在符合工程（或合同）要求的前提下改变工程质量标准。

（5）删去工作包，减少工作量、作业范围或要求，但这会损害工程的最终功能，降低质量。

（6）变更工程范围。

（7）索赔，例如向业主、承（分）包商、供应商索赔以弥补费用超支等。

特别提示

建设工程项目施工成本分析的方法主要有对比法、连环替代法和差额计算法等。

知识拓展

结合本章所学内容，本章【导入案例】提出的问题解答如下。

本案例主要考核成本降低额和成本降低率的计算。成本降低额和成本降低率分别按以下公式计算

$$成本降低额 = 计划成本 - 实际成本$$

$$成本降低率 = (计划成本 - 实际成本)/计划成本 \times 100\%$$

根据以上分析，最终答案如下。

（1）措施项目的总成本降低额：615 – 577 = 38（万元），即措施项目的成本降低了38万元。

（2）措施项目的总成本降低率：$(615-577)/615\times100\%=6.2\%$，即措施项目的总成本比计划成本降低6.2%。

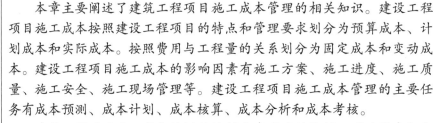

本章主要阐述了建筑工程项目施工成本管理的相关知识。建设工程项目施工成本按照建设工程项目的特点和管理要求划分为预算成本、计划成本和实际成本。按照费用与工程量的关系划分为固定成本和变动成本。建设工程项目施工成本的影响因素有施工方案、施工进度、施工质量、施工安全、施工现场管理等。建设工程项目施工成本管理的主要任务有成本预测、成本计划、成本核算、成本分析和成本考核。

建筑工程项目施工成本计划的编制应有明确的依据、明确的责任部门和工作方法，施工成本计划按作用不同可分为竞争性计划成本、指导性计划成本和实施性计划成本。施工成本计划的编制方法主要有按照施工成本组成编制施工成本计划、按子建设工程项目组成编制施工成本计划和按工程进度编制施工成本计划。

建设工程项目施工成本控制的内容包括施工前期的成本控制、施工期间的成本控制和竣工验收阶段的成本控制。建设工程项目施工成本控制的途径有人工费的控制、材料费的控制、机械使用费的控制、施工管理费的控制、临时设施费的控制、分包价格的控制、工程变更的控制和施工索赔的控制等。

建设项目施工成本控制的方法价值工程法和偏差分析法，其中偏差分析法又包括横道图法、表格法和赢得值法（又叫曲线法）。

建设工程项目施工成本核算的程序和对象，建设工程项目施工成本核算的原则和要求。建设工程项目施工成本分析的依据有会计核算、业务核算和统计核算。

【世界"十大"建筑奇观】

习 题

一、单项选择题

1. 建设工程项目施工成本是指_____在进行某建设工程项目的施工过程中所发生的生产经营费用支出的总和。

　　A. 发包单位　　　　B. 承包单位　　　　C. 设计单位　　　　D. 监理单位

2. _____以施工图预算为基础，反映了社会或企业的平均成本水平。

　　A. 计划成本　　　　B. 预算成本　　　　C. 实际成本　　　　D. 施工成本

3. _____即建设工程项目施工准备阶段的施工预算成本计划。

　　A. 竞争性计划成本　　　　　　　　　　B. 指导性计划成本
　　C. 操作性计划成本　　　　　　　　　　D. 实施性计划成本

4. 加强施工任务单和限额领料单的管理，属于_____。
   A. 施工前期的成本控制　　　　　　B. 施工期间的成本控制
   C. 竣工阶段的成本控制　　　　　　D. 后评价阶段的成本控制

5. 通过测量和计算已完成的工作的预算费用与已完成工作的实际费用和计划工作的预算费用得到有关计划实施的进度和费用偏差，而达到判断建设工程项目预算费用和进度计划执行情况的目的，这种方法称之为_____。
   A. 横道图法　　　　　　　　　　　B. 表格法
   C. 赢得值法（曲线法）　　　　　　D. 对比法

6. 只要是为了经营目的所发生的或预期要发生的，并要求得以补偿的一切支出，都应作为成本来加以确认。这体现了施工成本核算的_____。
   A. 确认原则　　　B. 连贯性原则　　　C. 权责发生制原则　　　D. 及时性

7. 年度成本分析的依据是_____。
   A. 旬成本报表　　　　　　　　　　B. 月度成本报表
   C. 季度成本报表　　　　　　　　　D. 年度成本报表

二、多项选择题

1. 按照建设工程项目的特点和管理要求不同，施工成本可以分为_____。
   A. 预算成本　　　B. 计划成本　　　C. 直接成本
   D. 间接成本　　　E. 实际成本

2. 影响建设工程项目施工成本的因素有_____。
   A. 施工方案　　　B. 施工进度　　　C. 施工质量
   D. 施工安全　　　E. 施工措施

3. 建设工程项目施工成本计划的类型，按其作用不同可分为_____。
   A. 竞争性计划成本　　B. 规划性计划成本　　C. 实施性计划成本
   D. 操作性计划成本　　E. 发展性计划成本

4. 施工成本计划的编制方法主要有_____。
   A. 按施工成本的组成编制施工成本计划
   B. 按施工成本的作用编制施工成本计划
   C. 按施工成本的性质编制施工成本计划
   D. 按子建设工程项目的组成编制施工成本计划
   E. 按工程进度编制施工成本计划

5. 建设工程项目施工成本控制的依据有_____。
   A. 投资限额　　　B. 工程承包合同　　C. 施工成本计划
   D. 施工组织设计　E. 工程变更

6. 工程变更主要有_____。
   A. 施工条件变更　　B. 承包商变更　　C. 监理工程师易人
   D. 工程内容变更　　E. 物价变动

7. 施工成本偏差的分析方法有_____。
   A. 横道图法　　　B. 网络图法　　　C. 直方图法
   D. 表格法　　　　E. 曲线法

8. 施工成本核算的对象划分，一般有_____。
A. 以一个单位工程为对象
B. 按工程部位划分成本核算对象
C. 以一批单位工程为对象
D. 以一个工程项目为对象
E. 以一个分项工程为对象

9. 建设工程项目施工成本核算的原则有_____。
A. 分期核算原则
B. 相关性原则
C. 及时性原则
D. 业主满意原则
E. 权责发生制原则

10. 施工成本分析的依据有_____。
A. 会计核算
B. 业务核算
C. 成本计划
D. 成本内容
E. 统计核算

11. 单位工程竣工成本分析应包括_____等内容。
A. 间接费分析
B. 直接费分析
C. 竣工成本分析
D. 主要资源节超对比分析
E. 主要技术节约措施及经济效果分析

12. 按建设工程项目施工进展进行的成本分析有_____。
A. 人工费分析
B. 分部分项工程成本分析
C. 月（季）度成本分析
D. 年度成本分析
E. 竣工成本分析

13. 建设工程项目施工成本分析的方法有_____。
A. 表格法
B. 对比法
C. 连环替代法
D. 差额计算法
E. 网络计划法

【第9章在线测试习题】

第10章 建设工程项目资源管理

思维导图

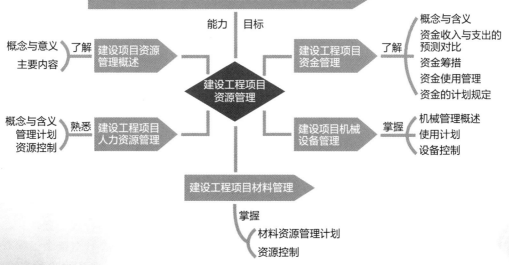

导入案例

巧妇难为无米之炊,施工单位将拟建工程按施工图纸在拟建场地上建造起来,离不开各种各样的资源,项目资源指的是哪些,又如何管理呢?

【5M要素】

在现代管理学中,针对工程项目管理中的项目资源有五要素的说法,简称"5M",即人(Manpower)、机器(Machine)、材料(Material)、资金(Money)与技术(Method)。而针对建设工程项目来说,资源是指生产力作用于工程项目的有关要素,也可以说是投入到工程项目中的诸要素。

10.1 建设工程项目资源管理概述

10.1.1 建设工程项目资源管理的概念与意义

【资源管理的意义】

1. 建设工程项目资源管理的概念

建设工程项目资源是对项目实施中使用的人力资源、材料、机械设备、技术、资金等的总称。资源是人们创造出产品(即形成生产力)所需要的各种要素,也称生产要素。

特别提示

建设工程项目资源作为建设工程项目管理过程的重中之重,是完成建设工程任务的重要手段,也是建设工程项目目标得以实现的重要保证。

建设工程项目资源管理是指对项目所需的各种资源所进行的计划、组织、指挥、协调和控制等系统活动。建设工程项目资源管理极其复杂,主要表现为工程项目实施所需资源的种类多、需用量大;建设过程对资源的消耗极不均衡;资源供应受外界影响太大,具有一定的复杂性和不确定性,且资源经常需要在多个项目间进行调配;资源对项目成本的影响最大。

加强项目管理,必须对投入项目的资源进行市场调查与研究,做到合理配置,并在生产中强化管理,以尽量少的消耗获得产出。如果资源管理工作做得好,会对整个工程有很大的促进作用。相反,如果没有做好资源管理工作,则会对工程管理产生很大的负面影响。

2. 建设工程项目资源管理的意义

建设工程项目资源管理的最根本意义在于节约活劳动和物化劳动,其具体意义如下。

（1）进行资源的优化配置，即适时、适量、比例适当、位置适宜地组织并投入资源，以满足需要。

（2）进行资源的优化组合，即资源投入搭配适当、协调，形成有效的生产力，适时、合格地实施理想工程。

（3）在项目运行过程中，实现资源的动态管理。动态管理的基本内容就是按照项目的内在规律，有效计划、组织、协调、控制各种资源，使之在项目实施过程中合理流动，在动态中寻求平衡。

（4）在项目运行过程中，合理、节约地使用资源，提高资源的使用效率，以控制项目成本。

10.1.2 建设工程项目资源管理的主要内容

1. 人力资源管理

人力资源泛指能够从事生产活动的体力和脑力劳动者，在项目管理中包括不同层次的管理人员和参加作业的各种工人。人是生产力中最活跃的因素，人具有能动性、再生性和社会性等。项目人力资源管理的任务是根据项目目标，不断获取项目所需人员，并将其整合到项目组织之中，使之与项目团队融为一体。项目中人力资源的使用，关键在明确责任、调动职工的劳动积极性、提高工作效率。从劳动者个人的需要和行为科学的观点出发，人力资源管理应责权利相结合，采取激励措施，并在使用中重视对他们的培训，提高他们的综合素质。

2. 材料管理

建筑材料分为主要材料、辅助材料和周转材料等。主要材料指在施工中被直接加工，构成工程实体的各种材料，如钢材、水泥、砂、石子等。辅助材料在施工中有助于产品的形成，但不构成工程实体的材料，如外加剂、脱模剂等。周转材料指不构成工程实体，但在施工中反复使用的材料，如模板、架管等。建筑材料还可以按其自然属性分类，包括金属材料、硅酸盐材料、电器材料、化工材料等。一般工程中，建筑材料占工程造价的70%左右，加强材料管理对于保证工程质量，降低工程成本都将起到积极的作用。项目材料管理的重点在现场、在使用、在节约和核算，尤其是节约，其潜力巨大。

3. 机械设备管理

机械设备主要指作为大中型工具使用的各类型施工机械。机械设备管理往往实行集中管理与分散管理相结合的办法，主要任务在于正确选择机械设备，保证机械设备在使用中处于良好状态，减少机械设备闲置、损坏，提高施工机械化水平，提高使用效率。提高机械使用效率必须提高利用率和完好率，利用率的提高靠人，完好率的提高在于保养和维修。

4. 技术管理

技术是指人们在改造自然、改造社会的生产和科学实践中积累的知识、技能、经验及体现它们的劳动资料。技术包括操作技能、劳动手段、生产工艺、检验试验、管理程序和方法等。任何物质生产活动都是建立在一定的技术基础上的，也是在一定技术要求和技术标准的控制下进行的。随着生产的发展，技术水平也在不断提高，由于施工的单件性、复杂性、受自然条件的影响等，决定了技术管理在工程项目管理中的重要性。

工程项目技术管理是对各项技术工作要素和技术活动过程的管理。技术工作要素包括技术人才、技术装备和技术规程等；技术活动过程包括技术计划、技术应用和技术评价等。技术作用的发挥，除取决于技术本身的水平外，极大程度上还依赖于技术管理水平。没有完善的技术管理，先进的技术是难以发挥作用的。工程项目技术管理的任务包括：正确贯彻国家的技术政策，贯彻上级对技术工作的指示与决定；研究、认识和利用技术规律，科学地组织各项技术工作，充分发挥技术的作用；建立正常的生产技术秩序，文明施工，以技术保证工程质量；努力提高技术工作的经济效果，使技术与经济有机地结合起来。

5. 资金管理

工程项目的资金，从流动过程来讲，首先是投入，即将筹集到的资金投入到工程项目的实施上；其次是使用，也就是支出。资金管理应以保证收入、节约支出和防范风险为目的，重点是收入与支出问题，收支之差涉及核算、筹资、利息、利润、税收等问题。

10.1.3　建设工程项目资源管理的过程

建设工程项目资源管理非常重要，而且比较复杂，全过程包括如下环节。

（1）编制资源计划。项目实施时，其目标和工作范围是明确的，资源管理的首要工作是编制计划。资源计划是优化配置和组合的手段，目的是对资源投入时间及投入量作出合理安排。

（2）资源配置。资源配置是按编制的资源计划，在资源的供应到投入项目实施的全过程中保证项目需要。

（3）资源控制。控制是根据每种资源的特性，制定科学合理的措施，进行动态配置和组合，协调投入，合理使用，不断纠正偏差，以尽可能少的资源满足项目要求，达到节约资源、降低成本的目的。

（4）资源处置。处置是根据各种资源投入、使用与产生的核算，进行使用效果分析，实现节约使用的目的。一方面是对管理效果的总结，找出经验和问题，评价管理活动；另一方面又为管理提供储备与反馈信息，以指导下一阶段的管理工作，并持续改进。

在项目施工过程中，对项目资源的管理应该着重坚持四项原则：编制管理计划的原则、资源供应的原则、节约使用的原则和使用核算的原则。

10.2　建设工程项目人力资源管理

10.2.1　建设工程项目人力资源管理概述

1. 建设工程项目人力资源管理的定义

人力资源的管理可以分为宏观、微观两个方面，宏观人力资源指的是对于全社会人力资源的管理,微观人力资源的管理指对于企业、事业单位人力资源的管理。项目人力资源管理属于微观人力资源管理的范畴。

建设工程项目人力资源管理是指项目组织对该项目的人力资源进行的科学的计划、适当的培训教育、合理的配置、有效的约束和激励、准确的评价等一系列管理工作。具体来讲,就是通过不断地获得人力资源,把得到的人力整合到项目中并融为一体,保持和激励他们对项目的忠诚与积极性,控制他们的工作绩效并做相应的调整,尽量开发他们的潜能,以支持项目目标的实现。其管理工作的主要内容包括:项目人力资源管理体制,劳动力使用过程中的优化配置与动态管理,项目实施过程中的人员培训和持证上岗,劳动绩效评价与激励等。

2. 建设工程项目人力资源管理体制

建设工程项目人力资源配置有两种形式:一是企业内部劳务队伍,即劳务分公司;二是外部劳务市场的劳务分包企业。

特别提示

人力资源一般是指能够从事生产活动的体力和脑力劳动者。人力资源是一种特殊的资源,人力资源的基本特点包括:人力资源以人的身体和劳动为载体,是一种"活"的资源;人力资源具有再生性;人力资源在经济活动中是居于主导地位的能动性资源;人力资源是具有时效性的资源。

【人力资源的特点】

10.2.2 建设工程项目人力资源管理计划

人力资源管理计划是为了实现项目目标而对所需人力资源进行预测,并为满足这些需要而预先进行系统安排的过程。企业应遵守有关法规,结合项目规模、建筑特点、人员素质与劳动效率要求、组织机构设置、生产管理制度等进行计划编制。

1. 项目管理人员、专业技术人员的确定

项目管理人员、专业技术人员的需求应根据岗位编制计划,参考类似工程经验进行预测。在人员需求中应明确职务名称、人员数量、知识技能等方面的要求,并写明招聘的途径、选择的方法和程序、希望到岗的时间等,最终形成一个有员工数量、招聘成本、技能要求、工作类别以及能满足管理需要的人员数量和层次的分列表。

管理人员需求计划编制的前提是一定要做好工作分析。工作分析是指通过观察和研究,对特定的职务作出明确的规定,并规定这一职务的人员应具备什么素质的过程。具体包括:工作内容、责任者、工作岗位、工作时间、如何操作、为何要做。根据工作分析的结果,编制工作说明书,制定工作规范。

2. 劳动力需求计划的确定

劳动力需求计划是依据施工进度计划、工程量和劳动生产率,将施工进度计划表内所列各施工过程每天(或旬、月)所需工人人数按工种汇总而得,其表格形式见表10-1。

表 10-1　劳动力需求计划

序号	工种名称	人数	××月			××月			备注
			上旬	中旬	下旬	上旬	中旬	下旬	

劳动生产率反映生产中的劳动消耗，提高劳动生产率意味着以较小的劳动消耗，能生产出相等数量的产品，或者用同等量的消耗，能生产出更多数量的产品。不断完善劳动组织、建立严格的岗位责任制，提高职工科学文化水平和技术熟练程度，贯彻按劳分配原则，调动职工的积极性都是提高劳动生产率的主要途径。应详细考虑近期劳动生产率实际达到的水平，分析劳动定额完成情况，总结经验教训，提出改革措施，充分挖掘潜力，科学地预测劳动生产率增长的速度。应实事求是地编制劳动生产率计划，再以之为依据确定各施工过程所需劳动力人数。

3. 劳动力的配置

劳动力配置的依据是劳动力需求计划，劳动力配置工种和人数的依据是项目进度计划中在某个时间段需要什么样的劳动力、需要多少。劳动力优化配置是在此基础上进行劳动力资源的平衡和优化，具体做法上应考虑以下几个方面。

（1）在劳动力需求计划的基础上根据具体需求细化，防止漏配。必要时根据实际情况对劳动力需求计划进行调整。另外，应掌握现有劳动力的生产水平，分析工人进一步提升生产水平的可能性，制订奖励措施，从而激发工人的劳动热情。

（2）如果现有的劳动力能满足要求，配置时必须依据节约原则。如果现有劳动力不能满足要求，项目经理部可考虑劳动力加配，也可把任务转包出去。

（3）如果在专业技术或其他素质上现有人员不能满足工作要求，应先进行培训，然后再上岗作业。

（4）尽量使作业层现有的劳动力和劳动组织保持稳定，避免频繁调动。当现有的劳动组织不适应任务要求时，应进行调整，并敢于打乱原劳动组织进行优化组合。

（5）为保证作业顺利完成，各工种配比要适当，劳动强度适中，达到劳动力优化的目的。

10.2.3　建设工程项目人力资源控制

1. 人力资源的动态管理

【人力资源管理的目标】

人力资源的动态管理指根据生产任务和施工条件的变化对人力资源进行平衡、协调，以解决劳务失衡、劳务与生产要求脱节等问题，其目的是实现人力资源动态的优化组合。劳动管理部门对人力资源的动态管理起主导作用，项目经理部是项目施工范围内人力资源动态管理的直接责任者。

（1）人力资源动态管理的原则：动态管理应以进度计划与劳务合同为依据；动态管理应始终以企业内部市场为依托，允许人力资源在内部充分、合理地流动；动态管理应以动态平衡和日常调度为手段；动态管理应以达到人力资源优化组合和充分调动作业人员的积极性为目的。

（2）人力资源动态管理应包括下列内容：按计划要求向企业劳务管理部门申请派遣劳务人员，并签订劳务合同；按计划在项目中分配劳务人员，并下达施工任务单或承包责任书；在施工中不断进行人力资源平衡、调整，解决施工要求与人力资源数量、工种、技术能力相互配合中存在的矛盾，在此过程中按合同与企业劳务部门保持信息沟通，进行人员使用和管理的协调；按合同支付劳务报酬；解除劳务合同后，将人员遣归内部劳务市场；项目经理部应加强对人力资源的教育培训和思想管理，加强对劳务人员作业质量和效率的检查。

2. 人力资源的培训

劳动者的素质、劳动技能不同，在现场施工中所起的作用和获得的劳动成果也不相同。施工现场缺少的不是劳动力，而是缺少有知识、有技能、适应现代建筑业发展要求的新型劳动者和经营管理者。使现有劳动力具有这样的文化水平和技术水平的有效途径是进行培训，通过培训提升文化水平和技术水平，并在通过考核取得合格证后才能上岗。

（1）培训内容。

① 现代现场管理理论的培训。任何实践活动都离不开理论的指导，现场施工也是这样，如果管理者与被管理者不掌握现场管理理论，就无法做到协同高效的工作，造成窝工浪费；同时管理跟不上，现场施工水平落后，无法参与市场竞争，企业就要被淘汰。所以，需要加强现场管理理论培训。

② 文化知识的培训。文化知识是进行业务学习、提高操作水平的基础，要掌握、运用一定的施工技术，必须有相应的文化知识作保证。文化知识就是工具，进行岗位培训必须使职工掌握这个工具。

③ 操作技术的培训。职工进行培训的目的是能上岗胜任工作，所以一切培训内容都要围绕这一点进行。结合现场技能、技术及协作的要求，围绕施工工艺进行培训，做到有的放矢、学以致用，使职工的技术水平达到岗位要求。

培训的同时要做好以下几项工作。

① 做好考核发证工作。凡是上岗人员都要统一考核，获得相应的岗位证书，保证培训的系统性、有效性。对那些一次培训不能合格的人员不能发证上岗，要么离岗，要么继续进行培训，直到取得合格的岗位证书，保证培训的质量。

② 做好培训计划和管理工作。培训工作要有计划、有步骤地进行，做到与需求同步，避免影响正常工作或培训内容滞后，因此需要进行培训计划的编制。

③ 还应对培训工作进行有效的档案管理，以利于专业知识和技能的提高和普及，也有利于优化劳动力组合，达到形成专长劳动资源的目的。

（2）培训方法。

培训应因地制宜，因人制宜，不拘形式，讲求实效，根据各企业自身的不同特点和现场实际情况，以及不同工种、不同业务的工作需要，采取多种形式。

① 按办学方式分为企业自办、几个单位联合办或委托培训等形式。

② 按脱产程度不同分为业余培训、半脱产培训和全脱产培训，还可采取岗位练兵、师带徒等形式。

③ 按培训时间分为长期培训和短期培训。

3. 人员激励

项目管理组织的有效运作需要每一个组织成员都能够有效地发挥作用。组织内的人员管理，应该注重研究和掌握员工的需要结构，把握其个性和共性，了解员工和员工之间需要的差异。在此基础上，根据掌握的资源进行有的放矢的激励。

组织管理人员如何看待员工决定着他们所采用的管理方式。因此，管理者对人本性的假设影响着他们对员工的激励行为，决定着组织所采用的激励方法。组织中常用的激励方法有三类，即物质激励、精神激励和生涯发展激励。物质激励的手段有薪金、奖励、红利、股权、奖品等，这是一种正面激励的手段，目的是肯定员工的某些行为，以调动员工的积极性。精神激励是从创造良好的工作氛围和人际环境、提高员工觉悟的角度去激发员工的动机，从而引导其行为。生涯发展激励就是通过帮助员工规划个人的职业生涯计划，并为其提供成才的机会，以此提高员工的忠诚度、工作的积极性和创造性。生涯发展激励侧重于通过员工个人成长，促使其努力工作，以便在实现个人目标的同时，完成组织目标。

知识拓展

项目人力资源管理考核应以有关管理目标或约定为依据，对人力资源管理方法、组织规划、制度建设、团队建设、使用效率和成本管理等进行分析和评价。人力资源管理工作主要加强人力资源的教育培训和思想管理，加强人力资源业务质量和效率的检查。

10.3　建设工程项目材料管理

【现场材料管理应注意的问题】

建设工程项目材料管理就是按照客观经济规律的要求，依据一定的原则、程序和方法，搞好材料的供需平衡，合理进行材料的运输与保管工作，保证施工生产的顺利进行。材料管理的目的是贯彻节约原则，节约材料费用，降低工程成本。由于材料费在流动资金中占工程成本的比重最大，并且工程项目的材料对工程质量的影响起主要作用，故加强建设工程项目材料管理是提高工程质量和经济效益的主要途径。

特别提示

一个建设工程项目的构成离不开各种各样的建筑材料，而且建筑材料与项目质量、成本、进度都有密切的联系，所以，对材料的管理是建设工程项目管理中一个重要的内容。

10.3.1　材料资源管理计划

1. 材料分类

一般建筑工程项目中，使用的材料品种有几十种，甚至上百种。材料管理要抓住事物的主要矛盾进而对它们实行分别管理。项目材料按成本金额的多少与品种的比例关系，依比例从大到小排列并可绘制出ABC排列图，从而将材料划分为A、B、C三类。把关键的少数列为A类，此类材料数量只占总数的10%～20%，而成本占材料总成本的70%～

80%，应列为重点管理对象。大宗及贵重材料，如钢材、水泥、商品混凝土等一般列为 A 类。把次要的多数列为 C 类，此类材料占总数的 70%～80%，而成本只占材料总成本的 10%～20%，一般稍加管理即可。中间部分列为 B 类，此类材料占总数的 20% 左右，成本也占总成本的 20% 左右，应列为次要管理对象，通常是定期检查。一般将砌块、砂、铝合金门窗、装饰材料等列为 B 类。

2. 项目材料需用计划

项目材料需用计划一般包括整个工程项目的需用计划和各计划期的需用计划，根据工程项目划分，逐级汇总。

（1）项目材料需用量的确定。

项目材料需用计划反映整个建设工程项目及各分部、分项工程材料的需用量，也称项目材料分析。编制项目材料计划的主要依据是设计文件、施工组织设计及有关的材料消耗定额。

确定项目材料需用量的方法如下。

① 定额计算法。这种方法计算的材料需用量比较准确，适用于规定有消耗定额的各种材料。首先计算项目各分部、分项工程的工程量并套用相应的材料消耗定额，分别计算出各分部、分项工程的材料需用量，最后汇总各分部、分项工程的材料需用量，求得整个项目各种材料的总需用量。

分部、分项材料需用量计算公式为

$$某项材料需用量 = \sum (某分项工和量 \times 该项材料消耗定额) \quad (10-1)$$

② 比例计算法。这种方法多用来无消耗定额、但有历史消耗数据时，通过有关比例关系来确定材料需用量，其计算公式为

$$某种材料需用量 = 对比期材料实际耗用量 \times$$
$$(计划期工程量/对比期实际完成工程量) \times 调整系数 \quad (10-2)$$

式中，调整系数一般可根据计划期与对比期生产技术组织条件的对比分析、降低材料消耗的要求、采取节约措施后的效果等来确定。

③ 类比计算法。这种方法多用于计算新产品对某些材料的需用量，它以参考类似产品的材料消耗定额来确定该产品或该工艺的材料需用量，其计算公式为

$$某种材料需用量 = 某分项工程量 \times 类似产品的材料消耗定额 \times 调整系数 \quad (10-3)$$

式中，调整系数可根据该种产品与类似产品在质量、结构、工艺等方面的对比分析来确定。

④ 经验估计法。这是根据计划人员以往的经验来估算材料需用量的一种方法，此种方法科学性差，只限于无法用其他方法时的情况。

（2）计划期材料需用量的编制。

计划期材料需用量编制的主要依据是项目的一次性材料用料计划、计划期的施工进度计划及有关材料消耗定额。计划期材料需用计划按计划期的长短可分为年度、季度和月度计划，工程项目主要采用的是月度材料需用计划。编制计划期材料需用量有以下两种方法。

① 计算法。根据施工进度计划中各分部、分项工程量获取相应的材料消耗定额，求得各分部、分项的材料需用量，然后再汇总，求得计划期各种材料的总需用量。

② 卡段法。根据计划期施工进度的形象部位，从项目材料需用计划中，摘出与施工

进度相应部分的材料需用量，汇总求得计划期各种材料的总需用量。

10.3.2 材料资源控制

材料控制包括材料供应单位选择及采购供应合同订立、出厂或进场验收、储存管理、使用管理及不合格品处置等。施工过程是劳动对象加工、改造的过程，是材料使用和消耗的过程。在此过程中材料管理的中心任务就是检查、保证进场施工材料的质量，妥善保管进场的物资，严格、合理地使用各种材料，降低消耗，保证实现管理目标。

1. 材料供应

材料供应的方式是指企业所购入的各种材料在企业内部通过什么方式供给工程项目使用的材料供求关系。一般按不同的需求，以最好的经济效益为前提进行确定。材料供应的方式主要包括领料方式、送料方式、直接供应方式、中转供应方式、买卖方式、租赁方式和服务方式。

（1）领料方式。由用料单位根据供料部门开出的领料单，在规定的期限内到指定地点提取，提料过程的运输由用料单位自理。这种方法，能较为灵活地适应施工需要，但增加了用料单位的工作量。

（2）送料方式。由供应部门根据用料单位的申请计划，负责将材料按规定时间直接送到指定用料地点，这种作法可以减少用料单位的工作量，也利于供应部门了解用料单位的使用与要求，提高供料工作水平。但在施工情况多变时，供应衔接困难。

（3）直接供应方式。供应部门根据供应计划，从生产厂家购买材料后，直接送到用料单位指定的地点，或由用料单位持提货单，直接到厂家提取。这种作法可以减少中间环节，加速流转，费用低，但受批量限制，适合大宗材料。

（4）中转供应方式。生产厂家购买后，材料先进入供应部门的仓库，然后根据用料单位的申请计划，采取送料方式或领料方式供货。这种做法，适合于用量少、通用性强和可变性大的材料。

（5）买卖方式。企业内部使用者必须以获得材料全价值的货币量支付给供应部门，供应部门才向使用者提供所需材料。凡是构成项目实体、其价值一次全部转移到项目中的材料、制品及各种构配件等，宜采取这种方式。

（6）租赁方式。在一定期限内，产权的拥有方向使用方提供财产的使用权，而不改变所有权，双方各自承担一定的义务，履行一定契约的经济关系。凡是在施工过程中能够多次反复使用的、其价值逐步转移到工程中去的周转材料、大中型工具等，宜采取这种方式。

（7）服务方式。具有某些专业技术能力的部门和个人，向需方提供服务，由需方以货币的方式支付劳务费。

以上七种不同的材料供应方式，各有优缺点，可以相互补充。选择材料供应方式时，要从实际出发，因地制宜，全面分析，才能取得较好的经济效果。项目经理是施工现场材料管理最主要的责任者；项目经理部主管材料员是施工现场材料管理的直接责任人；班组料具员在主管材料员的指导下，协助班组长组织和监督本班组合理领、用、退料工作。现场材料员应建立材料管理岗位责任制。

2. 材料进场验收

为把住材料的质量和数量关，进场材料验收应做好以下几项工作。

（1）做好进场材料验收准备工作。清理存放场地、垛位，校验验收计量器具，调配搬运人力及设备，掌握有关验收标准。

（2）核查进场材料的凭证、票据、计划、合同等有关资料；核对到货地点、材料品种是否与所需相符；出现问题及时上报，问题未解决前不应卸车或接收。

（3）目测材料外包装是否完整，若发现材料外表损坏或外包装破损严重的，应做记录并及时上报，问题未解决前不得进行数量和质量验收。

（4）检验数量及质量。数量验收按照规定分别采取称重、点件、检尺等方法，以确保进场材料数量准确。质量验收，首先检查进场材料的质量保证书或产品合格证，再进行外观质量检测，当无质量缺陷时，要按照规定取样进行材质复验。

（5）经数量、质量验收合格的材料要及时办理验收手续，入库登账，质量复验资料存档备案。

（6）对验收中出现的数量和质量问题应做记录，上报有关部门处理，未解决前不应办理验收。

（7）因某些非主要因素不能验收或对验收中问题供需双方已有解决意见而工程急需时，可做暂估验收，发放使用，待问题正式解决后再办理正式验收手续。

3. 材料的存储管理

材料的存储管理应合理确定材料的经济存储量、经济采购批量、安全存储量、订购点等参数。进场的材料应建立台账，记录使用和节超状况；入库的材料应按型号、品种分区堆放并分别编号、标识，施工现场材料的放置应按总平面布置图实施，做到位置正确、保管处置得当、符合堆放保管制度；现场的材料必须有防火、防盗、防雨、防变质、防损坏等保护措施；要日清、月结、定期盘点，账物相符。另外，还需注意以下几点。

（1）易燃易爆的材料应专门存放、专人负责保管，并有严格的防火、防爆措施。

（2）有防湿、防潮要求的材料，应采取防湿、防潮措施，并做好标识。

（3）有保质期的库存材料应定期检查，防止过期，并做好标识。

（4）易损坏的材料应保护好外包装，防止损坏。

4. 材料的使用管理

（1）材料的发放及领用。

材料领发标志着料具从生产储备转入生产消耗，必须严格执行领发手续，明确领发责任。凡实行项目法施工的工程，都应实行限额领料。限额领料是指生产班组在完成施工生产任务中所使用的材料品种，数量应与所承担的生产任务相符合。限额领料是现场材料管理的中心环节，是合理使用、减少损耗、避免浪费、降低成本的有效措施。

有定额的工程用料，原则上都实行限额领料。限额领料单是施工任务书的组成部分，它是根据材料消耗定额计算班组的用料并核算经济效果，也是班组对现场领用的凭证，应随同施工任务书同时下达和结算。

（2）材料的使用监督。

现场材料管理责任者应对现场材料的使用进行监督。监督是否合理用料，是否严格执行配合比，是否认真执行领发料手续，是否做到工完、料清、场清，是否做到按平面图堆料，是否按要求保护材料等。检查是监督的手段，检查要做到情况有记录，问题有分析，责任要明确，处理有结果。

(3) 材料的回收。

班组余料应回收，并及时办理退料手续，处理好经济关系。设施用料、包装物及容器在使用周期结束后组织回收，并建立回收台账。

5. 周转材料的管理

周转材料包括模板，脚手架，扣件，U形卡具、附件等零配件。其特点是价值高、用量大、使用期长，其价值随着周转使用逐步转移到产品成本中，所以，对周转材料管理的要求是在保证施工生产的前提下，减少占用，加速周转，延长寿命，防止损坏。为此，一般周转材料的管理多采取租赁制，对项目实行费用承包，对班组实行实物损耗承包。一般是建立租赁站，统一管理周转材料，规定租赁标准及租用手续，制定承包办法。

项目费用承包是指项目经理在上级核定的费用额度内，组织周转材料的使用，实行节约有奖、超耗受罚的办法。

实物损耗承包是对施工班组考核回收率和损耗率，实行节约有奖、超耗受罚。在实行班组实物损耗承包过程中，要明确施工方法及用料要求，合理确定每次周转损耗率，抓好班组领、退的交点，及时进行结算和奖罚兑现。对工期较短、用量较少的项目，可对班组实行费用承包，在核定费用水平后，由班组向租赁部门办理租、用、退租和结算，实行盈亏自负。

以上承包办法，都应建立周转材料核算台账，记录项目租用周转材料的数量、使用时间，费用支出及班组实物损耗承包的结算情况。

项目采购管理是指对项目的勘察、设计、施工、资源供应、咨询服务等采购工作进行的计划、组织、指挥、协调和控制等活动。采购管理应遵循下列程序：明确采购产品或服务的基本要求、采购分购分工及有关责任；进行采购策划，编制采购计划；进行市场调查、选择合格的产品供应或服务单位，建立名录；采购招标或协商等方式实施评审工作，确定供应或服务单位；签订采购合同；运输、验证、移交采购产品或不符合要求的服务；处置不合格产品或不符合要求的服务；采购资料归档。

10.4 建设工程项目机械设备管理

10.4.1 建设工程项目机械设备管理概述

1. 建设工程项目机械设备管理的概念

建设工程项目机械设备主要是指作为大型工具使用的大、中、小型机械。建设工程项目机械设备管理是指按照机械设备的特点，在项目施工生产活动中为了解决好人、机械设备和施工生产对象之间的关系，充分发挥机械设备的优势，获得最佳的经济效益而进行的组织、计划、指挥、调节和监督等工作。

2. 建设工程项目机械设备管理的任务和意义

建设工程项目机械设备管理是对设备进行综合管理，科学地选好、用好、管好、养好、修好机械设备，在设备使用寿命期内，保持设备完好，不断提高企业的技术装备素质，提高设备利用率和劳动生产率。

建设工程项目机械设备管理的目的在于按照机械设备运转的客观规律，通过对施工所需要的机械设备进行合理配置，优化组合，严密地组织管理，充分发挥设备的效能，从而达到用少量的机械去完成尽可能多的施工任务、最大限度节约资源、提高企业经济效益的目的。

3. 建设工程项目机械设备管理的要求

建设工程项目机械设备管理要紧紧围绕企业的经营生产，建立健全的企业机械设备现代化管理体制，运用科学的管理手段，走设备专业化配置与一般设备社会化租赁相结合的设备配置使用思路。实行以集中管理为主，集中管理与分散管理相结合的办法，大力发展机械设备社会专业化大协作，充分发挥机械设备利用效率，使设备得到充分利用，提高企业施工机械化施工水平，使企业在竞争中赢得更大的经济份额。

【机械设备的使用管理】

> **特别提示**
>
> 项目资源管理体系就是将与项目资源管理相关的各种要素和活动形成一个整体，按照计划、配置、控制和考核的原则进行活动。编制资源管理计划是龙头，它是对资源投入量、投入时间和投入步骤，做出一个合理的安排，以满足项目实施的需要。编制资源计划的依据是项目目标、项目范围内的工作分解结构、进度计划、各种实施制约因素、类似工程的经验数据等。

10.4.2 施工机械设备使用计划

1. 施工机械设备的选择

施工机械设备的选择是在施工方案编制时进行的，其原则如下：切合需要，实际可行，经济合理；减少闲置，立足现有设备，发挥现有机械设备能力；充分利用社会机械设备租赁资源，同时也要将企业自身闲置的机械设备向社会开放，打破封闭自锁的观念，为企业赢得更高的经济效益。施工机械设备选择的方法有以下几种。

（1）综合因素评分法。

如果有多种机械的技术性能可以满足施工要求，还应对各种机械的下列特性进行综合考虑，包括：工作效率，工作质量，使用费和维修费，能源耗费量，占用的操作人员和辅助工作人员，安全性、稳定性、运输、安装、拆卸及操作的难易程度和灵活性，在同一现场服务项目的多少，机械的完好性和维修的难易程度，对汽修条件的适应性，对环境保护的影响程度等。由于项目较多，在综合考虑时，如果优劣倾向性不明显，则可用合适的方法求出综合指标，再加以比较。评分的方法较多，可以用简单评分法，也可以用加权评分法。

应用案例 10-1

假设有三台机械的技术性能均可满足施工需要,上述三台机械的各种特性中,前三项满分均为 10 分,其余各项满分均为 8 分,每项指标又分成三级,评定结果见表 10-2,将各机械的分值相加,高者为优。则依据评定结果,本方案最后应选用乙机。

表 10-2　加权评分法

序号	特性	等级	标准分	甲机	乙机	丙机
1	工作效率	A B C	10 8 6	10	10	8
2	工作质量	A B C	10 8 6	8	8	8
3	使用费和维修费	A B C	10 8 6	8	10	6
4	能源耗费量	A B C	8 6 4	8	6	4
5	占用人员	A B C	8 6 4	6	8	8
6	安全性	A B C	8 6 4	8	6	8
7	稳定性	A B C	8 6 4	6	6	8
8	服务项目多少	A B C	8 6 4	6	6	8
9	完好性和维修难易	A B C	8 6 4	6	8	4
10	安、拆、用的难易和灵活性	A B C	8 6 4	8	8	6
11	对气候的适应性	A B C	8 6 4	6	6	6
12	对环境影响	A B C	8 6 4	4	6	8
总计分数				84	88	82

(2) 用单位工程量成本比较优选。

在使用机械时,总要消耗一定的费用,这些费用可分成两类:一类称为操作费或称为可变费用,它随着机械的工作时间而变化,如操作人员的工资、燃料动力费、小修理费、直接材料费等;另一类是按一定施工期限分摊的费用,称为固定费,如折旧费、大修理费、机械管理费、投资应付利息、固定资产占用率等。用这两类费用计算机械单位工程量成本的公式为

$$单位工程量成本 = (操作时间固定费用 + 操作时间 \times 单位时间操作费)/(操作时间 \times 单位时间产量) \qquad (10-4)$$

应用案例 10-2

假如有两种挖土机械均可满足施工需要,预计每月使用时间为 130h,有关经济资料见表 10-3,试进行设备选型决策。

表 10-3 挖土机的有关经济资料

机种	月固定费用/元	每小时操作费/元	每小时产量/m³
A	7000	30.8	45
B	8400	28.0	50

A 机器的单位工程量成本和 B 机器的单位工程量成本计算如下:

A 机器的单位工程量成本 = $(7000 + 30.8 \times 130)/(130 \times 45) = 1.88$(元/m³)

B 机器的单位工程量成本 = $(8400 + 28.0 \times 130)/(130 \times 50) = 1.85$(元/m³)

可得出,B 机器的单位工程量成本低于 A 机器,所以优先选用 B 机器。

(3) 用界限使用时间判断。

单位工程量成本受使用时间的制约,如果能将两种机械单位工程量成本相等时的使用时间计算出来,则决策工作更可靠,这个时间称为"界限使用时间"。

假如 R_A 和 R_B 分别为 A 机器和 B 机器的固定费用;Q_A 和 Q_B 分别为 A 机器和 B 机器的单位时间产量,P_A 和 P_B 分别为 A 机器和 B 机器的每小时操作费;界限使用时间为 X_0,则两机器的单位工程量成本相等时可表示为

$$(R_A + P_A X_0)/(Q_A X_0) = (R_B + P_B X_0)/(Q_B X_0) \qquad (10-5)$$

解式 (10-5) 得:

$$X_0 = (R_B Q_A - R_A Q_B)/(P_A Q_B - P_B Q_A) \qquad (10-6)$$

这就是界限使用时间的计算公式。显然,使用时间高于这个时间或低于这个时间,单位工程量成本的变化会使选用机械的决策得到相反的结果。

为了判断使用时间的变化对决策的影响,假设两机的单位时间产量相等,则式(10-6)可以简化为

$$X_0 = (R_B - R_A)/(P_A - P_B) \qquad (10-7)$$

欲作决策,首先要计算界限使用时间,然后根据实际工程需要的预计使用时间,做出选用机械的决策。

应用案例 10-3

求应用案例 10-2 的界限使用时间，并计算使用 90h 和 110h 的单位工程量成本，以验证上述选用规律。

界限使用时间 $X_O = (R_B Q_A - R_A Q_B)/(P_A Q_B - P_B Q_A)$
$= (8400 \times 45 - 7000 \times 50)/(30.8 \times 50 - 28 \times 45)$
$= 100 \ (h)$

由于分子分母均大于 0，故当使用时间低于 100h 时，选用 A 机；当使用时间高于 100h 时，选用 B 机。

(4) 用折算费用法进行优选。

当机械在一项工程中使用时间较长，甚至涉及购置费时，在选择时往往涉及机械的原值（投资）；利用银行贷款时又涉及利息，甚至复利计息。这时，可采用折算费用法（又称等值成本法）进行计算，低者为优。

折算费用是预计机械使用时间按年或按月摊入成本的机械费用。这项费用涉及机械原值、年使用费、残值和复利利息。计算公式为

年折算费用 = 每年按等值分摊的机械投资 + 每年的机械使用费   (10-8)

在考虑复利和残值的情况下

年折算费用 = (原值 - 残值) × 资金回收系数 + 残值 × 利率 + 年度机械使用费

资金回收系数 = $[i(1+i)^n]/[i(1+i)^n - 1]$ (10-9)

式中：i——复利率；
n——计利期。

应用案例 10-4

某企业要进行一项大工程的建设，施工组织设计基本完成以后，发现本企业现有的机械均不能满足需要，故需要做出是购买设备还是向机械出租站租赁的决策。经测算，有表 10-4 的资料可供决策。

表 10-4 自购与租赁设备费用资料

方案	一次投资/元	年使用费/元	使用年限	残值/元	年复利率/(%)	年租金/元
自购	200000	40000	10	20000	10	—
租赁	—	20000	—	—	—	40000

自购机械的年折算费用计算如下：

自购机械年折算费用 = $(200000 - 20000) \times [0.10 \times (1+0.10)^{10}]/[(1+0.10)^{10} - 1]$ +
$20000 \times 0.10 + 40000 = 71295$（元）

年租金及使用费 = $20000 + 40000 = 60000$（元）

由此可见，自购机械年折算费用比租赁机械的年支出多 11295 元（即 71295 - 60000），故不宜自购，可做出租赁机械的决策。

2. 施工机械设备需求计划

施工机械设备需求计划一般由项目经理部机械设备管理员负责编制。中小型机械设备一般由项目部主管项目经理审批，大型机械设备经主管项目经理审批后还需报企业有关部门审批方可实施运作。

将施工进度计划表中的每一个施工过程每天所需的机械类型、数量和施工日期进行汇总即得到施工机械设备需要量计划，其表格形式见表 10-5。

表 10-5 施工机械设备需求计划

序号	机械名称	类型、型号	需要量		货源	使用起止时间	备注
			单位	数量			

10.4.3 施工机械设备控制

1. 施工机械设备的来源

随着经济的持续发展，建筑施工的装备水平得到了较大的提高，如土石方工程、桩基础工程、结构吊装工程、混凝土及预应力混凝土工程等，许多生产活动都是靠机械设备来完成的。机械设备的广泛使用对减轻劳动强度、提高劳动生产率、保证工程质量、降低工程成本、缩短工期都很重要。

工程项目需要的施工机械设备通常从本企业专业机械租赁公司或从社会的建筑机械设备租赁市场租用。分包工程任务的施工可由分包施工队伍自带施工机械设备进场。

项目经理部首先应根据施工要求选择设备技术性能适宜的施工机械，并检查机械设备资料是否齐全。例如，选择塔式起重机，若工作幅度 50m，臂端起重量 2t 能满足施工需要，就不要选择更大型号的塔式起重机。同样性能的机械应优先租用性价比较好的设备。租用机械设备，特别是大型起重机和特种设备时，应认真检查出租设备的营业执照、租赁资格、机械设备安装资质及安全使用许可证、设备安全技术定期鉴定证明、机型机种在本地区注册备案资料、机械操作人员作业证等。对资料齐全、质量可靠的施工机械设备，租用双方应签订租赁协议或合同，明确双方对施工机械设备的管理责任和义务。

对于工程分包施工队伍自带设备进入施工现场的，中小型施工机械设备一般视同本企业自有设备管理要求管理。大型起重设备、特种设备一般按外租机械设备管理办法做好机务管理工作。

对根据施工需要新购买的施工机械设备，尤其是大型机械及特殊设备，应在调研的基础上，写出可行性分析报告，报有关领导和专业管理部门审批后，方可购买。

2. 施工机械设备使用管理

（1）施工机械设备的操作人员。

施工机械设备实行"三定"制度（定机、定人、定岗位责任），且机械操作人员必须持证上岗。实行"三定"制度，有利于操作人员熟悉机械设备特性，熟练掌握操作技术，合理和正确地使用、维护机械设备，提高机械效率；有利于大型设备的单机经济核算和考核操作人员使用机械设备的经济效果；也有利于定员管理和工资管理。

机械操作人员持证上岗，是指通过专业培训考核合格后，经有关部门注册，操作证年审合格，并且在有效期范围内，所操作的机种与所持操作证上允许操作机种相吻合。此外，机械操作人员还必须明确机组人员责任制，并建立考核制度，奖优罚劣，使机组人员严格按规范作业，并在本岗位上发挥出最优的工作业绩。责任制应对机长、机员分别制定责任内容，对机组人员做到"责、权、利"三者相结合，定期考核，奖罚明确到位，以激励机组人员努力做好本职工作，使其操作的设备在一定条件下发挥出最大效能。

（2）施工机械设备的合理使用。

合理使用就是要正确处理好"管、用、养、修"四者的关系，遵守机械运转的自然规律，科学地使用机械设备。

① 新购、新制、经改造更新或大修后的机械设备，必须按技术标准进行检查、保养和试运转等技术鉴定，确认合格后，方可使用。

② 对选用机械设备的性能、技术状况和使用要求等应作技术交底。要求严格按照使用说明书的具体规定正确操作，严禁超载、超速等野蛮作业。

③ 任何机械都要按规定执行检查保养。机械设备的安装装置、指示仪表，要确保完好有效，若有故障应立即排除，不得带病运转。

④ 机械设备停用时，应放置在安全位置。设备上的零部件、附件不得任意拆卸，并保证完整配套。

3. 施工机械设备的保养与维修

（1）施工机械设备的磨损。

施工机械设备的磨损可分为三个阶段。

① 磨合磨损。包括制造或大修理中的磨损和使用初期的磨合磨损，这段时间较短。此时，只要执行适当的磨合期使用规定就可降低初期磨损，延长机械使用寿命。

② 正常工作磨损。这一阶段，零件经过磨合磨损，表面粗糙度降低了，在较长时间内基本处于稳定的均匀磨损状态。这个阶段后期，条件逐渐变坏，磨损就逐渐加快。

③ 事故性磨损。此时，由于零件配合的间隙扩展而负荷加大，磨损激增，可能很快磨损。如果磨损程度超过了极限而不及时修理，就会引起事故性损坏，造成修理困难和经济损失。

（2）施工机械设备的保养。

施工机械设备保养的目的是保持机械设备的良好技术状态，提高设备运转的可靠性和安全性，减少零件的磨损，延长使用寿命，降低消耗，提高机械施工的经济效益。保养分为例行保养和强制保养。

例行保养属于正常使用管理工作，它不占用机械设备的运转时间，由操作人员在机械运转间隙进行。其主要内容包括保持机械的清洁，检查运转情况，防止机械腐蚀，按技术要求润滑等。

强制保养属于是按一定周期，需要占用机械设备的运转时间而停工进行的保养。强制保养是按照一定周期和内容分级进行的，保养周期根据各类机械设备的磨损规律、作业条件、操作维护水平及经济性四个主要因素确定。

(3) 施工机械设备的修理。

施工机械设备的修理是指对机械设备的自然损耗进行修复，排除机械运行的故障，对损坏的零部件进行更换、修复。机械设备的修理，可以保证机械设备的使用效率，延长机械设备使用寿命。机械设备的修理可分为大修、中修和零星小修。

大修是对机械设备进行全面的解体检查修理，保证各零部件质量和配合要求，使其达到良好的技术状态，恢复可靠性和精度等工作性能，以延长机械的使用寿命。

中修是大修间隔期间对少数总成进行大修的一次性平衡修理，对其他不进行大修的总成只执行检查保养。中修的目的是对不能继续使用的部分总成进行大修，使整机状态达到运转平衡，以延长机械设备的大修间隔。

零星小修一般是临时安排的修理，其目的是消除操作人员无力排除的突然故障、个别零件损坏或一般事故性损坏等问题，一般都是和保养相结合，不列入修理计划之中。大修、中修需要列入修理计划，并按计划的预检修制度执行。

知识拓展

对于大型机械、成套设备、进口设备要实行每日检查与定期检查、按需修理的检修制度。每日检查的要点是交接班时，操作人员和维护保养人员相结合，及时发现设备不正常状况。定期检查的要点是按照检查计划，在操作人员参与下，定期由专职人员执行全面准确了解设备及实际磨损，决定是否修理。

10.5 建设工程项目资金管理

10.5.1 建设工程项目资金管理概述

1. 建设工程项目资金管理的概念

建设工程项目的资金，从流动过程来讲，首先是投入，即将筹集到的资金投入到项目上；其次是使用，也就是支出。资金管理也就是财务管理，主要有编制资金计划、筹集资金、投入资金、资金使用（支出）和资金核算与分析等环节。

【项目资金管理的要点】

建设工程项目资金管理的重点是收入与支出问题，收支之差涉及核算、筹资、贷款、利息、利润和税收等问题。

特别提示

资金管理计划应包括项目资金流动计划和财务用款计划，具体可编制年、季、月度资金管理计划。资金管理控制应包括资金收入与支出管理、资金使用成本管理和资金风险管理等。

2. 建设工程项目资金运用的影响因素

建设工程项目的资金是项目经理部占用和支配物资和财产的货币表现，是市场流通的手段，是进行生产经营活动的必要条件和物质基础。因此，资金管理直接关系到项目能否顺利进行和项目的经济效益。从管理的角度看，应认识和了解项目资金运用的影响因素，主要有以下几方面。

（1）项目的投标报价和合同规定的付款方式，包括要求工期、预付备料款的比例和金额、工程款的结算方式和期限等。

（2）市场上各种材料和机械设备的价格，包括价格和租赁费用等变动因素。

（3）市场条件下，量价分离后，企业内部定额是影响的重要内部因素。

（4）国家银行的贷存款利率等。

（5）项目施工方案、技术组织措施等直接影响着资金运用。

10.5.2 项目资金收入与支出的预测与对比

1. 项目资金收入预测

项目资金收入预测应从按合同规定收取工程预付款（预付款要在施工后以冲抵工程价款方式逐步扣还给业主）开始，每月应按进度收取工程进度款，直到竣工验收合格后办理竣工结算。资金收入预测工作应按时测算出价款数额，做好项目的收入预测表，绘出资金按月收入图及项目资金按月累加收入图。资金收入预测工作应注意以下几个问题。

（1）在项目经理主持下，由职能部门人员参加，共同分工负责完成。

（2）加强施工的控制与管理，确保按期实现目标，避免违约罚款，造成经济损失。

（3）严格按合同规定的结算办法测算每月实际应收入的工程进度款数额。此外尚需考虑当月完成的工程量，计算应收取的工程进度款，不能按时收取的款项应尽力缩短滞后时间。

根据上述要求测算的收入，形成了资金的收入在时间、金额上的总体概念，为管好资金、筹措资金、加快资金周转、合理安排资金使用提供实在的依据。

2. 项目资金支出预测

项目资金的支出主要用于劳动对象和劳动资料的购买或租赁及劳动者工资的支付，再加上现场的管理费用等。资金支出预测的主要依据有项目的责任成本控制计划、施工管理规划以及材料和物资的储备计划。

依据上述规划和计划，测算出工程实施中每月预计的人工费、材料费、机械设备使用费、物资储运费、临时设施费、其他直接费和施工管理费等各项支出。支出预测会给项目经理一个整体项目的支出在时间和数量上的总概念，以满足资金运用管理的需要。

3. 项目资金支出预测应考虑的问题

（1）从项目的运行实际出发，使资金预测支出计划更接近实际。这里的实际是指投标标价已是不够具体的预测，还要考虑风险及其干扰。对原报价中的不确定因素，通过分析加以调整，这将使预测更加接近实际。

（2）应考虑资金支出的时间价值，测算资金的支出是站在筹措资金和合理安排调度资金的角度考虑的，故应从动态角度考虑资金的时间价值，同时考虑实施合同过程不同阶段的资金需要。

4. 项目资金收入与支出的对比

在做出项目资金收入与资金支出的预测之后，可把两者在坐标图上进行比较。具体作法如下：将前述的项目资金累加收入曲线和累加支出曲线绘制在同一坐标系中，如图 10.1 所示。图中曲线 A 是施工计划曲线，曲线 B 是资金预计支出曲线，C 是预计资金收入曲线。B、C 之间的距离是相应时间收入与支出资金数之差，也就是应该筹措的资金数量。筹措资金的最大值是 a、b 之间的距离。保留金利润就是毛利润。

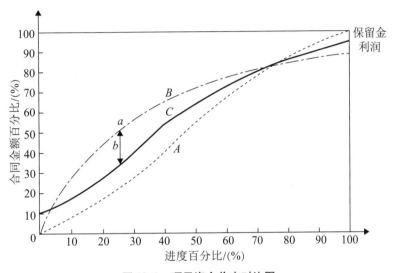

图 10.1 项目资金收支对比图

10.5.3 项目资金筹措

1. 项目所需要的资金来源

项目所需要的资金来源，一般是在承发包合同条件中规定了的，由发包方提供工程备料款和分期结算工程款提供。为了保证生产过程的正常进行，施工企业也可垫支部分自有资金，但在占用时间和数量方面必须严加控制，以免影响整个企业生产经营活动的正常进行。项目资金来源的渠道主要有以下几种。

（1）预收工程备料款。
（2）已完工程的进度价款。
（3）企业自有资金。
（4）银行贷款。
（5）其他项目资金的调剂使用。

2. 项目资金筹措的原则

（1）按照收支预测计划对比后的差额筹措资金。
（2）充分利用各种资金。自有资金调度灵活，不需支付利息，但贷款更有保证性。

（3）利息的高低应作为选择资金来源的主要标准，尽量利用低息贷款，用自有资金时也应考虑其时间价值。

10.5.4 项目资金的使用管理

（1）确定项目经理当家理财的中心地位。项目经理部在资金运作全过程中都要接受施工企业内部银行的管理。企业内部银行应坚持"对存款单位负责、谁的账户款谁使用、不许企业透支、存款有息、借款付息、违规罚款"的原则，实行金融市场化管理。

（2）项目经理部以独立身份在企业内部的银行中申请开设独立账户，由内部银行办理项目资金的收、支、划、转，并由项目经理签字确认。

（3）项目经理部应编制年、季、月度资金收支计划，上报企业主管部门审批实施。

（4）项目经理部应按企业授权，配合企业财务部门及时进行资金计收，包括以下几点。

① 新开工项目按工程施工合同收取预付款或开办费。

② 根据月度统计报表编制工程进度款结算单，于规定日期报送监理工程师审批结算。如发包人不能按期支付工程进度款且超过合同支付的最后限期，项目经理部应向发包人出具付款违约通知书，并按银行的同期贷款利率计息。

③ 根据工程变更记录和证明发包人违约的材料，及时计算索赔金额，列入工程进度款结算单。

④ 发包人委托代购的工程设备或材料，必须签订代购合同，收取设备订货预付款或代购款。

⑤ 工程材料价差应按规定计算，及时请发包人确认，与进度款一起收取。

⑥ 工期奖、质量奖、措施奖、不可预见费及索赔款，应根据施工合同规定，与工程进度款同时收取。

⑦ 工程尾款应根据发包人认可的工程结算金额及时回收。

（5）项目经理部按公司下达的用款计划控制资金使用，在总收入的基础上严格管理支出，节约开支。应按会计制度规定设立财务台账记录资金支出情况，加强财务核算，及时盘点盈亏。

（6）项目经理部应坚持做好项目的资金分析，进行计划收支与实际收支对比，找出差异，分析原因，改进资金管理。项目竣工后，结合成本核算与分析进行资金收支情况和经济效益总分析，上报企业财务主管部门备案。企业应根据项目的资金管理效果对项目经理部进行奖惩。

（7）项目经理部应定期召开有发包、分包、供应和加工各单位的代表碰头会，协调工程进度、配合关系、甲方供料及资金收付等事宜。

10.5.5 项目资金的计收规定

项目经理部按企业授权履行工程施工合同，那么项目经理部同样也需要按企业授权及时进行资金计收。

收款工作从承揽工程并签订合同开始,直到工程竣工验收、结算收入,以及保修一年期满收回工程尾款,其主要规定如下。

(1) 新开工项目按工程施工合同收取预付款。

(2) 根据月度统计报表编制"工程进度款结算单"或"中期预付款",于规定日期报送总监理工程师审批结算。

(3) 根据工程变更记录和证明甲方违约的材料,及时计算索赔金额,列入工程进度款结算单。

(4) 合同造价之外,原由甲方负责的工程设备或材料,如甲方委托项目经理部代购,必须签订代购合同,收取设备订货预付款或代购款及采购管理费。

(5) 工程材料单价实行市场价,合同中属暂估价的,施工中实际发生材料价差应按规定计算,及时请甲方确认,与进度款一起收取。

(6) 工期奖、质量奖、技术措施费、不可预见费及索赔款,应根据工程施工合同规定,与工程进度款同时收取。

(7) 工程尾款应根据甲方认可的工程结算资金,于工程保修期完成时取得保修完成单,及时回收工程款。

应用案例 10-5

【案例背景】

某公司的年计划工作量为 2160 万元,物资部门按 10 吨/万元进行特种水泥采购,由一个水泥厂供应。合同规定按季平均交货,水泥厂可按每次催货要求时间发货。有关部门提出 3 个方案:甲方案每月交货一次;乙方案每半月交货一次;丙案每 10 天交货一次。求总费用最省的采购批量和供应间隔期。据历史资料,催货费用 $C=60$ 元/次;水泥运抵收货单位价格 $P=80$ 元/吨;仓库年保管费率 $A=0.04$。

【问题】

(1) 项目材料采购应注意哪些问题?

(2) 通过科学计算,寻求最优采购批量和供应间隔期。

【案例解析】

(1) 材料采购应注意以下几点。

① 项目经理部所需主要材料、大宗材料应编制材料需要计划,由材料企划部门订货或从市场中采购。

② 采购必须按照企业质量管理体系和环境管理体系的要求,依据项目经理部提出的材料计划进行采购。首先,选择企业发布的合格分供方的厂家;对于企业合格分名册以外的厂家,在必须采购其厂家产品时,要严格按照"合格分供方选择与评定工作程序"执行,即按企业规定经过对分供方审批合格后,方可签订采购合同进行采购;对于不需要进行合格分供方审批的一般材料,采购金额在 5 万元以上的(含 5 万元),必须签订订货合同。

③ 材料采购要注意采购周期、批量、存量,满足使用要求,并使采购费和储存费综合最低。

(2) 经济订购批量计算。

① 比较甲、乙、丙 3 个方案的保管费和催货费。

方案甲： q_1（发货批量）$=2160\times10/12=1800$（t）

设 q_1 为甲方案订购批量，则保管费和催货费为

$$F_1=q_1/2\cdot P\cdot A+S/q_1\cdot C=900\times80\times0.04+12\times60=3600（元）$$

方案乙：设 q_2 为方案乙的订购批量

$$q_2=2160\times10/24=900（t）$$
$$F_2=450\times80\times0.04+24\times50=2880（元）$$

方案丙：设 q_3 为方案丙的订购批量

$$q_3=2160\times10/36=600（t）$$
$$F_3=300\times80\times0.04+36\times50=2760（元）$$

从甲、乙、丙 3 个方案比较来看乙方案费用最小。

② 求最优采购经济批量 q_0 和供应间隔期 T_j。

$$订货总量 S=2160\times10=21600（吨/年）$$
$$合同每季交货量（1/4）\times S=21600/4=5400（吨/季度）$$

最优采购经济批量

$$q_0=\sqrt{2SC/PA}=\sqrt{2\times21600\times60/80\times0.04}=900(t)$$
$$发货次数 n=21600/900=24（次）$$
$$发货间隔期 T=360/24=15（天）$$

根据上述计算 $q_0=900t$，总费用 F 为

$$F=q_0/2\times P\times A+S/q_0\times C+SP=450\times80\times$$
$$0.04+24\times60+21600\times80=1730880(元)$$

本章小结

本章阐述了建设工程项目资源管理的主要内容。首先叙述了项目资源管理的概念与意义、项目资源管理的过程；然后叙述了项目人力资源管理的概念、项目人力资源管理计划和项目人力资源控制；叙述了项目材料资源管理计划和材料资源控制；叙述了项目机械设备管理的概念、机械设备使用计划、机械设备控制；最后叙述了项目资金管理的概念、资金收支预测及项目资金筹措，等等。

习 题

一、单项选择题

1. 项目资源管理的过程是_____。
① 资源处置　② 资源配置　③ 资源控制　④ 编制资源计划
A. ④—②—③—①　　　　　　　B. ①—④—②—③
C. ④—③—②—①　　　　　　　D. ①—④—③—②

2. 材料分类中，把关键的少数列为_____类，此类材料应列为重点管理对象。

A. A类　　　　　B. B类　　　　　C. C类　　　　　D. D类

3. _____属于正常使用管理工作，它不占用机械设备的运转时间，由操作人员在机械运转间隙进行。

A. 强制保养　　　B. 例行保养　　　C. 零星小修　　　D. 大修

4. 建设工程项目的资金，从流动过程来讲，首先是_____。

A. 使用　　　　　B. 收支对比　　　C. 支出　　　　　D. 投入

二、多项选择题

1. 项目资源管理的主要内容有_____。

A. 人力资源管理　　　B. 材料管理　　　C. 机械设备管理
D. 技术管理　　　　　E. 资金管理

2. 人力资源动态管理的原则有_____。

A. 动态管理应以进度计划与劳务合同为依据
B. 动态管理应以进度计划与劳务合同为手段
C. 动态管理应始终以企业内部市场为依托，允许人力资源在市场内作充分的合理流动
D. 动态管理应以动态平衡和日常调度为手段
E. 动态管理应以达到人力资源优化组合和充分调动作业人员的积极性为目的

3. 材料使用管理包括_____。

A. 材料发放及领用　　　B. 材料使用监督　　　C. 材料的回收
D. 周转材料的管理　　　E. 材料储存与保管

4. 施工机械设备选择的方法有_____。

A. 综合因素评分法　　　　　　　B. 用单位工程量成本比较优选
C. 用界限使用时间判断　　　　　D. 用折算费用法进行优选
E. 用经济订购批量判断

5. 项目资金管理有_____环节。

A. 编制资金计划　　　B. 筹集资金　　　C. 投入资金
D. 资金使用　　　　　E. 资金核算与分析

三、案例分析题

【背景】

某火电建设工程公司已中标承担某地电厂的扩建工程施工任务，其锅炉吊装的大型施工机具按施工组织总设计，已选定为60t塔式起重机一台。经初步讨论，要满足施工需要并获得该型塔式起重机。有3种方案可供选择，这3种方案是搬迁、购置、租赁。

A方案：搬迁塔式起重机。该公司已有一台60t塔式起重机，正在另一现场施工使用。可利用建筑施工期间存在的间隙搬迁塔式起重机，以满足新工程施工需要，待安装开始时再搬迁回来。但是会因此增加搬迁费用，同时还必须采取其他一些相应措施，以弥补另一现场无塔式起重机的损失，经测算，需要3万元。

B方案：购置塔式起重机。某厂已同意加工制造同类型塔式起重机，但因时间紧迫，要求加价30%。

C方案：租赁塔式起重机。按天数支付600元租赁费用。60t塔式起重机的有关数据为一次性投资150万元，运输、拆迁、安装一次总费用10万元，使用费6万元，塔式起

重机残值 20 万元，使用年限 20 年，年复利 8%。现估计该塔式起重机在新工程使用期满为一年。

【问题】

该公司应选择哪一种方案为宜？

【第 10 章在线测试习题】

第11章 建设工程项目风险管理

思维导图

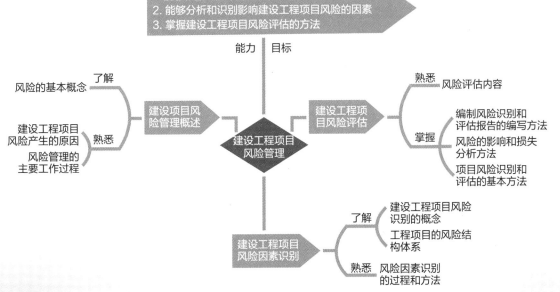

导入案例

某公司以融资租赁方式向客户提供重型卡车30台，用以大型水电站施工。车辆总价值820万元，融资租赁期限为12个月，客户每月应向公司缴纳75万元，为保证资产安全，客户提供了足额的抵押物。合同执行到第6个月时，客户出现支付困难，抵押物的变现需时太长，不能及时收回资金。公司及时启动了预先部署的风险防范措施，与一家信托投资公司合作，由信托公司全款买断30台车，客户与公司终止合同，与信托公司重新签订24个月的融资租赁合同。

此措施缓解了客户每月的付款压力，有能力继续经营；而信托公司向客户收取了一定比例的资金回报；公司及时收回了全部资金，及时解除了风险。

11.1 建设工程项目风险管理概述

11.1.1 风险的基本概念

1. 风险的定义

风险是某一事故或紧急情况发生的可能性与后果的组合。其特点有两个：一是风险由某种不希望看到的事故或紧急情况发生的可能性和造成的损失两个要素构成；二是风险是在一定条件和时间内，某一事故或紧急情况的预期结果与实际结果间的变动程度，变动程度越大，风险越大，反之越小。

2. 风险因素

风险因素是指能够引起或增加风险事件发生的机会或影响损失的严重程度的因素，是造成损失的内在或间接原因。风险因素包括实质性风险因素、道德风险因素和心理风险因素。

3. 风险事件

风险事件又称风险事故，是指直接导致损失发生的偶发事件，有可能引起损失和人身伤亡。

4. 风险的分类

根据风险的不同特性，可以进行相应的分类。

（1）按风险后果划分。

① 纯粹风险：此种风险导致的结果只有两种，即没有损失和有损失。

② 投机风险：由于进行投机而导致的结果有三种，即没有损失、有损失和获得利益。

（2）按风险来源划分。

① 自然风险：由自然力的不规则变化导致财产损毁或人员伤亡，如风暴、地震等。

② 人为风险：由于人类活动导致的风险。包括行为风险、政治风险、经济风险、技术风险和组织风险等。

(3) 按风险的形态划分。

① 静态风险：由于人的行为失误导致的风险或由自然力的不规则变化而导致的风险。

② 动态风险：由于人类需求的改变，制度的改进和政治、经济、社会、科技等环境的变迁导致的风险。

(4) 按风险可否管理划分。

① 可管理风险：用人的智慧、知识等可以预测及控制的风险。

② 不可管理风险：用人的智慧、知识等无法预测和无法控制的风险。

(5) 按风险影响的范围划分。

① 局部风险：由于某个特定因素导致的风险，其损失的影响范围较小。

② 总体风险：影响的范围大，其风险因素往往无法控制，如经济、政治等因素。

11.1.2 建设工程项目风险

1. 建设工程项目风险概述

建设工程项目的目标、设计和计划都是基于对将来情况（政治、经济、社会、自然等）预测的基础上，基于正常理想的技术、管理和组织条件之上的。而在项目实施以及运行过程中，这些因素都有可能发生变化，各个方面都存在着不确定性。这些变化会使得原定的计划、方案受到干扰，使原定的目标不能实现。这些事先不能确定的内部和外部的干扰因素，称之为项目中的风险。风险是项目系统中的不确定因素。

2. 风险与机会

人们通常将对项目目标有负面影响的，可能发生的事件称作风险，而将对项目目标有正面影响的可能发生的事件称作机会。在工程项目中，风险和机会具有相同的规律性，而且有一定的连带性。

风险在任何建设工程项目中都存在。风险会造成工程项目实施的失控现象，如工期延长、成本增加、计划修改等，最终导致工程经济效益降低，甚至项目失败。

3. 建设工程项目风险产生的原因

(1) 建设工程项目的特点是规模大、技术新颖、结构复杂、技术标准和质量标准高、持续时间长、与环境接口复杂，导致实施和管理的难度增加。

(2) 建设工程的参加单位和协作单位多，即使一个简单的工程也会涉及业主、总包、分包、材料供应商、设备供应商、设计单位、监理单位、运输单位和保险公司等十几家甚至几十家单位及公司，各方面责任界限的划分、权利和义务的定义异常复杂，这就使得设计、计划和合同文件等出错和产生矛盾的可能性加大。

(3) 工程项目实施时间长，涉及面广，受环境的影响大，如经济条件、社会条件、法律和自然条件的变化等。这些因素常常难以预测，不能控制，但都会妨碍正常实施，造成经济损失。

（4）建设工程项目科技含量高，是研究、开发、建设和运行的结合，而不仅仅是传统意义上的建筑工程。项目投资管理、经营管理和资产管理的任务加重，难度加大，要求设计、供应、施工和运营一体化。

（5）市场竞争激烈和技术更新速度加快，产品从概念到市场的时间缩短，面临必须在短期内完成建设（如开发新产品）的巨大压力。

（6）新的融资方式、承包方式和管理模式不断出现，使工程项目的组织关系、合同关系、实施和运行程序越来越复杂。

（7）建设工程项目所需资金、承包商、技术、设备、咨询服务的国际化（如国际工程承包、国际投资和合作），增加了项目的风险。

（8）建设工程项目管理必须服从企业战略，满足用户和相关者的需求。现在企业、投资者、业主、社会各方面对工程项目的期望、要求和干预越来越多。

在我国的许多项目中，由风险造成的损失是触目惊心的，而且产生的影响也是难以在短期内消除的。许多工程案例都说明了这个问题，特别在涉外或国际工程承包领域，人们将风险的发生作为项目失败的主要原因之一。

11.1.3 风险管理的主要工作过程

在现代工程项目中，风险和机会同在，通常只有风险大的项目才能有较高的赢利机会，所以风险又是对管理者的挑战。风险管理能获得非常高的经济效益，同时有助于组织竞争能力、素质和管理水平的提高，所以在现代项目管理中，风险的管理问题已成为研究的热点之一。

项目风险管理的目的是减小风险对项目实施过程的影响，有准备地、理性地进行项目实施，保证项目目标的实现。它主要包括风险识别、风险评估、制定风险应对的对策措施和在实施中的风险监控等工作过程。

1. 风险识别

确定可能影响项目的风险种类，即哪些风险有可能发生，并将这些风险的特性整理成文档，决定如何采取和计划一个项目的风险管理活动。

2. 风险评估

对项目风险发生的条件、概率及风险事件对项目的影响进行分析，并评估它们对项目目标的影响，按它们对项目目标的影响大小进行排序。

3. 制定风险应对的对策措施

编制风险应对计划，制定一些程序和技术手段，用来提高实现项目目标的概率和减少风险的威胁。

4. 在实施中的风险监控

在项目的整个生命期阶段进行风险预警，在风险发生的情况下，实施降低风险计划，保证对策措施的应用和有效性，监控残余风险，识别新的风险，更新风险计划，以及评估这些工作的有效性等。

11.2 建设工程项目风险因素识别

11.2.1 建设工程项目风险因素识别的概念

风险因素识别是指确定项目实施过程中各种可能的风险事件,并将它们作为管理对象,不能有遗漏和疏忽。全面风险管理强调事先分析与评估,能使人们未雨绸缪,看到未来的风险并为此做准备,把风险干扰减至最少。通过风险因素识别确定项目的风险范围,即存在哪些风险,将这些风险因素逐一列出,以作为全面风险管理的对象。风险因素识别是基于人们对项目系统风险的基本认识上的,通常首先罗列对整个工程建设有影响的风险,然后再注意对本项目有重大影响的风险。

11.2.2 风险因素识别的过程和方法

1. 收集数据或信息

(1) 风险管理需要掌握大量的信息,要对项目的系统环境有十分深入的了解并要进行预测。不熟悉情况、不掌握数据是不可能进行有效的风险管理的。

(2) 要确定具体项目的风险,必须掌握该项目和项目环境的特征数据,包括但不限于以下内容。

① 与本项目相关的数据资料、设计与施工文件,以了解该项目系统的复杂性、规模、工艺的成熟程度。

② 项目的类型、项目所在的领域。不同领域的项目有不同的风险,并且有其规律性。例如:计算机开发项目与建筑工程项目就有截然不同的风险。

③ 同类工程的信息。通常,同类工程的风险以及其发生的规律都有相似性,所以过去同类工程项目的资料、经验、教训是十分重要的。

(3) 虽然人们通过全面风险管理,在很大程度上已经将过去凭直觉、凭经验的管理上升到理性的全过程的管理,但风险管理在很大程度上仍依赖于管理者的经验及管理者在过去一些工程上的经历、对环境的了解程度和对项目本身的熟悉程度。

2. 建立项目风险的结构体系

确定风险事件,并将风险进行归纳、整理,建立项目风险的结构体系。

3. 编制项目风险识别报告

风险识别报告通常包括已识别风险、潜在的项目风险、项目风险的征兆。

4. 常用的风险识别方法或工具

常用的风险识别方法或工具有核查表法、列举法、项目结构分解识别法、风险因素识别法、因果分析图法、流程图法、问卷调查法和决策树法等。

11.2.3 确定建设工程项目的风险结构体系

通常可以从以下几个角度对建设工程项目风险因素进行识别和分析。

1. 建设工程项目系统环境风险

建设工程项目的系统环境可能存在的不确定性如下。

（1）政治风险。例如，政局的不稳定性，战争、动乱、政变的可能性，国家的对外关系，政府信用和政府廉洁程度，政策及政策的稳定性，经济的开放程度或排外性，国有化的可能性，国内的民族矛盾，保护主义倾向等。

（2）法律风险。如法律不健全，有法不依、执法不严，相关法律内容的变化，法律对项目的干预；可能对相关法律未能全面、正确理解，工程中可能有触犯法律的行为等。

（3）经济风险。国家经济政策的变化，产业结构的调整，银根紧缩，项目产品的市场变化；工程承包市场、材料供应市场、劳动力市场的变动，工资的提高，物价上涨，通货膨胀速度加快，原材料进口风险、金融风险，外汇汇率的变化等。

（4）自然灾害和意外事故风险。如地震、风暴、特殊的未预测到的地质条件（如泥石流、河塘、垃圾场、流沙、泉眼等），反常的恶劣的雨、雪天气，冰冻天气，恶劣的现场条件，周边存在对项目的干扰源，工程项目的建设可能造成对自然环境的破坏，不良的运输条件可能造成供应的中断。

（5）社会风险。包括宗教信仰的影响和冲击、社会治安的稳定性、社会的禁忌、劳动者的文化素质、社会风气等。

（6）战争风险。由于突然发生的战争可能会导致工程项目关联因素的巨大变化，因此将对工程项目产生致命的影响。

2. 建设工程项目系统结构风险

系统结构风险是以项目结构图上的项目单元作为分析对象，即各个层次的项目单元，直到工作包。在项目实施以及运行过程中这些工程活动可能遇到的各种障碍、异常情况（如技术问题及人工、材料、机械、费用消耗的增加）。

3. 建设工程项目技术系统的风险

（1）项目的生产工艺、流程可能有问题，新技术不稳定，对将来生产和运营产生影响。

（2）施工工艺可能出现的问题。

4. 建设工程项目的行为主体产生的风险

主体产生的风险是从项目组织角度进行分析的。

（1）业主和投资者。例如：业主的支付能力差，组织的经营状况恶化，资信不好，企业倒闭，撤走资金，或改变投资方向，改变项目目标；业主违约、苛求、刁难、随便改变主意，但又不赔偿，错误的行为和指令，非程序地干预工程；业主不能完成其合同责任，如不及时供应其负责的设备、材料，不及时交付场地，不及时支付工程款。

（2）承包商（分包商、供应商）。例如：技术能力和管理能力不足，没有适合的技术专家和项目经理，不能积极地履行合同；由于管理和技术方面的失误，造成工程中断；没有得力的措施来保证进度、安全和质量要求；财务状况恶化，无力采购和支付工资，企业处于破产境地；其工作人员罢工、抗议或软抵抗；错误理解业主意图和招标文件，实施方案错误，报价失误，计划失误；设计单位设计错误，工程技术系统之间不协调、设计文件不完备、不能及时交付图纸或无力完成设计工作。

（3）建设工程项目管理者（如监理工程师）。例如：项目管理者的管理能力、组织能力、工作热情和积极性、职业道德、公正性等；其管理风格、文化偏见可能会导致其不正确地执行合同，在工程中苛刻要求；在工程中起草错误的招标文件、合同条件，下达错误的指令。

（4）其他方面。例如：中介人的资信、可靠性等；政府机关工作人员、城市公共供应部门（如水、电等部门）的干预、苛求和个人需求；项目周边或涉及的居民或单位的干预、抗议或苛刻的要求等。

5. 管理过程风险

管理过程风险包括极其复杂的内容，常常是分析责任的依据。

（1）高层战略风险，如指导方针、战略思想可能有错误而造成项目目标设计错误。

（2）环境调查和预测的风险。

（3）决策风险，如错误的选择、错误的投标决策和报价等。

（4）项目策划风险。

（5）技术设计风险。

（6）计划风险，包括对目标（任务书，合同招标文件）理解错误，合同条款不严密、错误、歧义性，过于苛刻的单方面约束性、不完备的条款，方案错误、报价（预算）错误、施工组织措施错误。

（7）实施控制中的风险。例如：①合同风险。合同未履行，合同伙伴争执，责任不明，产生索赔要求。②供应风险。如供应拖延、供应商不履行合同、运输中的损坏以及在工地上的损失。③新技术新工艺风险。由于新技术新工艺本身的不确定性或是使用者的经验不足可能导致的问题。④管理层次风险。由于分包层次太多，造成计划执行和调整实施控制的困难。⑤工程管理失误风险。由于管理工作的不到位而导致的问题。

（8）运营管理风险。如准备不足、无法正常营运、销售渠道不畅等。

6. 按风险对目标的影响分析

按照项目目标系统的结构分析风险对目标的影响，会有以下情况。

（1）工期风险。即局部（工程活动、分项工程）或整个工程的工期延长，不能及时投入使用。

（2）费用风险。包括财务风险、成本超支、投资追加、报价风险、收入减少、投资回收期延长或无法收回、回报率降低。

（3）质量风险。包括材料、工艺、工程不能通过验收，工程试生产不合格，经过评估工程质量未达标准。

（4）生产能力风险。项目建成后达不到设计生产能力，可能是由于设计、设备问题，或生产用原材料、能源、水、电供应问题。

（5）市场风险。工程建成后产品未达到预期的市场份额，销售不足，没有销路，没有竞争力。

（6）信誉风险。即造成对组织形象、职业责任、组织信誉的损害。

【东莞第一高楼塔吊坠落事故报道】

（7）人身伤亡、安全、健康以及工程或设备的损坏。安全事故对于组织的影响可能是致命的。

（8）法律责任。即可能被起诉或承担相应法律的或合同的处罚。

（9）对环境和对项目的可持续发展的影响和损害。

11.3 建设工程项目风险评估

11.3.1 风险评估的内容

风险评估是对风险的规律性进行研究和分析，包括定性风险评估和定量风险评估两种方法。常见的有风险概率及后果、矩阵图分析、效用函数等定性方法，以及访谈技术、盈亏平衡分析、敏感性分析等定量方法。实际运行中往往是两种方法结合使用。由于识别出来的每一个风险都有其发生的规律和特点、影响范围和影响量，因此通常必须对罗列出来的风险作如下分析和评估。

1. 风险发生的可能性分析

研究风险自身的规律性，通常可用概率表示。既然被视为风险，则它在必然事件和不可能事件之间发生。它的发生是不确定的，但有一定的规律性。人们可以通过后面所提及的各种方法研究风险发生的概率。

项目风险事件发生的可能性，即发生的概率，一般可利用已有数据资料通过分析与统计、主观测验法、专家估计法等方法估算。

2. 风险的影响和损失分析

风险的影响是个非常复杂的问题，有的风险影响面较小，有的风险影响面很大，可能引起整个工程的中断或报废。

项目风险损失就是项目风险发生后，对工程项目的实施过程和目标的实现可能产生的不利影响，风险损失可能包括以下内容。

（1）工期损失的估计。一般分为风险事件对工程局部工期影响的估计、对整个工程工期影响的估计。

（2）费用损失的估计。费用损失估计需要估计风险事件带来的一次性最大损失和对项目产生的总损失。应根据经济因素、赶工、处理质量事故、处理安全事故等各种不同类型风险而增加费用作具体估算。

（3）对工程的质量、功能、使用效果等方面的影响。

（4）其他影响。应考虑对人身保障、安全、健康、环境、法律责任、企业信誉、职业道德等方面有影响的风险。

由于风险对目标的干扰常常首先表现在对工程实施过程的干扰上，所以一般通过以下分析过程来分析风险的影响。

（1）考虑正常状况下（没有发生该风险）的情况，如这时的工期、费用、收益。

（2）将风险加入这种状态，看有什么变化，如实施过程、劳动效率、消耗、各个活动有什么变化。

（3）两者的差异则为风险的影响。这实质上是一个新的计划、新的估价，但风险仅是一种可能，所以通常不必十分精确地进行估价和计划。

3. 风险存在和发生的时间分析

分析风险可能在项目的哪个阶段、哪个环节上发生。许多风险有明显的阶段性，有的风险是直接与具体的工程活动（工作包）相联系的。这个分析对风险的预警有很大的作用。

4. 风险事件的级别评定

风险因素非常多，涉及各个方面，但人们并不是对所有的风险都十分重视；否则将大大提高管理费用，而且过分的谨小慎微，反过来会干扰正常的决策过程。

（1）风险位能的概念。通常对一个具体的风险来说，如果它发生，则损失为 R_h，发生的可能性为 E_w，则风险的期望值 R_w 为

$$R_w = R_h E_w \tag{11-1}$$

例如，一种自然环境风险如果发生，损失达 20 万元，而发生的可能性为 0.1，则损失的失望值为

$$R_w = 20 \times 0.1 = 2 \text{（万元）}$$

引用物理学中位能的概念，损失期望值高的，则风险位能高。可以在二维坐标上作等位能线（即损失期望值相等），如图 11.1 所示，则任何一个风险可以在图上找到一个表示它位能的点。

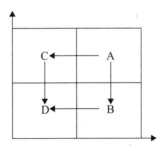

图 11.1 风险量图

（2）风险按不同的风险位能可分为不同的类别。

A 类：风险发生的可能性很大，而且一旦发生损失也很大。这类风险常常是风险管理的重点。对它可以着眼于采取措施减小发生的可能性，或减少损失。

B 类：如果发生，损失会很大，但发生的可能性也较小。对它可以着眼于采取措施以减少损失。

C 类：发生的可能性较大，但损失很小。对它可以着眼于采取措施以减小发生的可能性。

D 类：发生的可能性和损失都很小。

有时也可以用其他形式的分类，如 1 级、2 级、3 级、4 级等，其意义是相同的。

（3）项目风险评估标准应分为计划风险水平和可接受风险水平两个层次。

5. 风险的起因和可控制性分析

任何风险都有发生的根源，在前面的分类中，有的就是从根源上进行分类的。例如，环境的变化、人为的失误。对风险起因的研究是为风险预测、对策研究（即解决根源问题）、责任分析服务的。

风险的可控性是指人对风险影响的可能性，如有的风险是人力（业主、项目管理者或承包商）可以控制的，但是有的却不可以用人力来控制。

可控的风险，例如承包商对招标文件的理解风险，实施方案的安全性和效率风险，报价的正确性风险等；不可控制的风险，例如物价风险，反常的气候风险等。

11.3.2 编制项目风险评估报告

风险识别和评估的结果必须用文字、图表说明，作为风险管理的文档。这个结果表达不仅作为风险分析的成果，而且应作为人们风险控制的基本依据。

对大型工程，以及对项目有重大影响的风险应提出风险评估报告。风险评估报告主要风险评估表的内容可以按照分析的对象进行编制，例如以项目单元（工作包）作为对象则可以制定表11-1。这可以作为对工作包说明的补充分析文件，是对工作包的风险研究，也可以按风险的结构进行分析研究，见表11-2。

表11-1 风险评估表

风险编号	风险名称	风险的影响范围	原因导致发生的边界条件	损失		可能性	损失期望	预防措施	评估等级 A、B、C
				工期	费用				

表11-2 工作包风险研究

工作包号	风险名称	风险的影响范围	原因	损失		可能性	损失期望	预防措施	评估等级 A、B、C
				工期	费用				

11.3.3 项目风险识别和评估的基本方法

常用的风险识别和评估的方法有以下几种。

1. 列举法

通过对同类已完工程项目的环境、实施过程进行调查分析、研究，可以建立该类项目的基本风险结构体系，进而可以建立该类项目的风险知识库（经验库）。它包括该类项目常见的风险因素。在对新项目决策，或在用专家经验法进行风险分析时给出提示，列出所有可能的风险因素，以引起人们的重视，或作为进一步分析的引导。

2. 决策树法

决策树法常用于不同方案的选择。

应用案例

某种产品市场预测，在 10 年中销路好的概率为 0.7，销路不好的概率为 0.3。相关工厂的建设有两个方案。

A 方案：新建大厂需投入 5000 万元，如果销路好每年可获得利润 1600 万元；销路不好，每年亏损 500 万元。

B 方案：新建小厂需投入 2000 万元，如果销路好每年可获得 600 万元的利润；销路不好，每年只可获得 300 万元的利润。

决策树如图 11.2 所示。

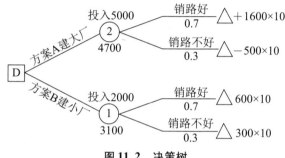

图 11.2 决策树

对 A 方案的收益期望为

$$E_A = 600 \times 10 \times 0.7 + (-500) \times 10 \times 0.3 - 5000 = 4700（万元）$$

对 B 方案的收益期望为

$$E_B = 600 \times 10 \times 0.7 + 300 \times 10 \times 0.3 - 2000 = 3100（万元）$$

由于 A 方案的收益期望比 B 高，所以 A 方案是有利的。

3. 专家经验法（delphi 法）

专家经验法不仅用于风险因素的罗列，而且用于对风险影响和发生可能性的分析，一般不要采用提问表的形式，而采用专家会议的方法。

（1）组建有代表性的专家小组，一般 5～9 人最好，专家应有实践经验和代表性。

（2）通过专家会议，对风险进行界定、量化。召集人应让专家尽可能多地了解项目目标、项目结构、环境及工程状况，详细地调查并提供信息，若有可能可带专家进行实地考察，并对项目的实施、措施的构想做出说明，使大家对项目有一个共识，否则容易增加评估的离散程度。

（3）召集人有目标地与专家合作，一起定义风险因素及结构，可能的成本范围，作为讨论的基础和引导。专家对风险进行讨论，按以下次序逐渐深入：①引导讨论各个风险的原因；②风险对实施过程的影响；③风险对具体工程活动的影响范围，如技术、工期、费用等；④将影响统一到对成本的影响上，估计影响量。

（4）风险评估。各个专家对风险的程度（影响量）和出现的可能性，给出评估意见。在这个过程中，如果有不同的意见，可以提出讨论，但不能提出批评。为了获得真正的专家意见，可以采用匿名的形式发表意见。

（5）统计整理专家意见，得到评估结果。

专家询问得到的风险期望的各单个值，按统计方法作信息处理。总风险期望值及为各单个风险期望值 R_v 之和：

$$R_v = \sum f(R_h E_w) \qquad (11-2)$$

而各个风险期望值 R_v 与各个风险影响值 R_h 和出现的可能性 E_w 有关。它们分别由各个专家意见结合相加得到。

4. 其他方法

风险分析、评估尚有许多种常用的切实可行的分析评估方法，例如：对历史资料进行统计分析、敏感性分析、头脑风暴法、价值分析法、变量分析法、核查表法、列举法、项目结构分解识别法、因果分析图法、流程图法、问卷调查法、综合评分法、层次分析法、模糊分析法、风险图法、PERT法等。

本章小结

本章主要阐述了建设工程项目风险管理的有关知识，介绍了风险的定义、风险因素、风险事件和风险分类，分析了建设工程项目的风险产生的原因和风险管理的主要工作工程。

介绍了建设工程项目风险识别的过程和方法，分析了建设工程项目风险因素和风险结构体系。

在风险评估的一节中重点介绍了风险评估的内容，包括风险发生的可能性分析、风险的影响和损失分析、风险存在和发生的时间分析、风险事件的级别评定以及风险的起因和可控性分析。在项目风险识别和评估的基本方法中介绍了列举法、决策树法、专家经验法等方法。

【建筑施工人员入场安全教育动画】

习 题

一、单项选择题

1. _____ 又称风险事故，是指直接导致损失发生的偶发事件，有可能引起损失和人身伤亡。

   A. 风险　　　　　B. 风险事件　　　　C. 事故　　　　D. 难以预料的事情

2. 由于人的行为失误导致的风险或由于自然力的不规则变化而导致的风险属于_____。

   A. 人为风险　　　B. 主观风险　　　　C. 自然风险　　D. 静态风险

3. 由于人类需求的改变，制度的改进和政治、经济、社会、科技等环境的变迁导致的风险为_____。

   A. 人为风险　　　B. 主观风险　　　　C. 动态风险　　D. 静态风险

4. 确定可能影响项目的风险的种类，即可能有哪些风险发生，并将这些风险的特性整理成文档，决定如何采取和计划一个项目的风险管理活动，称为_____。

　　A. 风险识别　　　B. 风险分析　　　C. 风险评估　　　D. 风险对策

5. 对项目风险发生的条件、概率及风险事件对项目的影响进行分析，并评估它们对项目目标的影响，按它们对项目目标的影响顺序排列，称为_____。

　　A. 风险识别　　　B. 风险分析　　　C. 风险评估　　　D. 风险对策

6. 工资的提高，物价上涨，通货膨胀速度加快，原材料进口风险、金融风险，外汇汇率的变化等属于_____。

　　A. 政治风险　　　B. 法律风险　　　C. 经济风险　　　D. 社会风险

7. 一种自然环境风险如果发生，则损失达 10 万元，而发生的可能性为 0.1，则损失的期望值 $R_w =$ _____（万元）。

　　A. 5　　　　　　B. 10　　　　　　C. 15　　　　　　D. 1

8. 如果发生损失很大，但发生的可能性较小的风险，属于_____。

　　A. A 类风险　　　B. B 类风险　　　C. C 类风险　　　D. D 类风险

二、多项选择题

1. 风险因素包括_____因素。

　　A. 主观风险　　　　　B. 客观风险　　　　　C. 实质性风险

　　D. 道德风险　　　　　E. 心理风险

2. 风险按来源可划分为_____。

　　A. 主观风险　　　　　B. 客观风险　　　　　C. 自然风险

　　D. 道德风险　　　　　E. 人为风险

3. _____属于人为风险。

　　A. 行为风险　　　　　B. 政治风险　　　　　C. 经济风险

　　D. 道德风险　　　　　E. 技术风险

4. 建设工程项目中风险产生的原因有_____。

　　A. 技术新颖、结构复杂、技术标准和质量标准高

　　B. 参加单位和协作单位多

　　C. 投资大

　　D. 市场竞争激烈

　　E. 工程项目的组织关系、合同关系、实施和运行程序越来越复杂

5. 项目风险管理主要包括_____等工作过程。

　　A. 风险识别　　　　　B. 风险评估　　　　　C. 风险处理

　　D. 风险响应　　　　　E. 风险控制

6. 常用的风险识别方法或工具有_____。

　　A. 核查表法　　　　　B. 列举法　　　　　　C. 因果分析图法

　　D. 直方图法　　　　　E. 决策树法

7. 按风险对目标的影响划分为_____。

　　A. 费用风险　　　　　B. 质量风险　　　　　C. 战争风险

　　D. 市场风险　　　　　E. 自然风险

8. 项目风险识别和评估的基本方法有_____。

A. 曲线法　　　　　B. 因素分析法　　　　C. 列举法
D. 专家经验法　　　E. 决策树方法

【第11章在线测试习题】

第12章 建设工程项目收尾管理

思维导图

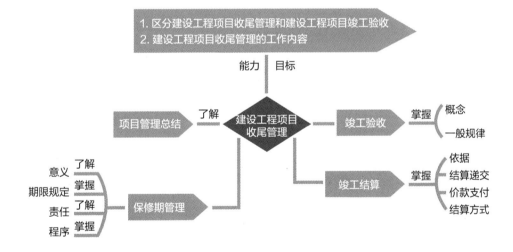

导入案例

某集团承建科研办公项目，总建筑面积20000m^2，地上20层，地下两层，采用框架剪力墙结构体系。屋面防水等级二级，4mm厚SBS改性沥青防水卷材+3mm厚改性沥青涂料。该办公楼完工后，施工单位向建设单位提交工程验收报告，请建设单位组织验收。在检查该工程过程中发现较多质量问题，有混凝土强度不足、屋面局部渗漏等，随即建设单位停止竣工验收。

【问题】
（1）该办公楼竣工验收应如何组织？
（2）该办公楼达到什么条件，方可竣工验收？
（3）单位工程质量验收合格应符合哪些规定？

12.1 建设工程项目收尾管理概述

12.1.1 建设工程项目收尾管理概念

建设工程项目收尾管理，是建设工程项目管理系统中一个规律性、阶段性、综合性很强的管理，而且是各项专业管理内容、方法、要求的总和。

项目收尾管理不是狭义的竣工验收管理的范围，而是一个广义的项目收尾管理的概念。项目收尾管理概念的提出，强调了与现代项目管理的项目启动、项目规划、项目实施、项目结尾四阶段的统一，既符合建设工程项目管理创新的要求，又符合工程项目管理与国际惯例接轨并便于交流，适应了未来建设工程项目管理的发展趋势，是与时俱进、落实科学发展观的重要举措。

项目收尾管理是项目收尾阶段各项管理工作的总称，其主要收尾工作分解结构如图12.1所示。

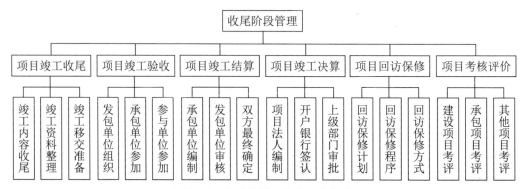

图12.1　主要收尾工作分解结构图

12.1.2 建设工程项目收尾管理要求

项目收尾阶段工作应涵盖以下要求。

1. 竣工验收

项目竣工收尾工作内容按计划完成后，除了承包人的自检评定外，应及时地向发包人递交竣工工程申请验收报告。实行建设监理的项目，监理人还应当签署工程竣工审查意见。

【某工程质量竣工验收方案范例】

发包人应按竣工验收法规向参与项目各方发出竣工验收通知单，组织进行项目竣工验收。

2. 竣工结算

项目竣工验收条件具备后，承包人应按合同约定和工程价款结算的规定，及时编制并向发包人递交项目竣工结算报告及完整的结算资料，经双方确认后，按有关规定办理项目竣工结算。办完竣工结算，承包人应履约按时移交工程成品，并建立交接记录，完善交工手续。

3. 竣工决算

项目竣工决算是由项目发包人（业主）编制的项目从筹建到竣工投产或使用全过程的全部实际支出费用的经济文件。竣工决算能够综合反映竣工项目建设成果和财务情况，是竣工验收报告的重要组成部分。按国家有关规定，所有新建、扩建、改建的项目竣工后都要编制竣工决算。

4. 保修期管理

项目竣工验收后，承包人应按工程建设法律、法规的规定，履行工程质量保修义务，并采取适宜的回访方式为顾客提供售后服务。质量保修制度，应纳入承包人的质量管理体系，明确组织和人员的职责，提出服务工作计划，按管理程序进行控制。

5. 项目管理总结

在项目管理收尾阶段，项目管理机构应进行项目管理总结，编写项目管理总结报告，纳入项目管理档案。

通过定量指标和定性指标的分析、比较，从不同的管理范围总结项目管理经验，找出差距，提出改进处理意见。

 特别提示

建设工程项目收尾管理不是狭义的竣工验收管理的范围，而是一个广义的建设工程项目收尾管理的概念。

12.2 建设工程项目竣工验收

12.2.1 建设工程项目竣工验收概述

项目竣工验收是建设工程建设周期的最后一道程序,也是我国建设工程的一项基本法律制度。有建设工程就有项目管理,竣工验收是项目管理的重要内容和终结阶段的重要工作。实行竣工验收制度,是全面考核建设工程,检查工程是否符合设计文件要求和工程质量是否符合验收标准,能否交付使用、投产,发挥投资效益的重要环节。

1. 建设工程项目竣工验收的含义

项目竣工验收,是项目完成设计文件和图纸规定的工程内容,由项目业主组织项目参与各方进行的竣工验收。项目的交工主体应是合同当事人的承包主体,验收主体应是合同当事人的发包主体,其他项目参与人则是项目竣工验收的相关组织。

2. 建设工程项目竣工验收法规

项目竣工验收的法规,应当涵盖以下规定。

(1) 必须符合国家法律的规定。

《民法典》第七百九十九条规定:"建设工程竣工后,发包人应当根据施工图纸及说明书、国家颁发的施工验收规范和质量检验标准及时进行验收。""建设工程竣工验收合格后,方可交付使用;未经验收或者验收不合格的,不得交付使用。"

《建筑法》第六十一条规定:"交付竣工验收的建筑工程,必须符合规定的建筑工程质量标准,有完整的工程技术经济资料和经签署的工程保修书,并具备国家规定的其他竣工条件。""建筑工程竣工验收合格后,方可交付使用;未经验收或者验收不合格的,不得交付使用。"

(2) 必须符合行政法规的规定。

国务院令第279号《建设工程质量管理条例》第十六条规定:"建设单位收到建设工程竣工报告后,应当组织设计、施工、工程监理等有关单位进行竣工验收。"同时规定,建设工程竣工验收应当具备下列条件。

① 完成建设工程设计和合同约定的各项内容。

② 有完整的技术档案和施工管理资料。

③ 有工程使用的主要建筑材料、建筑构配件和设备进场试验报告。

④ 有勘察、设计、施工、工程监理等单位分别签署的质量合格文件。

⑤ 有施工单位签署的工程保修书。

建设工程经验收合格后,方可交付使用。

(3) 必须符合工程合同的规定。

承包人和发包人在工程交付竣工验收时,必须按施工合同的约定执行,不得违约。违约应承担违约的经济责任。

3. 建设工程项目竣工验收关系

项目竣工验收的报告制度是项目管理中必不可少的一道程序,也是承包人履约建成后交付竣工验收的一个过程。其做法如下:承包人按施工合同约定,完成了设计文件和图纸规定的工程内容,组织有关人员进行了自检,并经工程监理机构组织了竣工预验收后,向发包人提交《竣工工程申请验收报告》,样式见表12-1。

表12-1 竣工工程申请验收报告

工程名称		建筑面积	
工程地址		结构类型/层数	
建设单位		开、竣工日期	
设计单位		合同工期	
施工单位		造价	
监理单位		合同编号	
竣工条件自查情况	项目内容	施工单位自查意见:	
	工程设计和合同约定的各项内容完成情况		
	工程技术档案和施工管理资料		
	工程所用建筑材料、建筑构配件、商品混凝土和设备的进场试验报告		
	涉及工程结构安全的试块、试件及有关材料的试(检)验报告		
	地基与基础、主体结构等重要分部(分项)工程质量验收报告签证情况		
	建设行政主管部门、质量监督机构或其他有关部门责令整改问题的执行情况		
	单位工程质量自评情况		
	工程质量保修书		
	工程款支付情况		

经检查,该工程已完成工程设计和合同约定的各项内容,工程质量符合有关法律、法规和工程建设强制性标准。

　　　　项目经理:
　　　　企业技术负责人:　　　　　(施工单位公章)
　　　　法定代表人:
　　　　　　　　　　　　　　　　　　　　　　　　　　　年　月　日

监理单位意见:

　　　　总监理工程师:　　　　　(公章)
　　　　　　　　　　　　　　　　　　　　　　　　　　　年　月　日

【工程竣工验收报告样例】

项目竣工验收的报告制度，应按以下步骤进行。

(1) 组织项目竣工后自查。

项目竣工后，承包人的项目经理部应报告所在企业组织有关专业技术人员进行自查。

(2) 进行项目竣工预验收。

工程监理机构受发包人委托，对工程建设活动实行监理。承包人完成工程竣工验收前的各项准备工作，应向监理机构递交《工程竣工报验单》，样式见表12-2。

表12-2 工程竣工报验单

工程名称：　　　　　　　　　　　　　编号：

致：_____

我方已按合同要求完成了_____工程，经自检合格，请予以检查和验收。

附件：

承包单位（章）：_____
项　目　经　理：_____
日　　　　　期：_____

审查意见：

经初步验收，该工程

1. 符合/不符合我国现行法律、法规要求；
2. 符合/不符合我国现行工程建设标准；
3. 符合/不符合设计文件要求；
4. 符合/不符合施工合同要求。

项目监理机构：_____
总监理工程师：_____
日　　　　期：_____

工程监理机构应组织对竣工资料及各专业工程质量的全面检查，进行项目竣工预验收，对可否进行正式竣工验收提出明确的审查意见。

(3) 项目竣工验收前预约。

项目竣工条件经过自检、预验后，承包人应向发包人递交预约竣工验收的书面通知，说明项目竣工情况，包括施工现场准备和竣工资料准备。

4. 项目竣工验收的告知

项目发包人收到承包人递交的预约通知后，应按当地建设行政主管部门印发的表式，签署同意进行竣工验收的意见，并将《工程验收告知单》（见表12-3）抄送勘察、设计、施工、监理等有关单位，在确定的时间和地点组织项目竣工验收。

表 12-3　工程验收告知单

工程名称		结构类型堰数	
建设单位		建筑面积/m²	
地勘单位		验收部位	
施工单位		工程地址	
设计单位		验收地点	
监理单位		验收时间	
工程验收条件情况	项目内容		
	完成工程设计和合同约定的情况		
	技术档案和施工管理资料		
	有关单位对幕墙、网架等特殊工程审查意见		
	消防验收合格手续		
	工程施工安全评价		
	监督站责令整改问题的执行情况		

施工单位意见：
　　已完成设计和合同约定的各项内容，工程质量符合法律、法规和工程建设强制性标准，特申请办理竣工验收手续。

项目经理：　　　　　　　　　年　月　日

监理单位意见：

总监理工程师（注册方章）　　　　年　月　日

建设单位意见：

项目负责人：　　　　　　　　　年　月　日

12.2.2　建设工程项目竣工验收一般规律

1. 建设工程项目竣工验收的程序

项目竣工验收一般按以下三种情况分别进行。

（1）单位工程（或专业工程）竣工验收。

以单位工程或某专业工程内容为对象，独立签订建设工程施工合同的，达到竣工条件后，承包人可单独进行交工，发包人根据竣工验收的依据和标准，按施工合同约定的工程内容组织竣工验收，比较灵活地适应了目前工程承包的普遍性。

按照现行建设工程项目划分标准，单位工程是单项工程的组成部分，有独立的施工图纸，承包人施工完毕，征得发包人同意，或原施工合同已有约定的，可进行分阶段验收。这种验收方式，在一些较大型的、群体式的、技术较复杂的建设工程中比较普遍。

（2）单项工程竣工验收。

指在一个总体建设项目中，一个单项工程或一个车间，已按设计图纸规定的工程内容完成，能满足生产要求或具备使用条件，承包人向监理人提交《工程竣工报告》和《工程竣工报验单》经签认后，应向发包人发出《交付竣工验收通知书》，说明工程完工情况，竣工验收准备情况，设备无负荷单机试车情况，具体约定交付竣工验收的有关事宜。

对于投标竞争承包的单项工程施工项目，则根据施工合同的约定，仍由承包人向发包人发出交工通知书请予组织验收。竣工验收前，承包人要按照国家规定，整理好全部竣工资料并完成现场竣工验收的准备工作，明确提出交工要求，发包人应按约定的程序及时组织正式验收。

对于工业设备安装工程的竣工验收，则要根据设备技术规范说明书和单机试车方案，逐级进行设备的试运行。验收合格后应签署设备安装工程的竣工验收报告。

（3）全部工程竣工验收。

指整个建设项目已按设计要求全部建设完成，并已符合竣工验收标准，由发包人组织设计、施工、监理等单位和档案部门进行全部工程的竣工验收。全部工程的竣工验收，一般是在单位工程、单项工程竣工验收的基础上进行。对已经交付竣工验收的单位工程（中间交工）或单项工程并已办理了移交手续的，原则上不再重复办理验收手续，但应将单位工程或单项工程竣工验收报告作为全部工程竣工验收的附件加以说明。

2. 建设工程项目竣工验收的依据

（1）批准的设计文件、施工图纸及说明书。

（2）双方签订的施工合同。

（3）设备技术说明书。发包人供应的设备，承包人应按供货清单接收并有设备合格证明和设备的技术说明书，据此按照施工图纸进行设备安装。设备技术说明书是进行设备安装调试、检验、试车、验收和处理设备质量、技术等问题的重要依据。

若由承包人采购的设备，应符合设计和有关标准的要求，按规定提供相关的技术说明书，并对采购的设备质量负责。

（4）设计变更通知书。设计变更通知书，是施工图纸补充和修改的记录。

（5）施工验收规范及质量验收标准。

（6）外资工程应依据我国有关规定提交竣工验收文件。

建设工程项目的交工主体应是合同当事人的承包主体（承包商），验收主体应是合同当事人的发包主体（业主），其他项目参与人（设计、监理、勘察等）则是项目竣工验收的相关组织。

12.3　建设工程项目竣工结算

12.3.1　建设工程项目竣工结算依据

项目竣工结算由承包人编制，发包人审查或委托工程造价咨询单位审核，承包人和发包人最终确定。编制项目竣工结算，除应具备设计施工图和竣工图、工程量清单、取费标准、调价规定等依据外，还应包括工程变更、修改、签证和办理竣工结算有关的其他资料。

1. 整理项目竣工结算资料

承包人尤其是项目经理部在编制项目竣工结算时，应注意收集、整理有关结算资料。

（1）建设工程施工合同。

施工合同中约定了有关竣工结算价款的，应按约定的内容执行。承发包双方可约定完整的结算资料的具体内容，还可涉及竣工结算的其他内容。例如：合同价采用固定价的，合同总价或单价在合同约定的风险范围内不可调整；合同价采用可调价方式的，合同总价或单价在合同实施期内，根据合同约定的办法进行调整。

（2）中标投标书的报价表。

无论是公开招标或邀请招标，招标人与中标人应当根据中标价订立合同。中标投标书的报价表是订立合同且是竣工结算的重要依据。在招投标中，因采用的计价方式不同，编制投标报价表的方法和内容会有一定的区别。在原中标价的基础上，根据施工的设计变更等增减变化，经过调整之后，编制竣工结算。

（3）工程变更及技术经济签证。

（4）其他与竣工结算有关的资料。

承包人在施工中应建立完整的竣工结算资料保证制度，项目经理部在施工中还要注意收集其他相关的结算资料。

① 发包人的指令文件。

② 商品混凝土供应记录。

③ 材料代用资料。

④ 材料价格变动文件。

⑤ 隐蔽工程记录及施工日志。

⑥ 竣工图和竣工验收报告等。

2. 进行项目竣工结算核实

项目经理要安排专职人员对竣工结算书的内容进行核对，检查各种设计变更签证，资料有无遗漏，依据竣工图和变更签证核实工程数量，要按统一规定的计算规则核算工程量，按合同约定计价，还要特别注意各项费用的计取是否正确。

3. 编制建设工程项目竣工结算的原则

办理建设工程项目竣工结算，应掌握以下原则。

（1）以单位工程或施工合同约定为基础，对工程量清单报价的主要内容，包括项目名称、工程量、单价及计算结果，进行认真的检查和核对。若是根据中标价订立合同的，应对原报价单的主要内容进行检查和核对。

（2）在检查和核对中若发现有不符合有关规定，单位工程结算书与单项工程综合结算书有不相符的地方，有多算、漏算或计算误差等情况，均应及时进行纠正调整。

（3）建设工程项目是由多个单位工程构成的，应按建设项目划分标准的规定，将各单位工程竣工结算书汇总，编制单项工程竣工综合结算书。

（4）若建设工程是由多个单项工程构成的项目，实行分段结算并办理了分段验收计价手续的，应将各单项工程竣工综合结算书汇总编制成建设项目总结算书，并撰写编制说明。

12.3.2 建设工程项目竣工结算递交

建设工程项目竣工验收后，承包人应在约定的期限内向发包人递交建设工程项目竣工结算报告及完整的结算资料，经双方确认并按规定进行竣工结算。

建设工程项目竣工结算报告和结算资料经主管部门审定，加盖工程造价执业资格专用章后，应及时递交发包人或其委托的咨询单位审查，并按有关规定进行竣工结算。

（1）承包方应当在工程竣工验收合格的约定期限内提交竣工结算文件。

（2）发包方应当在收到竣工结算文件后的约定期限内予以答复。逾期未答复的，竣工结算文件视为已被认可。

（3）发包方对竣工结算文件有异议的，应当在答复期内向承包方提出，并可以在提出之日起的约定期限内与承包方协商。

（4）发包方在协商期内未与承包方协商或者经协商未能与承包方达成协议的，应当委托工程造价咨询单位进行竣工结算审核。

（5）发包方应当在协商期满后的约定期限内向承包方提出工程造价咨询单位出具的竣工结算审核意见。

发承包双方在合同中对上述事项的期限没有明确约定的，可认为其约定期限均为28日。发承包双方对工程造价咨询单位出具的竣工结算审核意见仍有异议的，在接到该审核意见后一个月内可以向县级以上地方人民政府建设行政主管部门申请调解，调解不成的，可以依法申请仲裁或者向人民法院提起诉讼。

建设工程项目竣工结算文件经发包方与承包方确认即应当作为工程决算的依据。

12.3.3 建设工程项目竣工结算价款支付

建设工程项目竣工结算报告和结算资料向发包人递交后，项目经理应根据法律、法规、规章的规定，按照《项目管理目标责任书》规定的义务，积极配合企业主管部门催促发包人及时办理建设工程项目竣工结算的签认。

建设工程项目竣工结算价款支付的一般公式为

$$\text{建设工程项目竣工结算最终价款支付} = \text{工程中标价或合同价} + \text{工程价款调整数额} - \text{预付及已结算工程价款} \quad (12-1)$$

12.3.4 建设工程项目工程价款结算方式

根据合同的约定,建设工程项目工程价款的结算方式主要有以下几种。

(1) 按月结算,即实行旬末或月中预支、月终结算、竣工后清算的办法。跨年度竣工的工程,在年终进行工程盘点,办理年度结算。我国现行建设工程价款结算中,相当大一部分是实行这种按月结算。

(2) 竣工后一次结算,即建设项目或单位工程全部建筑安装工程建设期在12个月以内,或者工程承包合同价值在100万元以下的,可实行工程价款每月月中预支,竣工后一次结算。

(3) 分段结算,即当年开工,当年不能竣工的单项工程或单位工程按照工程形象进度,划分不同阶段进行结算。分段结算,可以按月预支工程款。

(4) 承发包双方约定的其他结算方式。

特别提示

建设工程项目竣工结算由承包人编制,发包人审查或委托工程造价咨询单位审核,承包人和发包人最终确定。

12.4 建设工程项目保修期管理

1. 制定保修期管理制度的意义

承包大项目进行保修期管理制度的重要意义如下。

(1) 有利于项目经理部重视项目管理,提高工程质量。只有加强项目的过程控制,增强项目管理层和作业层的责任心,严格按操作工艺和规程施工,从防止和消除质量缺陷的要求出发,才能从源头上杜绝工程质量问题的发生。

(2) 有利于承包人听取用户意见,履行保修承诺。发现工程质量缺陷,应采取相应的措施,及时派出人员登门进行修理;收集、倾听用户的意见,做好回访记录,对纳入承包人回访用户和工程保修的管理程序进行控制。

(3) 有利于改进服务方式,增强用户对承包人的信任感。

2. 工程质量最低保修期限规定

《建设工程质量管理条例》第四十条规定,在正常使用条件下,建设工程的最低保修期限如下。

(1) 基础设施工程、房屋建筑的地基基础工程和主体结构工程,为设计文件规定的该工程的合理使用年限。

【房屋质量问题墙体裂缝案例】

【住宅精装修工程常见施工质量通病案例分析】

（2）屋面防水工程、有防水要求的卫生间、房间和外墙面的防渗漏，为 5 年。

（3）供热与供冷系统，为 2 个采暖期、供冷期。

（4）电气管线、给排水管道、设备安装和装修工程，为 2 年。

其他项目的保修期限由发包方与承包方约定。

建设工程的保修期自竣工验收合格之日起计算。

3. 工程质量缺陷保修责任界定

工程质量缺陷是产生工程质量保修的根源。进行质量保修，必须划清经济责任。所谓质量缺陷，是指工程发生了不符合国家或行业现行的有关技术标准、设计文件及合同中对质量的要求等。但是，工程发生质量缺陷问题的情况比较复杂，不能"一刀切"。因设计、施工、供应、建设、使用等多方面的影响，都有可能产生质量缺陷问题。

对产生工程质量缺陷的问题应进行具体分析，对经济责任的性质应进行区别、划分，主要目的是便于澄清问题，加强质量管理。因设计、施工、供应、建设、使用等不同原因造成的质量问题，应当由责任方承担经济责任。

4. 工程保修管理一般程序

（1）竣工验收、交付使用阶段。

① 工程部移交验收后，应向物业部移交现有的总包、分包、设备承包合同。

② 工程部应明确项目竣工验收的具体日期，并以此日期作为保修期的开始日期；终止日期以合同条款为准。

③ 工程部应编制《保修金明细账》，经公司有关部门及上层领导审核后在竣工验收后将保修金移交给物业部。

④ 物业部接管保修金，负责处理保修阶段的工程质量问题。

（2）保修阶段。

发现由施工方原因导致的工程质量问题后，物业管理部应依照合同处理；若有效通知施工方，但施工方拒绝到场或维修不善时，应依据《工程保修管理流程》处理。

（3）保修结束。

① 物业管理部应在保修期结束前半个月制作《保修金使用明细》，由公司有关部门审核。

② 保修期结束时，财务部应返还实际剩余保修金给施工单位。

 特别提示

住宅工程的保修由售后服务部进行，由业主向售后服务部提出维修要求，售后服务部设专人接待、登记住户提出的维修要求，并按"顾客投诉处理程序"的规定，根据维修项目的实际情况派出相应的修缮人员进行处理。

12.5 建设工程项目管理总结

建设工程项目管理总结是全面、系统地反映项目管理实施情况的综合性文件。项目管理结束后，项目管理实施责任主体或项目经理应进行项目管理总结。项目管理总结应在项目考核评价工作完成后编制。

【工程项目管理工作总结范例】

本章小结

本章主要阐述了建设工程项目收尾管理的有关知识。通过学习建设工程项目收尾管理的概念，明确建设工程项目收尾管理是建设工程项目收尾阶段各项管理工作的总称。建设工程项目收尾管理要求包括对建设工程项目竣工验收、竣工结算、竣工决算、保修期管理和项目管理总结等各个阶段的要求。

建设工程项目竣工验收是建设工程建设周期的最后一道程序，也是我国建设工程的一项基本法律制度。建设工程项目竣工验收一般按单位工程（或专业工程）竣工验收、单项工程竣工验收和全部工程竣工验收三种情况分别进行。

建设工程项目价款的结算方式主要有按月结算、竣工后一次结算、分段结算和承发包双方约定的其他结算方式。

习 题

一、单项选择题

1. _____ 应按竣工验收法规向参与项目各方发出竣工验收通知单，组织进行项目竣工验收。

   A. 建设行政管理部门　　B. 发包人　　C. 设计单位　　D. 施工单位

2. 建设工程竣工后，_____ 应当根据施工图纸及说明书、国家颁发的施工验收规范和质量检验标准及时进行验收。

   A. 建设行政管理部门　　B. 发包人　　C. 设计单位　　D. 施工单位

3. 项目竣工决算是由 _____ 编制的项目从筹建到竣工投产或使用全过程的全部实际支出费用的经济文件。

   A. 建设行政管理部门　　B. 发包人　　C. 设计单位　　D. 监理单位

4. 建设工程项目竣工验收的主体是 _____。

   A. 合同当事人的发包主体　　　　B. 合同当事人的承包主体
   C. 设计单位　　　　　　　　　　D. 监理单位

5. 承包人和发包人在工程交付竣工验收时，必须按施工合同的约定执行，不得违约。违约应承担 _____。

   A. 违约的法律责任　　　　　　　B. 违约的刑事责任

C. 违约的经济责任 D. 违约的合同责任

6. 承包人按施工合同约定，完成了设计文件和图纸规定的工程内容，组织有关人员进行了自检，并经工程监理机构组织了竣工预验收后，向发包人提交_____。
A. 《工程验收告知单》 B. 《竣工工程申请验收报告》
C. 《工程竣工报验单》 D. 《交付竣工验收通知书》

7. 建设工程项目竣工结算由_____编制。
A. 发包方 B. 监理单位
C. 发包方的财务部门 D. 承包商

8. 建设工程项目是由多个单位工程构成的，应按建设项目划分标准的规定，将各单位工程竣工结算书汇总，编制_____。
A. 单项工程竣工综合结算书 B. 单位工程竣工综合结算书
C. 分部工程竣工综合结算书 D. 分项工程竣工综合结算书

9. 发承包双方对工程造价咨询单位出具的竣工结算审核意见仍有异议的，在接到该审核意见后一个月内可以向_____建设行政主管部门申请调解。
A. 国务院 B. 省级以上人民政府
C. 市级以上人民政府 D. 县级以上人民政府

10. 《建设工程质量管理条例》第四十条规定：在正常使用条件下，建设工程有防水要求的卫生间的最低保修期限为_____年。
A. 1 B. 2 C. 3 D. 5

11. 建设工程项目的保修期，自_____之日起计算。
A. 开工 B. 承包商提交竣工验收申请
C. 竣工验收合格 D. 发包方组织竣工验收

二、多项选择题

1. _____属于建设工程项目收尾管理的内容。
A. 项目竣工验收 B. 项目竣工结算 C. 项目竣工决算
D. 项目保修期管理 E. 项目管理总结

2. 建设工程项目竣工验收应当具备_____条件。
A. 完成建设工程设计和合同约定的各项内容
B. 项目竣工结算已完成
C. 有完整的技术档案和施工管理资料
D. 有工程使用的主要建筑材料、建筑构配件和设备进场试验报告
E. 项目可以正常使用

3. 建设工程项目竣工验收一般按_____三种情况分别进行。
A. 单位工程（或专业工程）竣工验收 B. 单项工程竣工验收
C. 全部工程竣工验收 D. 分部工程竣工验收
E. 分项工程竣工验收

4. 建设工程项目竣工验收的依据有_____。
A. 批准的设计文件、施工图纸及说明书 B. 类似工程竣工验收资料
C. 双方签订的施工合同 D. 施工验收规范及质量验收标准

E. 发包方的建议

5. 承包人尤其是项目经理部在编制项目竣工结算时，应注意收集、整理_____等有关结算资料。

A. 建设工程施工合同
B. 中标投标书的报价表
C. 工程变更及技术经济签证
D. 发包人的指令文件
E. 类似工程竣工结算资料

6. 建设工程项目工程价款结算的方式有_____。

A. 按月结算
B. 按季结算
C. 竣工后一次结算
D. 分段结算
E. 承发包双方约定的其他结算方式

7. 在正常使用条件下，建设工程的最低保修期限正确的有_____。

A. 基础设施工程 50 年
B. 主体结构工程为设计文件规定的该工程的合理使用年限
C. 房间和外墙面的防渗漏 5 年
D. 电气管线 2 年
E. 装修工程 1 年

【第12章在线测试习题】

第13章 建设工程项目管理数字化

思维导图

1. 实现工程项目管理数字化的理念和模式
2. 根据工程实践分析工程项目管理数字化的情况

建设工程项目管理数字化

- 能力｜目标
- 了解 —— 工程项目管理数字化的必要性
- 了解 —— 当前工程项目管理数字化的应用
- 熟悉：
  - 精益建造理念
  - IPD模式
  - 工程项目管理数字化平台

第13章 建设工程项目管理数字化

> **导入案例**
>
> 北京大兴国际机场位于天安门正南46公里、北京中轴线延长线上。其占地面积140万平方米,体量相当于首都机场1号、2号、3号航站楼加起来的总和;规划远期7条跑道,年客流吞吐量1亿人次,飞机起降量88万架次,是世界上规模最大的单体航站楼,于2016年被英国媒体评选为"新世界七大奇迹"之首。党的二十大报告提出,推动战略性新兴产业融合发展,构建新一代信息技术、人工智能、生物技术、新能源、新材料、高端装备、绿色环保等一批新的增长引擎。北京大兴国际机场在工项目管理中,综合运用了GIS、BIM、物联网、人工智能等新型技术,搭建了工程项目管理数字化平台,大大提高了管理效率与效益。通过本章的学习和网络资料的查询,分析该项目数字化应用实践。

【北京大兴国际机场】

13.1 工程项目管理数字化概述

13.1.1 工程项目管理数字化的必要性

当前,以数字化、在线化、智能化为典型特征的新型IT技术正将各行业带入智能技术新时代,与此同时,为适应时代发展、迎接第四次工业革命浪潮,我国政府提出数字中国的概念,并将其作为国家发展新战略。纵观世界各发达国家,均提出了数字化、人工智能、工业4.0等国家战略,加上近年来美国开始在关键技术以及产业生态上频繁遏制我国行业发展,行业的数字化转型和变革在所难免。

传统建造过程中,工程项目管理模式粗犷,其成本、进度、质量、安全、环境各方面都遭遇着巨大挑战。根据麦肯锡研究报告显示,在过去的20年里,建筑业总体劳动生产率年增长速度只有1%左右,显著落后于世界经济2.7%的年增长率,更落后于制造业3.6%的年增长率;耗能巨大,占社会总耗能的46.7%,污染巨大,现有建筑面积至少产生25亿吨建筑垃圾;工人老龄化加重,安全事故频发,高居各行业第二位;全球近80%项目成本超过预定投资额,利润低下;质量差,投诉频发;科技含量低,全球建筑业数字化程度排倒数第二,仅高于农业。全球化革命浪潮、国家战略以及行业发展,已经在倒逼建筑业开启数字化转型。

在建造过程中,工程项目管理往往决定着一个工程的成败与否,工程项目管理数字化转型是否成功,在很大程度上决定着整个行业的数字化转型是否能够顺利进行。在传统管理模式中,工程项目管理中的"三管一控一协调"实施难度大,数字化程度低,往往面临着以下难题:工作岗位协调难度大,现场管理基本靠吼,岗位协作消耗精力大;记录的单据经常出现错误、丢失等问题,成本、进度、质量、安全、环境等管控难以到位,证据难以留存,责权难以划分;各类数据汇总极为繁杂,经常出现错记、漏记,最终使得数据并不能为管理所用,无法科学地利用数据进行精准决策。因此,为适应国家战略发展和行业转型升级,工程项目管理数字化势在必行。

13.1.2 工程项目管理数字化的理念和模式

工程项目管理数字化不仅仅是"数字化",其背后必须有新型的理念和模式进行支撑,才能保证数字化的价值和项目更大的成功,否则用传统的理念和模式搭上"数字化",势必会出现"牛拉汽车"的现象。

1. 精益建造理念

精益建造理念源自日本丰田汽车公司。同制造业相比,建筑行业生产效率低、工作条件恶劣、产品质量难以保证。丹麦学者 Lauris Koskela 在 1992 提出要将制造业已经成熟应用的生产原则包括精益管理等应用到建筑业,以提高建筑业的管理水平,并于 1993 年在 IGLC(International Group of Lean Construction)大会上首次提出"精益建造"(Lean Construction)的概念。

之后美国精益建造协会推出了精益建造理论体系,主要论述了如何通过减少浪费、降低成本、提高质量、优化流程、提高效率和改善资源配置等精细化手段,以达到项目收益最大化和浪费的最小化,提升客户满意度,实现价值最大化。

从精益的内涵来说,"精"是精细化,是手段;"益"是聚焦收益,取得效益,是目的。精细化管理手段着眼于管理过程,重在质量,也就是做好每一件事情。而精益化管理在着眼于过程的同时更强调目标,注重结果和成效,使做的每一件事情都对项目及参建各方有价值,而且力求价值最大化。从精细化到精益化,既是一种方法的调整,更是一种理念的提升。

在精益化管理的要求下,工程项目要控制成本,实现效益的提升,就需要从"价值工程"的角度对整个过程进行检视,围绕目的和目标对过程进一步的优化,消除建造中的浪费,强化精简组织结构,发挥人的主观能动性,杜绝一切消耗资源但不创造价值的活动,不断改善工程项目的质量、成本和进度,以实现工程项目价值最大化和各方的共赢,这也是倡导精益思想的意义和目的。

实践精益建造理念,必须以客户为中心,严控三条管线(技术、商务、生产),关注成本、进度、质量三个核心要素,用好计划、合约管理两个个手段,追求 7 个"零极限"目标(协调沟通零障碍、施工作业零窝工、物资材料零浪费、机械设备零闲置、工程质量零缺陷、施工安全零事故、客户服务零投诉)。遵循精益化过程的客观规律,从企业层级和项目部层级实现精益化管理。在工程项目管理中,精益化过程主要指在项目实施过程中,通过业务流、信息流和资金流的结合,实现工程项目管理全过程从标准化(管理制度化、作业标准化、标准信息化)、精细化(目标可量化、过程可控化、考核科学化)到精益化(价值最大化、浪费最小化、持续改进化)的升级。精益建造理念整体框架如图 13.1 所示。

2. IPD 模式

IPD 模式即项目集成交付模式,2007 年加州委员会和美国建筑师学会联合发布了 IPD 指南,该指南把 IPD 的定义为"整合体系、人力、实践和企业结构为一个统一过程,通过协作平台,充分利用所有参与方的见解和才能,通过设计、建造以及运营各阶段的共同努力,使建设项目结果最佳化、效益最大化,增加业主的价值,减少浪费"。

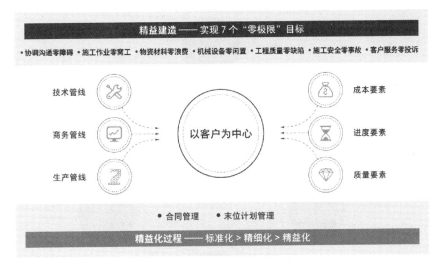

图 13.1 精益建造理念整体框架

IPD 模式与 DBB/DB 等模式同为工程项目交付的其中一种模式，是现阶段建设项目交付模式新的发展方向。虽然 IPD 还只是建设项目多种交付模式中最新的一种，但是其也正被国内外行业推广和使用。IPD 模式的实施需要建立一个高度协同的项目团队，通过各参与方的早期介入和基于价值的决策，实现团队的风险共担和利益共享。研究表明，项目的规模越大，利用 IPD 模式所节省的成本越多，其正在成为一种理想的成本节约方式。

合同协议是 IPD 模式实施的基础，按照"共担风险，共享收益"的原则，要求项目的每一个利益相关方都要承担相应的风险和分享项目的收益。这也让项目的合约关系从以往的交易型契约向关系型契约转变，从而构建新的契约关系。团队参与方的收益增减取决于项目的最终结果。当项目实际成本低于预算，则每个参与方都会分配到相应的报酬，作为协同合作所耗费额外资源的补偿。反之，在发生损失时，各参与方要根据对风险事件的责任强度确定承担比例，共同承担损失。

此外，与传统合同各参与方独立负责自己的工作范围不同，IPD 模式扩大了各组织成员的责任范围，组建了一只包括业主、设计方、承包方、分包商、材料/设备供应商、咨询方在内的团队，目的是为了打破传统组织的界限，促使各方的更深入的交流。IPD 模式要求团队成员从参与项目开始，至项目结束，须始终在统一的工作地点进行项目相关的工作，以保证各参与方之间的协同效率。各参与方之间组织边界并不清晰，可以相互渗透，组织之间信息可以深度交流、实现资源共享。组织成员是真正的合作伙伴关系，具有极高的协同性。

IPD 模式实现的五个关键因素分别是：IPD 合同、管理思想、组织架构、工具技术、风险和利益。其中，合同与管理思想是实现项目团队有效集成的前提和基础，合适的组织架构是实施保障，BIM 等数字技术是应用支撑，风险和利益共享是大家共同的目标。IPD 模式有利于克服传统模式下，各阶段割裂、相关方利益博弈的工作模式，有利于建立风险共担、利益共享、高效协作的工作模式。与精益建造类似，IPD 模式的成功实施也需要关注几个核心点（图 13.2）。

（1）一个核心：以项目为核心整合各方资源，建立 IPD 团队。

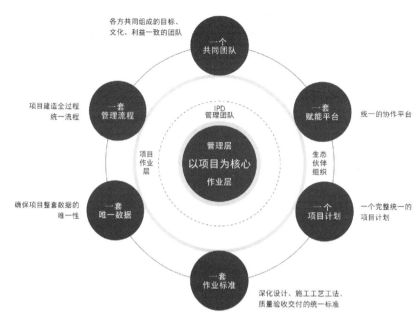

图 13.2　IPD 模式实施核心点

（2）两级组织：建立"管理层"与"作业层"两级组织，实现管理层、作业层扁平化管理。

（3）三层激励机制：设计"生态伙伴组织"、"IPD 管理团队"、"项目作业层"三层激励机制，构建"成本＋酬金激励"模型，理顺项目参与者利益关系。

（4）六个统一管理机制。包括：①"一个共同团队"，组建各方共同组成的目标、文化、利益一致的团队；②"一个项目计划"，确保一个完整统一的项目计划；③"一套管理流程"，从施工图深化设计到竣工交付的项目建造全过程统一流程；④"一套作业标准"，一套深化设计、施工工艺工法、质量验收交付的统一标准；⑤"一套唯一数据"，确保项目整套数据的唯一性；⑥"一套赋能平台"，基于统一的协作平台，构建项目的协同工作环境，为项目参与者赋能。

13.1.3　工程项目管理数字化的实施路径

从 IPD 视角出发，工程管理数字化应该通过共建共享的模型化指标数据库和协作平台，统一数据标准，作业流程，项目计划，安全、质量、成本，统筹各方利益，实现工程项目各要素间的信息实时传递与更新，以此为基础进行工程项目的价值分析、合约管理、过程控制、效应分析，实现工程项目的决策最优。

从精益建造视角出发，工程项目管理数字化应该围绕工程项目建设过程中需要进行的决策诉求，通过统一平台将决策数据逐层分解，逐渐分解到项目的各个生产要素单元，通过对各要素的数字化管理，完成基础作业数据的采集，通过基于业务模型的数据分析，实现对工程项目建设过程决策数据的实时反馈，依据管控规则进行动态预警，辅助工程项目的智能决策和智能调度。

从 IPD 和精益建造两个视角可以得知，构建工程项目管理数字化平台是使其工程项目管理取得进一步成功的关键措施，也是工程项目管理数字化的实施路径。构建工程项目管理数字化平台的核心要素如图 13.3 所示。

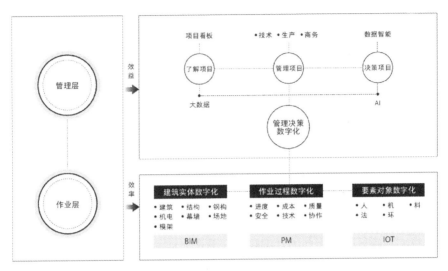

图 13.3　构建工程项目管理数字化平台的核心要素

如图 13.3 所示，通过工程项目管理数字化平台，可以先实现作业层的数字化：①建筑实体数字化，即通过 BIM 技术集成并深化各专业模型；②基于模型，实现作业过程的数字化，即进度、成本、质量、安全、技术、协作等的数字化；③作业过程的数字化过程中，统筹人、机、料、法、环等全面质量管理的五大要素，实现作业层的数字化。

通过作业层的数字化，可以搜集作业层各关键数据，拉通各业务之间的数字化以及联系形成网络效应和 PDCA 循环，最终以数据驱动决策指标，将管理决策数字化，实现工程项目管理数字化，达到工程目标的同时降本增效，使项目成功，如图 13.4 所示。

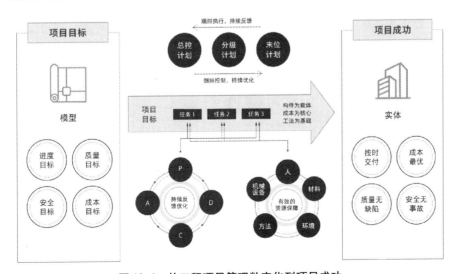

图 13.4　从工程项目管理数字化到项目成功

13.2 工程项目管理数字化实践

从 2018 年党在十九大报告中提出"数字中国"开始,为符合国家发展战略和行业转型升级,工程项目管理数字化实践迅速在建筑业开展起来。本节将通过某工程项目来初步学习工程项目管理数字化的实践。

13.2.1 项目概况

×××公司承建的××市××区××东道道路、综合管廊及附属工程为市政公共建筑工程,建成后可将城市热力管道、给水、中水管道、电力、电信管线等接入。项目投资 14.8672 亿元,为特大型市政工程。××区××东道道路、综合管廊及附属工程 PPP 项目,是××市北部新区东西走向的骨架路网,更是北部新区进行开发建设的先行交通主干道。××东道规划为城市主干道,红线宽度 50m,两侧绿化宽度 40m,西起外环北路,东至津围公路,全长 5.13km。××东道综合管廊,西起×××高速公路东侧,东至××公路,全长 4.72km,管廊本体位于绿化带下,本工程于 2019 年 7 月开工,计划 2022 年 6 月 18 日竣工。工程效果图如图 13.5 所示。

图 13.5 工程效果图

13.2.2 工程项目管理数字化的实施

本项目为重点工程,根据项目需求,采用工程项目管理数字化平台。该平台分为手机 APP 端、电脑 Web 端以及 PC 端。手机 APP 端主要用于现场数据搜集、任务发放、任务推送与跟踪、任务反馈,形成 PDCA 闭环。PC 端主要用于原始数据和模型的导入,如总计划、BIM 模型、人员等。电脑 Web 端分为:①功能子模块。项目概况、劳务分析、数字工地、车辆识别、混凝土测温、质量管理、安全管理、生产管理、物料验收、模型浏览、优秀案例等,主要用于接收手机 APP 端数据并按照企业指标进行分析与整理,供各负责人分析决策。②BIM + 智慧工地决策系统。将各功能子模块数据进一步按照一定指标汇总,供项目级高级管理人员进行分析决策,同时可以反向连接功能子模块,为项目级会议提供有力的数据支撑。

【工程项目管理数字化平台界面及构成】

1. BIM 模型集成与应用

工程管理数字化平台通过轻量化技术集成了土建 BIM 模型、管线机电 BIM 模型,利用平台优势,实现了 BIM 信息共享与应用。

集成 BIM 模型后,通过工程项目数字化平台中的 BIM 技术模块进行 BIM 施工模拟,并对进度进行实时检视;利用模块中的工序动画功能对重要节点进行工艺模拟,通过平台生成动画,并通过手机端进行可视化交底,使施工人员对工艺工法的理解难度大大降低。

【BIM模型集成与应用】

2. 生产管理

工程项目管理数字化平台通过计划编排、任务跟踪、数字周会、智能决策等功能,实现作业层和管理层两个不同维度的生产管理。

(1) 通过工程项目管理数字化平台编辑三级进度计划(总计划、月计划、周计划),总计划、月计划通过斑马进度编制并上传。

【通过工程项目管理数字化平台进行生产管理】

(2) 通过工程项目管理数字化平台中的施工任务结构、任务包等功能快速编排周计划,通过手机 APP 进行任务确认、实施与跟踪,最终返回平台进行计划调整。

(3) 工程项目管理数字化平台根据生产管理的任务完成情况、劳动力、材料设备等数据进行集中汇总展示。项目管理人员通过平台直接举行数字周会,以数据驱动决策,改善传统生产的模式,做到有据可依。

3. 质量管理

质量管理人员可以通过工程项目管理数字化平台,按照 PDCA 的流程进行管理。如在质量巡检过程中发现问题后即可通过手机 APP 发起质量问题,整改责任人整改完成后通过手机 APP 快速回复并上传整改招聘,最终实现质量管理闭环。

【质量整改】

此外,收集 APP 会自动将质量问题以及数据汇总到平台中进行自动统计、分析,为质量管理提供科学依据和可靠支撑。

4. 安全管理

安全管理人员可以通过手机 APP 进行隐患排查治理、风险分级管控、危大工程工程管理、企业评分检查、安全资料管理、安全可视化监控等业务流上的安全管理。其文档资料、数据会自动上传到项目管理数字化平台中,平台根据汇总的有关安全问题的数据进行自动统计、分析,为安全管理决策提供可靠依据。

【安全管理】

【物料验收】

5. 物料验收

材料成本往往占工程成本的50%～70%，而混凝土、钢材等大宗主材成本又占整体材料成本的70%～90%，因此混凝土和钢材的成本管控是施工单位成本管理的重中之重。通过工程项目管理数字化平台＋新型技术的运用，可以实现物料验收的精益管理。

通过平台的物料验收模块配合智能硬件，确保车辆对接地磅充分，称重数据无法进行人为修改，从数据源头上确保真实性和准确性并避免手工失误。如出现超负差，自动预警提醒过磅员及时处理，同时自动推送预警消息至相关管理人员提示关注；确保材料实称实入库，防止虚入库，保证材料真实到场。此外，通过人工智能技术，能够对车辆进行自动识别并填写车牌，抓拍车牌照片，避免手工录入车牌耗时耗力，提升过磅效率，更重要的是车牌照片留存，实现可视化监管，防止在车牌信息上做手脚的行为。

通过物料验收收集的数据，汇集于工程项目管理数字化平台中，可对作业人员收发料情况、材料成本管控水平、供应商等进行数字化管理，从而提高效益，降低成本，如图13.6所示。

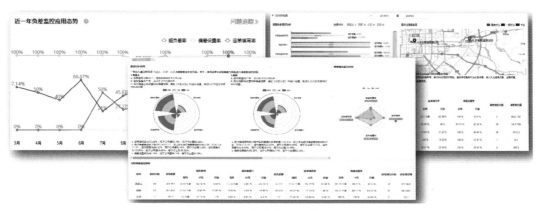

图13.6　物料数字化管理

【环境监测管理】

6. 环境监测管理

现场采用环境监测智能硬件进行环境检查，并控制喷淋设备和智能洗车设备，确保施工现场安全并达到环保要求。环境指标将自动上传至工程项目管理数字化平台中供各人员参考。

13.2.3　项目数字化总结

工程项目管理数字化平台的应用，能够将项目的作业层与管理层业务联结起来，通过数据界定职责、追根溯源，解决了工程项目管理中互相扯皮的问题，同时驱动决策，达到了降本增效的预期效果。

本章小结

本章从国家战略发展规划与行业转型升级需要介绍了工程项目管理数字化的必要性，介绍了实现工程项目管理数字化的理念与模式，即精益建造理念与 IPD 模式。同时介绍了工程项目管理数字化实施路径，即构建工程项目管理数字化平台。首先实现作业层数字化，然后实现项目层数字化，通过拉通作业层与管理层的业务逻辑关联，以数据驱动工程项目管理，从而让项目走向成功。

为方便理解工程项目数字化工程的实践应用，本章介绍了某项目从技术、生产、质量、安全、物料验收、环境监测等诸多方面进行工程项目数字化管理的全过程，便于理论与实践相结合。

习 题

1. 请查阅资料，详细阐述我国建筑业进行数字化转型升级的原因和必要性。
2. 简述精益建造理念和 IPD 模式如何与工程项目管理进行结合。
3. 请查阅资料，思考并讨论工程项目管理数字化的应用点。

参 考 文 献

成虎，陈群，2015. 工程项目管理［M］. 4版. 北京：中国建筑工业出版社.
关罡，2007. 建设行业项目经理继续教育教材［M］. 郑州：黄河水利出版社.
胡志根，2017. 工程项目管理［M］. 3版. 武汉：武汉大学出版社.
《建设工程项目管理规范》编写委员会，2006. 建设工程项目管理规范实施手册［M］. 2版. 北京：中国建筑工业出版社.
李玉芬，冯宁，2008. 建筑工程项目管理［M］. 北京：机械工业出版社.
田元福，2010. 建设工程项目管理［M］. 2版. 北京：清华大学出版社.
危道军，2014. 建筑施工组织：土建类专业适用［M］. 3版. 北京：中国建筑工业出版社.
阎文周，2001. 工程项目管理实务手册［M］. 北京：中国建筑工业出版社.
张智钧，2004. 工程项目管理［M］. 北京：机械工业出版社.
中国建设监理协会，2010a. 建设工程监理概论［M］. 北京：中国建筑工业出版社.
中国建设监理协会，2010b. 建设工程质量控制［M］. 北京：中国建筑工业出版社.
中国建设监理协会，2010c. 建设工程投资控制［M］. 北京：中国建筑工业出版社.
中国建设监理协会，2010d. 建设工程进度控制［M］. 北京：中国建筑工业出版社.
中国建设监理协会，2010e. 建设工程合同管理［M］. 北京：中国建筑工业出版社.
中国建设监理协会，2010f. 建设工程信息管理［M］. 北京：中国建筑工业出版社.
中国建筑业协会工程项目管理委员会，2011. 中国工程项目管理知识体系［M］. 2版. 北京：中国建筑工业出版社.
中华人民共和国住房和城乡建设部，2017. 建设工程项目管理规范：GB/T 50326—2017［S］. 北京：中国建筑工业出版社.
周建国，2006. 工程项目管理［M］. 北京：中国电力出版社.